国家自然科学基金项目（71971146）

知识链知识优势的形成、维持及其向竞争优势的转化研究

ZHISHILIAN ZHISHI YOUSHI DE
XINGCHENG、WEICHI JIQI
XIANG JINGZHENG YOUSHI DE
ZHUANHUA YANJIU

李其玮　张华　顾新　著

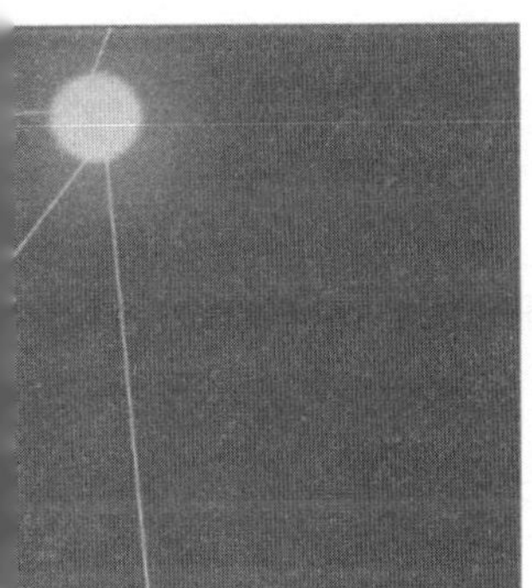

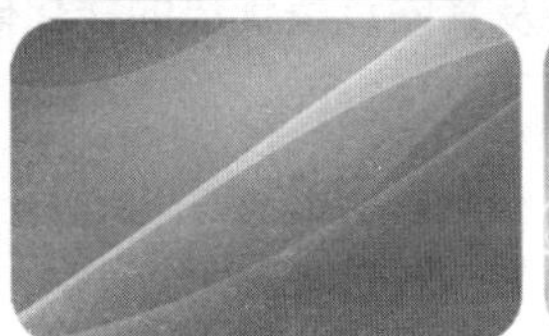

四川大学出版社
SICHUAN UNIVERSITY PRESS

项目策划：梁　平
责任编辑：梁　平
责任校对：杨　果
封面设计：璞信文化
责任印制：李金兰

图书在版编目（CIP）数据

知识链知识优势的形成、维持及其向竞争优势的转化研究 / 李其玮，张华，顾新著．— 成都：四川大学出版社，2022.3（2026.1 重印）

ISBN 978-7-5690-5389-0

Ⅰ．①知…　Ⅱ．①李…　②张…　③顾…　Ⅲ．①企业经营管理－知识管理－研究　Ⅳ．①F272.4

中国版本图书馆 CIP 数据核字（2022）第 039962 号

书名　知识链知识优势的形成、维持及其向竞争优势的转化研究

著　　者　李其玮　张　华　顾　新
出　　版　四川大学出版社
地　　址　成都市一环路南一段 24 号（610065）
发　　行　四川大学出版社
书　　号　ISBN 978-7-5690-5389-0
印前制作　四川胜翔数码印务设计有限公司
印　　刷　河北晔盛亚印刷有限公司
成品尺寸　170mm×240mm
印　　张　14.25
字　　数　271 千字
版　　次　2022 年 3 月第 1 版
印　　次　2026 年 1 月第 2 次印刷
定　　价　90.00 元

◆ 读者邮购本书，请与本社发行科联系。
电话：(028)85408408/(028)85401670/
(028)86408023　邮政编码：610065
◆ 本社图书如有印装质量问题，请寄回出版社调换。
◆ 网址：http://press.scu.edu.cn

四川大学出版社
微信公众号

前　言

在知识经济时代，知识已成为企业重要的战略资源，如何最大限度地获取和利用知识被认为是塑造企业核心竞争力的关键。随着产业分工与市场业务的不断细化，单个企业所拥有的知识已无法应对日益激烈的市场竞争考验，为保持和提高核心竞争力，企业开始与大学、科研院所甚至竞争对手结成战略伙伴关系，通过组织间的知识流动，形成一条跨组织边界的知识链（Knowledge Chain）。自20世纪90年代以来，在电子信息、自动化、人工智能等高科技领域，知识链已屡见不鲜，并逐渐成为21世纪组织之间合作的重要形式。

知识链是以企业为创新的核心主体，以实现知识共享和知识创造为目的，通过知识在参与创新活动的不同组织间的流动而形成的链式结构。核心企业在知识链的酝酿、组建、运行与解体的整个过程中，通过促进组织间的知识流动和交互学习，实现知识共享与知识创造，从而将各成员的知识库集成为知识链的整体知识优势。知识链的知识优势（Knowledge Advantage）是一条知识链相对于另一条知识链所表现出来的比较优势。在合作创新过程，知识链成员只有充分配合才能发挥跨组织合作的协同效应，从而将每个成员的创新能力集成为知识链的整体优势。知识链成员间的知识共享模式、专用性资产投入、知识吸收程度以及权力结构等都将影响知识链的合作效率，因此，形成知识优势成为知识链管理的一个重要目标。

纵观中外学者关于知识优势的研究现状，既有文献已取得了较为丰富的研究结论，但从整体来看，当前知识优势的研究尚缺少系统的理论研究框架，缺乏有效的量化测评手段，知识优势的演化与维持机理尚不清晰，缺乏对跨组织合作的知识交互过程的动态考察，有关知识优势向竞争优势的转化路径和转化机制仍存在理论空白，特别是随着环境与竞争关系的持续演变，知识优势转化为竞争优势的动态适应性问题有待深入研究。针对上述理论缺口，本研究将丰富和完善有关知识优势的形成、维持及其向竞争优势转化的系统的理论研究框架，在实践上，可为政府优化制度供给体系提供理论依据，为政府出台创新扶持与科技成果转化政策提供决策参考，因此具有重要的理论价值和实践意义。

本研究针对知识链知识优势形成与演化过程中的关键问题，按照“优势形成→ 优势维持→优势转化”的逻辑主线，构建了知识链知识优势的形成、维持及其向竞争优势转化的理论体系，具体内容如下：

（1）界定知识链知识优势的概念及形成机理。知识链知识优势是知识链在“获取→学习→创造”过程中形成的知识价值增值，是知识链合作的集中决策成果和综合能力表现。知识链知识优势形成是知识活动按照一定的逻辑顺序组成并实现顺畅流动的过程，第一阶段表现为对内外部知识的搜寻识别，第二阶段表现为对新知识的交互学习，第三阶段表现为新知识的创造应用。由此将知识链知识优势形成一般过程概括为：知识获取→知识共享→知识创造。采用动态博弈模型分析知识链跨组织合作的协同效应，研究组织间的知识获取、交互学习对创新主体的知识创造和知识链整体创新收益的影响，重点探讨知识链成员间的知识流动、组织学习、知识创新能力以及成员间的关系等主要协同因素对知识产出效率的影响，进而诠释知识链知识优势的形成机理。

（2）分析知识链形成知识优势的影响因素。从知识分工、合作网络、经济效益、知识协同等视角，探讨知识链知识优势形成的宏观、中观、微观因素，按照知识获取、交互学习、知识创造的逻辑线索，从知识、社会资本、协同能力、经济利益、外部环境等 5 个方面提炼知识优势形成的影响因素，通过探索性因子分析考察多元观测变量的本质结构并进行降维处理，筛选出知识链形成知识优势的关键影响因素，并采用验证性因子分析检验知识链形成知识优势的关键影响因素与其内部要素间的逻辑关联。

（3）构建知识链知识优势的评价指标体系。整合组合赋权与模糊评价法，从过程维和影响因素维 2 个层面设计知识链知识优势的综合评价模型，并通过实证分析验证评价指标体系的适用性和有效性，为比较不同知识链间的知识优势差距提供测评标准。

（4）分析知识链知识优势的演化过程。基于复杂系统和种群生态学理论，采用多主体建模和仿真手段，考虑一个具有企业、学研机构、中介组织三个创新种群的产业竞争知识链系统，通过自由组合形成知识链的链间竞争关系，观察系统的进化趋势、达到进化稳定状态时知识链知识优势的分布以及种群个体的占优策略，进而拟合组织的决策与行为互动过程，考察知识链知识优势的发展和演化规律。

（5）研究知识链知识优势的维持机制。基于动态能力与关系治理理论，从动态能力视角对知识链知识优势的维持机制进行实证分析，考察知识链的联盟管理能力、资源整合与重构能力等对知识优势维持的作用机制，以动态能力为自变量，知识优势为因变量，关系治理作为中介变量，从知识链成员间的合作互信、价值认同和行为规范等维度，分析知识链内部的关系治理如何影响动态能力对维持知识优势的作用效果。

（6）研究知识链知识优势向竞争优势转化的作用机制。选择有效的商业模式是知识链知识优势向竞争优势转化的关键步骤。在借鉴已有研究基础上，以知识优势为自变量、商业模式为中介变量、竞争优势为因变量设计概念模型，通过实证分析，甄别在效率型和新颖型商业模式带动下知识优势向竞争优势转化的价值实现过程中多种组合形式的价值转移路径，分析最优和次优转化路径。最后，基于实证研究结论，从知识链的战略决策层面和创新政策体系的制度建设层面提出相关对策建议，为企业的战略规划以及政府出台创新扶持与科技成果转化的政策设计提供针对性的决策参考。

目　　录

第1章　概　论

本章分析研究背景，在相关研究的基础上，提出了知识链知识优势的形成、维持及其向竞争优势转化的研究框架。

1.1　研究背景与问题提出

1.1.1　研究背景

在知识经济时代，市场竞争环境日趋复杂，竞争手段日趋多元化，企业要在多变的市场竞争中保持持续竞争优势，就必须对知识进行有效管理。知识已成为企业重要的战略资源，如何最大限度地获取和利用知识是塑造企业核心竞争力的关键。知识管理不仅涉及企业内部的知识，还涉及企业外部以及与企业各种实践活动密切相关的知识。知识管理不应该被限定于组织内部管理，更应该对组织外部各利益群体、组织机构、政府机关所拥有的一系列与组织运作所需的知识资源加强管理，并将其融入整个知识系统中。随着产业分工与市场业务的不断细化，单个企业所拥有的知识已无法应对日益激烈的市场竞争考验，为保持和提高核心竞争力，企业开始与大学、科研院所甚至竞争对手结成战略伙伴关系，通过组织间的知识流动，形成一条跨组织边界的知识链。在这一链式知识流动过程中，企业不仅可能获取大量有用知识，而且可以通过知识共享与知识创造来提高其价值创造能力（郁义鸿，2001）。因此，构建知识链成为企业获取外部知识的有效途径。自20世纪90年代以来，在电子信息、自动化、人工智能等高科技领域，知识链已屡见不鲜，并逐渐成为21世纪组织之间合作的重要形式。

知识链（knowledge chain）是以企业为创新的核心主体，以实现知识共享和知识创造为目的，通过知识在参与创新活动的不同组织间的流动而形成的链式结构（顾新，2008）。核心企业在知识链的酝酿、组建、运行与解体的整个过程中，通过促进组织间的知识流动和交互学习，实现知识共享与知识创造，从而将各成员的知识库集成为知识链的整体知识优势。知识链的知识优势（knowledge advantage）是一条知识链相对于另一条知识链所表现出来的比较优势（李久平等，2008）。在合作创新过程，知识链成员只有充分配合才能发挥跨组织合作的协同效应，从而将每个成员的创新能力集成为知识链的整体优势。知识链成员间的知识共享模式、专用性资产投入、知识吸收程度以及权力结构等都将影响知识链的合作效率，知识链知识优势的构建，能够为知识链成员提供丰富的知识来源，实现来自不同组织的知识跨越空间和时间的整合，有效弥补组织自身知识的不足，实现知识链中组织之间的共同学习与知识创造，提高组织知识管理运作成效，因此形成知识优势成为知识链管理的一个重要目标。

知识链的知识优势来源于其拥有的异质性知识资源，在多个知识链之间的竞争中逐渐演化与发展。当前，我国一些企业、大学和科研院所等已自觉或不自觉地构建知识链，期望以此建立知识优势并由此转化为竞争优势。尽管学界与商界普遍认同知识与知识管理是竞争优势的重要来源，但如何将知识优势转化为竞争优势仍然是一个具有挑战性的话题。复杂多变的外部环境与持续加剧的市场竞争，不但增加了知识链维持其知识优势的难度，也为知识链成员的知识管理与跨组织合作互动提出更高要求。一方面，每个知识链成员虽然分属于知识链内部知识流动的不同节点，但都是独立的经济实体，在战略目标、利益诉求与行为决策等方面的任何变动都将影响知识链的知识共享与知识创造效率，因此提高了知识链维持其知识优势的难度；另一方面，在激烈的市场竞争中，知识链的知识只有转变为有形的产品与服务才能应对竞争对手的挑战，将知识优势转化为竞争优势是确保知识链在市场竞争中立于不败之地的必然选择。那么，在知识链知识优势的形成与演化过程，通过何种手段提高知识链成员的知识共享与知识创造效率，探究知识链的知识优势向竞争优势转化的作用机理便成为理论研究有待解决的一个重要问题。

1.1.2 问题提出

知识优势转化为竞争优势是保持和提高企业核心竞争力的关键。纵观中外学者关于知识优势的研究现状，已有文献已取得了较为丰富的研究结论，但从整体来看，当前知识优势的研究尚缺少系统的理论研究框架，缺乏有效的量化测评手段，知识优势的演化与维持机理尚不清晰，缺乏对跨组织合作的知识交互过程的动态考察，有关知识优势向竞争优势的转化路径和转化机制仍存在理论空白，特别是随着环境与竞争关系的持续演变，知识优势转化为竞争优势的动态适应性问题有待深入研究。关于知识链知识优势形成的条件、过程等方面的探讨，有利于揭示知识优势的本质；关于知识链知识优势演化的研究，有助于把握知识优势发展的客观规律；关于知识链知识优势转化为竞争优势的探索，可以更加深入地揭示企业核心竞争力的塑造机理，更好地助力企业提升经营业绩，实现结构性增值。因此，有必要对知识链知识优势的形成、演化、维持等过程进行研究，通过相应的理论指导制定科学有效的知识管理策略，丰富和完善有关知识优势的形成、维持及其向竞争优势转化的系统的理论研究框架，加强知识链组织之间的合作，提高知识链的运行效率。同时，在实践上，亦可为政府优化制度供给体系提供理论依据，为政府出台创新扶持与科技成果转化的相关政策提供决策参考，因此具有重要的理论价值和实践意义。

本研究以知识链为研究对象，从链间竞争角度探讨知识链知识优势的形成、维持及其向竞争优势的转化机制。通过刻画跨组织合作的“知识获取→交互学习→知识创造”知识流动和合作创新过程，考察知识链知识优势的形成机理，界定知识优势的概念内涵并设计其评价指标体系；基于链与链的竞争视角，分析知识链知识优势的演化过程，从动态能力与合作创新的治理机制等角度提出知识链知识优势的维持机制；通过实证分析，探究知识优势向竞争优势的转化机理与实现路径，分析知识链知识优势向竞争优势转化的作用机理，并为知识链的知识优势向竞争优势的转化提供具有科学性与可行性的对策建议，从而建立一个有关知识链知识优势的形成、维持及其向竞争优势转化的理论研究框架。

1.2 研究意义

从知识链视角，研究知识链知识优势的形成、维持与演化。知识链管理（Knowledge Chain Management，KCM）是指核心企业在知识链的酝酿、构建、运行和解体的整个过程中，通过优化组织之间的知识流动过程，促进组织之间的交互学习，实现知识共享和知识创造，从而将各成员的知识优势集成为知识链整体知识优势的决策过程（顾新等，2006）。本研究所称知识链均是指组织之间知识流动形成的知识链，知识优势均是指由知识链管理过程中集成的知识优势。

本研究的理论和实践意义如下：

（1）理论意义。本研究属于知识管理、创新管理与战略管理等领域的跨学科问题，通过知识链刻画合作创新过程的跨组织合作行为与知识交互活动，厘清知识链知识优势的形成机理及其向竞争优势的转化机制，期望在以下方面做出理论贡献：

① 基于知识流动视角，按照“知识获取→交互学习→知识创造”的逻辑线索考察知识优势的形成机理，并进一步设计了测度知识优势的指标体系，使知识优势的理论研究由概念内涵层面上升到机制分析与实践应用层面，从而丰富知识管理的理论体系。

② 基于链与链的竞争视角，考察知识链知识优势的演化过程，从动态能力与合作创新的治理机制等角度提出知识链知识优势的维持机制，使知识管理的理论研究从聚焦于知识整合的比较静态分析向关注于竞争互动的动态过程转变。

③ 整合知识管理与竞争优势理论，以知识优势为自变量、商业模式为中介变量、竞争优势为因变量进行实证分析，明确了知识优势向竞争优势的转化机理，从而建立了有关知识优势的形成、维持及其向竞争优势转化的系统的理论研究框架。

（2）实践意义。目前，我国正处于新旧动能接续转换、产业转型升级的关键时期，提高企业创新能力、推动大学及科研院所的技术转移是建设创新型国家的必然选择。在此背景下，本研究将在以下方面发挥实践指导作用：

① 分析知识链知识优势的形成机理，有利于知识链成员有效认识知识共享与知识创造的活动规律，为知识链更好地适应市场竞争与外界环境变化提供理论支持。

② 关于“知识优势→商业模式→竞争优势”的实证研究，有助于打开知识优势向竞争优势转化的理论“黑箱”，提高知识链战略决策的科学性与针对性。

③ 在知识链知识优势的形成、维持与转化的各个阶段为政府优化制度供给体系提供理论依据，有利于弥补已有科技政策的制度缺失，为政府出台创新扶持与科技成果转化的相关政策提供决策参考。

1.3 研究框架

1.3.1 研究目标

构建知识链知识优势研究的理论框架，基于跨组织合作的知识交互过程界定知识优势的概念内涵，从链间竞争视角考察知识链知识优势的演化机理，为分析知识优势向竞争优势的转化机制提出科学的理论解释，为改善知识链的知识共享与知识创造效率提供管理启示，为培育知识链的竞争优势提供战略管理建议，为完善国家的创新政策体系提供决策参考。具体而言：

（1）基于知识流动视角，界定知识链知识优势的内涵，设计知识优势的测评指标，从链间竞争角度考察知识链知识优势的演化过程。

（2）从动态能力视角，研究维持知识链知识优势的运作机理，分析合作创新的治理机制对知识链成员间合作互动与知识优势维持的影响。

（3）探索知识链的知识优势向竞争优势转化的作用机制，分析知识优势与商业模式的逻辑关联，为保持和提高知识链的竞争优势提出具有科学性与可行性的对策建议。

1.3.2　研究内容

本研究基于创新管理、知识管理以及战略管理等理论，综合运用博弈论、模糊评价、仿真分析与实证分析等研究方法，按照知识链知识优势的“优势形成→优势维持→优势转化”的逻辑主线，构建理论研究框架。研究内容主要包括以下5个方面：

（1）知识链知识优势的形成机理研究（专题一）。

从知识流动视角，以“知识获取→交互学习→知识创造”维度界定知识链知识优势的概念，通过分析知识链跨组织合作的协同效应，探究知识优势的形成机理，进而为后续研究内容提供理论基础。

（2）知识链知识优势的影响因素及评价指标体系研究（专题二）。

根据知识链知识优势的形成机理，从“知识获取→交互学习→知识创造”维度设计并实证筛选知识链形成知识优势的关键影响因素，在此基础上构建知识链知识优势的评价指标体系，实证评价指标体系的适用性与有效性，为比较不同知识链间的知识优势差距提供测评标准。

（3）知识链知识优势的演化过程研究（专题三）。

基于种群生态学理论，构建一个企业、学研机构、中介组织三个创新种群在产业竞争环境下通过自由组合形成知识链开展链间竞争的复杂系统，采用多主体建模与仿真手段模拟链与链的竞争关系，观察系统的进化趋势、达到进化稳定状态时知识链知识优势的分布以及种群个体的占优策略，考虑种群个体的有限理性与合作创新的不确定性，拟合组织的决策与行为互动过程，从而探索知识链知识优势的演化过程。

（4）知识链知识优势的维持机制研究（专题四）。

基于动态能力与关系治理理论对知识链知识优势的维持机制进行实证分析，构建维持知识链知识优势的理论模型，提炼动态能力与关系治理的构成要素并提出相关研究假设，利用调查数据开展实证研究，最后基于实证结果对理论模型予以修正完善。

（5）知识链知识优势向竞争优势的转化研究（专题五）。

通过实证分析，探讨知识链知识优势向竞争优势转化的作用机制，在相关研究假设的基础上设计调查问卷，根据实证研究结果完善概念模型，甄别在知识优势向商业模式转化的价值实现过程中多种组合形式的价值转移路径，分析最优和次优转化路径。最后，基于实证研究结论，从知识链的战略决策层面和创新政策体系的制度建设层面提出相关对策建议。

1.3.3 逻辑框架

本研究研究逻辑框架如图 1−1 所示。

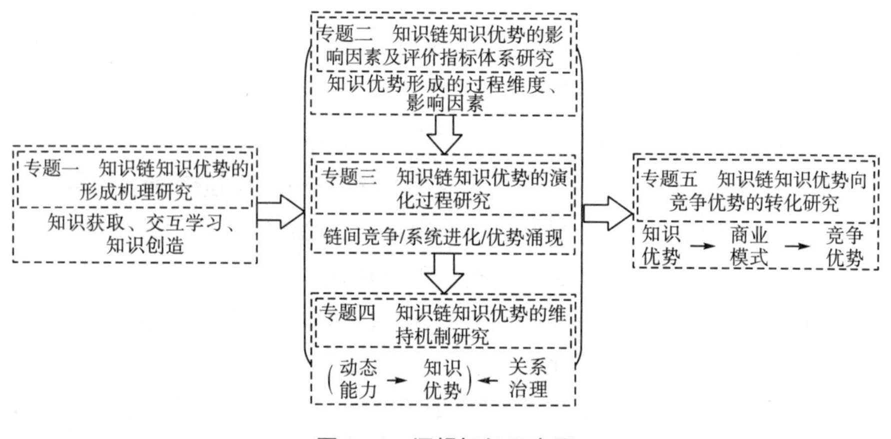

图 1−1　逻辑框架示意图

1.4 研究方法和技术路线

1.4.1 研究方法

本研究主要运用博弈论、模糊评价、多主体建模与仿真、结构方程以及回归分析等研究方法解决具体的科学问题。

（1）专题一的研究方法及说明。

基于博弈论，专题一界定知识链知识优势的概念，设计了知识链的基础模型架构，通过建立包括“知识获取→交互学习→知识创造”的多阶段动态博弈模型，重点考察知识链成员间的知识共享模式、专用性资产投入、成员的学习与创新能力以及领导权配置模式对知识产出效率的影响。借助动态博弈模型的分析进一步明确知识链知识优势的形成机理，为后续的研究专题搭建基础理论框架。

（2）专题二的研究方法及说明。

基于模糊评价法，构建专题二的知识优势评价指标体系。首先，在分解知识优势关键影响因素多层次评价指标的基础上确立因素集，建立各个指标评语的隶属度及模糊评判矩阵；其次，将主观赋权法（序关系分析法、唯一参照物比较判别法、层次分析法等）与客观赋权法（如因子分析法）相结合，使用“乘法归一化”公式计算得出各个指标的综合权重；最后，测量得到知识优势的综合评价值。

（3）专题三的研究方法及说明。

基于多主体建模与仿真技术，建立包括企业、大学及科研院所、中介组织等种群的合作创新复杂自适应系统。某一种群个体在与其他种群个体组建知识链的合作互动中将不断地“学习”和“积累经验”，并出于有限理性调整自身的合作策略与行为方式以适应外界环境的变化。在频繁的链间竞争中，系统将逐渐涌现出相对稳定的知识链组织结构。当系统达到进化稳定状态时，一些知识链便会演化出相对于竞争对手的比较优势。

（4）专题四、五的研究方法及说明。

基于结构方程模型，对知识链知识优势的维持机制以及知识链知识优势向竞争优势转化的作用机理开展实证研究。首先，通过实地调研与深度访谈，借助探索性案例分析提出假设与概念模型。其次，进行相关研究变量的测试与量表设计，在研究过程本研究将充分借鉴已有文献的成熟量表，同时根据研究需要设计新的评价指标。最后，开展问卷调查，使用回归分析、结构方程等手段进行数据处理并得出最终的研究结论。

1.4.2 技术路线

本研究的技术路线如图 1-2 所示。

研究框架构建
知识经济
全球化竞争
建设创新型国家
文献梳理
实地考查
资料收集
文献计量学
问题提出
专题一
知识链知识优势的形成机理研究
知识获取、交互学习、知识创造
博弈论
委托代理理论
优势形成
专题二
知识链知识优势的影响因素及评价指标体系研究
知识优势形成的过程维度、影响因素
模糊评价法
组合赋权法
因子分析法
专题三
知识链知识优势的演化过程研究
链间竞争/系统净化/优势涌现
多主体建模
仿真分析
优势演化
专题四
知识链知识优势的维持机制研究
关系治理
*信任*关系规范
动态能力
*整合能力*重构能力
*联盟管理能力
知识优势
*知识获取*交互学习
*知识创造
案例分析
结构方程
回归分析
优势维持
专题五
知识链知识优势向竞争优势的转化研究
知识优势
*知识获取
*交互学习
*知识创造
商业模式
*客户价值响应
*流程再造
*渠道开发
竞争优势
*成本领先
*产品与服务特色
*灵活性*适应性
优势转化
研究结论与对策建议
研究思路
研究内容
研究方法

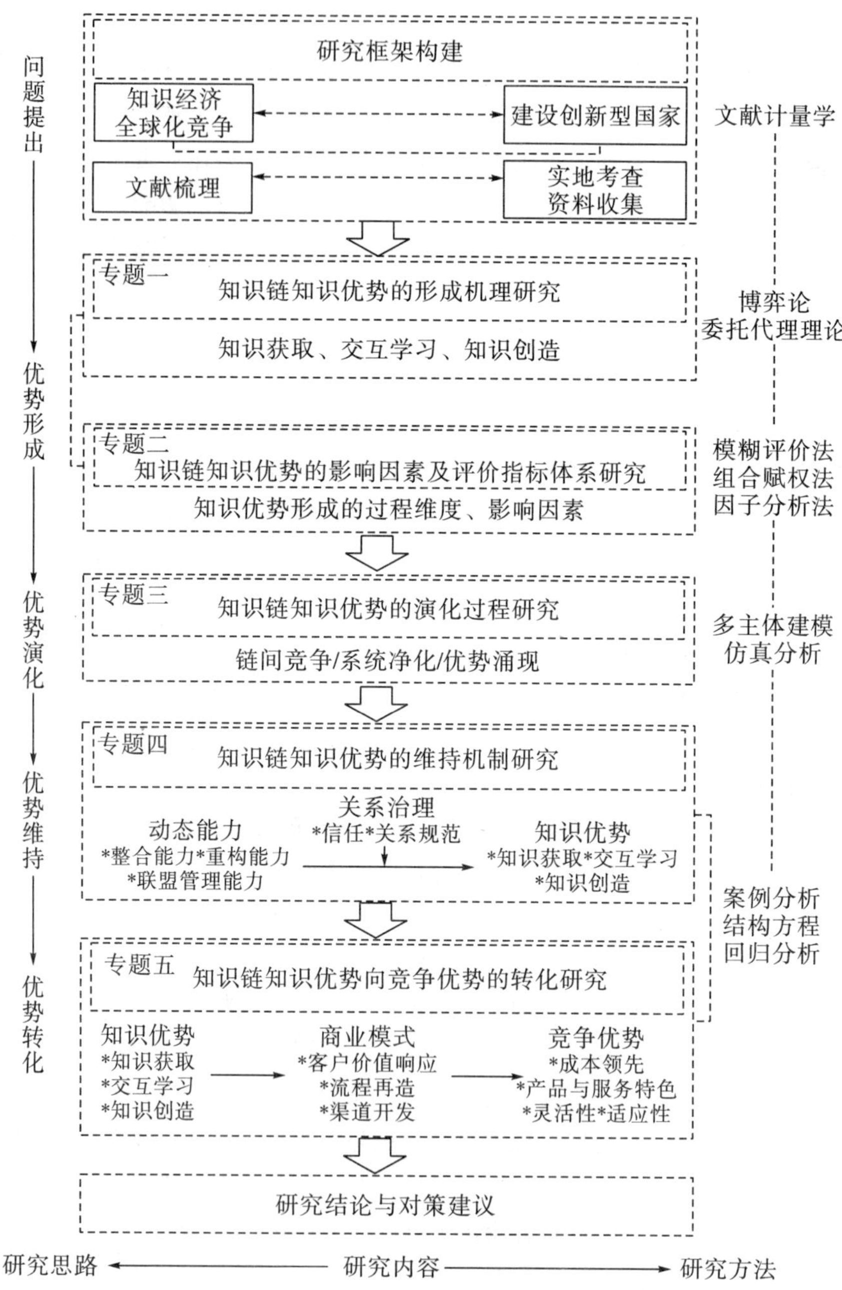

图 1－2　技术路线示意图

1.5　研究思路和结构安排

1.5.1　研究思路

在总结分析国内外研究现状的基础上，本研究以知识链为研究对象，围绕知识链知识优势的形成、维持及其向竞争优势的转化机制这一目标，按照主体研究内容的模块和层次逐渐开展研究工作。首先，界定知识链知识优势的概念，通过刻画跨组织合作的“知识获取→交互学习→知识创造”知识流动和合作创新过程，考察知识链知识优势的形成机理；其次，探讨知识链形成知识优势的关键影响因素，并在此基础上设计其评价指标体系；再次，基于链与链的竞争视角，讨论知识链知识优势的演化过程，并分析其演化阶段；再其次，从动态能力与合作创新的治理机制等角度提出知识链知识优势的维持机制；最后，构建知识链知识优势、商业模式与竞争优势关系的假设模型，采用实证研究方法加以验证，探究知识优势向竞争优势的转化机理与实现路径，分析知识链知识优势向竞争优势转化的作用机理，并结合实证验证结果提出具有科学性与可行性的对策建议和管理启示。

1.5.2　结构安排

本研究由 9 个章节构成，主要研究内容如下：

第 1 章：概论。介绍了本研究的现实背景与理论背景，阐述了在知识经济时代背景下的企业依靠知识链形成知识优势进而获取竞争优势的趋势，提出知识链知识优势的形成、内涵、评价、演化与维持以及向竞争优势转化的基本问题。在对基本问题思考的基础上，提炼出五个专题，并围绕这五个专题进行研究设计，提出相应的研究方法与技术路线，对本书的结构安排、创新点等作简要介绍。

第 2 章：理论基础与文献综述。回顾和总结了外知识优势的内涵与机理，跨组织合作的知识优势及其演化，知识、知识管理与竞争优势等现有相关研究成果，并对前述相关文献整埋情况进行简要评述。

第 3 章：知识链知识优势的概念及形成机理。从跨组织合作创新角度，从“知识获取→交互学习→知识创造”维度界定了知识链知识优势的概念，明晰了知识链知识优势的特征、构成要素，并运用博弈论分析知识链成员间的知识流动、成员的学习与创新能力以及成员间的信任等主要的协同因素对知识产出效率的影响，诠释了知识链知识优势的形成机理。

第 4 章：知识链形成知识优势的影响因素。基于知识链知识优势的概念模型，按照知识获取、交互学习、知识创造的逻辑线索，提炼了知识优势形成的影响因素，通过探索性因子分析考察多元观测变量的本质结构并进行降维处理，筛选出知识链形成知识优势的关键影响因素，并采用验证性因子分析检验了知识链形成知识优势的关键影响因素与其内部要素间的逻辑关联。

第 5 章：知识链知识优势的评价指标体系。综合运用组合赋权与模糊评价法，设计了知识链知识优势的综合评价模型，并通过实证分析验证评价指标体系的适用性与有效性，为比较不同知识链间的知识优势差距提供测评标准。

第 6 章：基于链间竞争的知识链知识优势的演化过程。基于复杂系统和种群生态学理论，采用多主体建模与仿真手段，模拟企业、学研机构、中介组织三个创新种群组成的产业竞争知识链系统，通过自由组合形成知识链的链间竞争关系，观察系统的进化趋势、达到进化稳定状态时知识链知识优势的分布以及种群个体的占优策略，考虑种群个体的有限理性与合作创新的不确定性，进而拟合组织的决策与行为互动过程。

第 7 章：基于动态能力的知识链知识优势的维持机制。基于动态能力与关系治理理论，从动态能力视角对知识链知识优势的维持机制进行实证分析，考察知识链的联盟管理能力、资源整合与重构能力等对知识优势维持的作用机制，以动态能力为自变量，知识优势为因变量，关系治理作为中介变量，从知识链成员间的合作互信、价值认同与行为规范等维度，分析了知识链内部的关系治理如何影响动态能力对维持知识优势的作用效果。

第 8 章：知识链知识优势向竞争优势的转化。在借鉴已有研究的基础上，以知识优势为自变量、商业模式为中介变量、竞争优势为因变量设计了概念模型，通过实证分析，甄别在知识优势向商业模式转化的价值实现过程中多种组合形式的价值转移路径。

第 9 章：结论与展望。进一步明确本研究所论述的主要结论，从知识链的战略决策层面和创新政策体系的制度建设层面提出相关管理启示；总结本研究的局限与不足，并对未来的研究思路和方向进行展望。

1.6 主要创新点

本研究以知识链为研究对象，按照“优势形成→优势维持→优势转化”

的逻辑主线，探索知识优势的形成、评价、演化及向竞争优势的转化机制，具有一定的理论前沿性和现实针对性。本研究的创新点主要体现在：

（1）构建了知识链知识优势的评价指标体系。

基于知识流动视角，知识链的知识优势源于知识链成员间的合作互动过程，通过组织间频繁的知识交互形成有关“知识获取→交互学习→知识创造”的综合能力表现。知识链是一个包括多元创新主体的集合，科学地测量知识链的知识优势才能充分体现出其跨组织合作的知识交互特征。因此，厘清知识优势的概念内涵将有助于拓展知识管理理论，而且有关知识链知识优势的测评研究为其他跨组织合作模式的效果度量产生了一定的理论示范效应。

（2）厘清了基于链间竞争知识链知识优势的演化过程。

知识链的知识优势在链间竞争中获得充分体现，其形成与演化是一个动态过程，本研究有效刻画了知识链间的竞争行为。在多主体建模仿真的程序设计上，通过充分体现多元参与、竞合并存、共生演化的种群生态关系，克服拟合知识创造活动所具有的高度不确定性，为知识链知识优势的演化过程提供科学解释，洞悉组织知识链间知识优势的动态变化，掌控知识优势的演化阶段，是本研究的一个创新点。

（3）揭示了基于动态能力知识链知识优势的维持机制。

从动态能力视角考察知识链的联盟管理能力、资源整合与重构能力等对知识优势维持的作用机制是对战略管理与知识管理理论的拓展。构建了体现跨组织知识交互特征的动态能力量表，并通过实证分析，在知识管理情境下，探讨了包括内在规则与外在行为两个维度在内的关系治理机制在知识链的动态能力与知识优势间的中介作用，为关系治理机制有效发挥跨组织合作的治理效果提供了理论支撑。

（4）甄别了知识链知识优势向竞争优势的转化路径。

在知识链的知识优势向竞争优势的转化过程中，商业模式扮演着关键的桥梁作用。知识所具有的专业性、稀缺性、可编码性等多维属性特质决定了不同的价值实现途径。本研究实证探索了知识优势向商业模式转化的价值实现过程及其组合形式，甄别其价值转移路径，并进一步分析了最优和次优转化路径。

第 2 章　理论基础与文献综述

本章从知识优势的内涵与机理，跨组织合作的知识优势，知识共享与知识创造，跨组织合作的知识优势演化，知识、知识管理与竞争优势等几个方面，对现有文献进行总结和回顾，并对现有文献的研究空白和不足进行简要评述。

2.1　知识优势的内涵与机理

学术界对知识优势的理论研究最早可追溯到战略管理学派对基于知识的竞争优势研究，可以看作对竞争优势来源研究的延展和深化。其代表性理论主要有资源基础理论、企业核心能力理论、波特的竞争战略理论、比较优势与竞争优势理论等。目前，关于知识优势的研究尚处于起步阶段，研究内容包括知识优势的概念、来源、形成（维持）与丧失（消散）等，2013 年后，有少量涉及知识链、知识网络等组织形式的知识优势研究文献出现。

2.1.1　知识优势的概念与来源

早期研究认为，知识优势即基于知识的竞争优势，知识优势存在于不同的层面，包括个人、组织、战略和经济等四个层面。徐勇（2004）认为，知识优势由多种变量组成的“函数”共同发生作用而形成，包括但不限于个人或团队的知识、多种生产技术、自身经验、组织惯例、企业制度文化及其相互交叉作用。顾新等（2005）认为，A 知识链在知识流动过程中，相对于 B 知识链所表现出来的优势就是知识优势，可分为存量和流量知识优势。余世英（2006）认为，知识优势是基于知识和创新的企业竞争优势。唐承林和顾新（2010）认为，知识存量增加能带来知识创造与价值增值，进而形成知识优势。

易敏利和刘开春（2004）认为，企业的知识优势来源于一些高价值的品牌、技术诀窍及知识产权、成员等无形资产，它们比有形资源更具有价值、稀缺、不可模仿与不可替代性，因此无形资源更能为企业赢得竞争优势。徐勇（2004）认为，知识优势来源于因组织结构、成员特征、分工特征、管理手段等不同所造成的企业异质化知识。顾新（2008）提出，知识的开发、利用与创新能够带来知识链企业的价值创造，在知识流动过程中，知识链成员基于现有知识基础的知识共享和创造成就了知识优势。

2.1.2　知识优势的形成与丧失

董小英（2004）认为，企业资源特质、运行体系的复杂性、技术领先性和创新能力与知识优势的形成密切相关。张骁（2005）分析了跨国公司构建知识优势的条件，认为企业内部知识集的形成受到来自时间、空间和过程三个方面的条件约束，跨国公司的历史经营环境及对待知识形成的态度和行为偏好是其构建知识优势的时间、空间和过程条件。余世英（2006）认为，我国企业要想在竞争激烈的国际市场中处于领先地位，必须不断地创造和运用新知识，通过实施知识吸纳、联盟、整合、转移、激励与创新等 6 大战略来确立自身的知识优势和竞争优势。曾珠（2008）认为，实现知识分享、提高学习速度、降低边际成本和规模管理外溢有助于形成企业知识优势。张江甫和顾新（2016）实证发现动态能力在“知识流动→知识优势”过程中起到了重要中介作用。

徐勇（2004）认为，知识优势体现出萌芽、增强、维持、丧失的 4 阶段生命周期，持续的知识创新是企业形成知识优势链、确保知识优势连续性的关键力量，其维持机理在于建立企业异质化知识的隔离屏障、持续创新和实施知识竞争战略，并分析指出了持续创新的六种常见模式，如螺旋式上升模式、波浪式推进模式、发散式展开的持续创新模式、收敛式集成模式、协同式并行模式和跳跃式转型模式等，提出知识优势形成的驱动因素主要为经济全球化影响、竞争的加剧、环境的不确定性、资源结构的变化等，保障机制主要有建立一种网络型和学习型的超文本知识组织结构、营造知识分享和创新的企业文化、建立知识管理机制、创建知识战略远景等。他进一步提出，企业知识优势的消散源于知识的漏斗效应与知识外溢、竞争对手的模仿与超越、“熊彼特冲击”导致的“创造性破坏”，以及消费者需求偏好的改变。

许晓冰等（2006）从知识优势市场价值的实现角度，将知识优势的丧失分为绝对丧失与相对丧失，其中绝对丧失主要源于竞争企业的模仿，虚拟企业间知识流动引起的核心知识外流和重要员工流失，相对丧失是由于市场的敏感度不足、选择失误、对信息与知识资源的整合能力不足等造成知识优势未能转化成价值所带来的优势消散。他们进一步提出了维持知识优势的4种方法，包括建立价值创造战略、采用先进的知识挖掘、处理工具和交流平台、打造共同愿景、合理安排技术与人才等各类资源。谢佩洪等（2008）认为，竞争者模仿、内外交流、技术与管理人员流失、专利保护到期等所带来的知识外溢、扩散与复制，造成了任何组织的知识优势均难以长期保持。

2.1.3 知识共享与知识创造

学界研究知识优势形成过程时，大多认为知识共享与知识创造是知识优势形成机理的关键环节。知识共享与知识创造指合作组织间的知识转移、整合与新知识的生产过程，是构建合作创新的价值共创机理、衡量组织的创新能力和创新绩效水平的关键活动。

（1）知识共享机理。李久平和顾新（2007）分析了知识链成员间知识共享的驱动力、实施条件和障碍，提出实现知识链成员间知识共享的途径是建立交互学习机制的观点。芬和阿尔梅达（Phene and Almeida，2008）认为，知识共享是组织吸收、学习与集成内外部知识的过程。费尔普斯等（Phelps et al.，2012）指出，组织通过知识共享有利于产生新的知识组合，从而促进产品创新并形成自我学习机制。马亚男和李慧（2008）分析了影响企业间知识共享效果的主客观因素，运用博弈论方法研究了同行业竞争企业之间结成知识联盟进行技术知识共享的过程、选择和得益。李志刚（2008）根据合作创新中知识流的类型、知识交换的方向以及合作关系，设计知识共享的行为模型，讨论了知识共享方式、知识共享水平及相关因素，提出了合作创新联盟知识共享风险控制的措施。张喜征和潘永强（2010）分析了组织的知识共享和保护水平对合作创新决策的影响。特洛伊等（Troy et al.，2008）发现，企业的知识共享效率对产品与服务创新都具有显著的正向影响。赖等（Lai et al.，2016）指出，知识共享可以突破企业边界、促进知识流动，对企业创新能力的提升具有正向影响。洪堡和库尔（Homburg and Kuehnl，2014）认为，知识共享与企业绩效间存在边际收益递减效应，并通过实证研究发现知识共享与创新绩效间呈倒U型关系。扎赫拉等（Zahra et al.，2000）发现，知识共享在企业的知识基础（知识宽度与广度）与创新绩效间具有正向调节作用。扎赫拉和尼尔森（Zahra and Nielsen，2002）认为，知识共享在企业知识搜索能力与知识产出间具有正向调节作用，对于从大学获取的知识与创新绩效之间具有负向调节作用，而对于从竞争对手获取的知识与创新绩效之间起到正向调节作用。赵蓓和陈三可（2017）发现，外部知识获取会负向调节知识多样性与突破性创新之间的关系，知识共享则会使外部知识获取的负向调节作用有所降低。邹（Tsou，2012）研究表明，知识共享在外部协作能力与服务创新之间起到部分中介作用，在伙伴匹配与服务创新之间的中介作用不显著；社会资本首先会正向影响组织的知识共享效率，进而作用于吸收能力提升，最终改善企业创新绩效。

（2）知识创造机理。埃尔登等（Erden et al.，2008）认为，知识创造是指在组织内部或组织之间生产新知识的持续性创新过程，是组织塑造创新能力、获取创新绩效的关键，知识创造可以提高组织的创新能力，使组织可以从容应对迅速变化的市场需求。埃斯特惠森等（Esterhuizen et al.，2012）认为，知识创造可以作为一个管理工具提高企业的创新水平，并指出知识转化在企业创新能力提升中具有关键作用。李等（Lee et al.，2013）研究了区域经济环境下新创企业的创新行为，发现知识创造对新创企业的创新能力具有正的外部性效应，并且跨区域效应强于区域内效应。亚吉等（Tyagi et al.，2015）认为，持续创新是在当前不断变化的市场环境中获得持续竞争力的关键因素，知识创造能够提高产品质量和研发速度。单鹏等（2015）认为，新知识创造对本区域内和相邻区域的创业活动均有显著的促进作用。陈建勋等（2009）发现，知识创造对创新绩效具有正向影响。张媛媛和张宗益（2009）发现，知识创造对知识应用和创新绩效具有正向促进作用。吴翠花等（2013）建立了企业知识创造能力、工作环境因素与创新绩效关系的理论模型，研究发现企业的知识创造能力对创新绩效具有正向影响。陈怀超和范建红（2015）分析了知识深度（专业性）创造和广度（跨专业性）知识创造对创新绩效的影响，发现知识创造有利于知识积累并改进创新绩效。谢宗杰（2015）对创新联盟的研究发现，具有较强知识创造能力的企业可以获取更多的创新绩效，有利于维护联盟的稳定性。储节旺和吴川徽（2017）认为，知识创造增加了企业的知识存量与流量，并通过知识输出提高企业的创新绩效。韩维贺（2013）认为，知识创造过程会间接影响金融创新能力的提升。钱绍青和武忠（2013）发现，知识创造在组织间的交互式学习与创新绩效间具有中介作用。梁娟和陈国宏（2015）构建了多重网络嵌入影响集群企业创新绩效的概念模型，发现知识创造能力在网络嵌入性对创新绩效的影响中发挥完全中介作用。

2.2 跨组织合作的知识优势

总体而言，国内外学者对跨组织合作的知识优势研究主要聚焦于国家、产业（集群）、企业、供应链及虚拟企业（团队）、知识链与知识网络等层面。

2.2.1 国家知识优势

谢康等（2002）探讨了企业知识优势的集成效应使企业学习曲线向上推移，扩展企业的最右边界，进而拓宽国家生产的可能性边界，形成国家知识优势的整个过程。曾珠（2009）认为，国家知识优势涵盖了知识的产权保护、创新、培育、转化与利用等多个方面。她在2010年进一步研究认为，既定的比较优势和竞争优势可以逐步形成更高层次的国家优势，即国家知识优势。杨稣和邓俊荣（2011）研究了基于知识互动视角的发展中国家知识价值链优势提升策略，认为在全球投资贸易一体化条件下，信息与知识已代替资本与劳动成为全球价值链增值的重要因素，发展中国家价值链升级的关键因素是形成与价值链治理者基于市场交换或知识共同体的知识互动关系，形成均衡型的价值链知识优势治理模式。

2.2.2 产业（集群）知识优势

刘开春（2003）通过研究国际竞争新趋势与传统竞争战略，提出了基于知识优势的竞争战略，探讨了我国企业由初级优势向更高级优势转变的路径，并对此提出了建议。黄本笑和张婷（2004）分析了现代制造业的比较优势和竞争优势，指出在知识经济时代数字化制造是现代制造业追求知识优势的必然选择，分析了现代制造业的发展态势，并进一步研究了产业集群条件下的知识优势，认为集群内部企业间地理位置的接近有利于知识持续、高强度、快速的交换，知识的空间黏滞有利于维护企业或产业集群的竞争优势。杨松和林曙光（2004）认为，基于集群内的供应商、生产商、分销商和消费者分工合作的价值链为分散的知识聚合提供有利途径；集群内良好的社会资本促进了企业之间的信任，增强了合作意愿，减少了交易费用；产业集群中的学术性机构如高等院校和科研院所对于集群内的知识创新及知识优势的形成起着关键性的作用。关于企业知识优势研究，任倩楠（2009）认为，我国产业只有创建并提升自己的知识优势，才能走好跨国经营之路，知识优势对跨国公司的推动作用通过新产品或服务的开发、企业的运营、同顾客的联系等三种途径表现出来。刘谷金和盛小平（2011）设计出由知识审计、获取、创造、吸收、保护与应用及知识领导、协调、控制、组织、测评等组成知识的价值链，研究了企业通过实施知识价值链管理来获得持续的知识竞争优势的策略。

2.2.3　供应链、虚拟企业（团队）知识优势

塔伊布等（Tayyab et al.，2007）探讨了建筑业供应链与知识共性及信任、承诺、知识管理、创造性学习链对形成知识优势的作用，为建筑业设计了一个知识优势框架，以 14 家上市公司的供应链为样本，探索知识优势的来源。引入新的知识价值流分析工具（VALSAT）的动态方法，以创造有效的知识价值流，帮助组织建立一种知识分享的文化氛围，使整个供应链的知识优势进一步发展。拉契娃（Ratcheva，2008）提出了在虚拟伙伴关系中知识创造的互动过程的初步理论框架，认为虚拟团队知识创造过程是一个非常复杂的互动过程，将这一过程界定为团队的行为和相互作用嵌入在虚拟团队的独立社会活动中，而不在于团队成员所处理的预先给定的知识资源。

2.2.4　知识链的知识优势

李久平等（2008）认为，知识链的知识优势是在知识流动过程中一条知识链相对于另一条知识链所表现出来的优势，包括知识存量优势和知识流量优势。张省等（2012）基于动态能力构建了知识链知识优势的理论框架模型，以知识获取、共享和创造等一系列过程为研究视角，阐释了知识链知识优势的产生原理。张省和顾新（2012）进一步提出知识链知识优势的形成过程包括知识资源层、知识整合层和知识创造层，并基于知识存量和知识流量构建了知识链知识优势评价指标体系。唐承林等（2013）探讨了企业的知识创造能力、网络管理能力和知识整合能力与知识优势的关系，认为知识优势来自知识创造和知识价值增值的创新过程，并指出知识创造能力提升是知识优势形成的前提，知识价值增值是保持知识优势的关键。吴悦等（2016）从知识流动视角，提出产学研协同创新是通过知识共享、知识创造最终形成知识优势的过程。余维新等（2016）指出基于知识优势的知识配置机制是开放式创新模式下组织间知识分工协同的关键机制。吴绍波等（2014）对知识链组织之间的合作伙伴关系进行了研究，从多个视角分析了知识链知识优势的来源，运用种群生态学对知识链知识优势形成机理、演化机制进行了探讨，

并剖析了在动态能力作用下运用知识优势战略向竞争优势转化的途径。张省（2018）研究了知识链知识优势的形成路径，采用模糊综合评价法对知识优势进行了评价，探讨了动态能力视角下知识链如何维持知识优势，并从知识产权战略、组织柔性、商业模式等三个方面分析了知识链知识优势向竞争优势转化的途径。

2.2.5 知识网络的知识优势

唐承林和顾新（2010）建构了知识网络的种群生态学 Logistic 模型，发现知识网络整体知识存量的增加来源于不同类型知识链的不断加入，而这一行为可有效促进知识网络知识优势的形成，并指出网络内各知识链通过协同共生实现网络整体知识优势参与市场竞争。阳志梅和胡振华（2010）认为，知识网络的知识优势的实质是通过知识网络整合网络内的知识资源，实现基于知识创新和知识价值增值的过程，知识优势是知识网络的多种变量作用下的函数，通过知识优势使知识网络和企业进一步实现竞争优势成为可能。

2.3 跨组织合作的知识优势演化

一直以来，知识管理领域的学者都将知识视为企业战胜竞争对手的重要资源，强调当企业的知识储备与新知识创造成为竞争对手在短期内难以超越的比较优势时，知识优势便成为企业面对市场竞争的一种核心能力。然而，在链间竞争情境下，知识链知识优势的形成与演化却有着更加复杂的现实表现。针对上述问题，一些学者采用案例分析、质性分析等方法，讨论了跨组织合作知识优势与产业竞争的互动关系。但是，创新主体的多元性与创新环境的快速变化加剧了产业竞争的复杂性，越来越多的学者发现，传统上以“还原论”为主导的研究范式难以解释组织间的合作互动与产业竞争间的因果关系，无法将孤立的各个组成部分以及它们之间的关系简单地叠加起来刻画产业竞争的性质和方式（张永安和李晨光，2010）。在此背景下，复杂系统理论逐渐成为分析组织间合作互动与行为涌现的理论工具。

复杂系统理论起源于“整体论”的理论框架，强调个体在与环境和其他主体间的相互作用中不断地改变自身的行为规则以适应环境变化并与其他主体协调发展。复杂系统理论强调动态演化、非线性、涌现和自组织等核心观点，并综合多学科的理论假设，为群体行动和制度演化提供了一般性解释框架，在经济、管理、社会系统及生命科学等领域获得了广泛应用（罗家德和曾丰又，2019）。近年来，学界借助复杂系统理论从种群生态位、组织学习、关系强度、产业生命周期等多个视角讨论了产业竞争环境下多元创新主体间的合作互动与演化规律。

2.3.1　种群生态位视角

唐承林和顾新（2010）讨论了知识网络的种群生态学特征及其知识优势的形成机理，发现不同类型的创新主体加入知识网络将提高网络整体的知识存量并促进知识优势的形成；龙跃（2018）以战略性新兴产业集群为样本，将战略性新兴产业集群协同演化界定为集群内自组织协同演化、政府调控下组织协同演化两种生态关系，发现组织种群影响因子、最大生态位等因素对组织种群生态位扩张及演化均衡态具有正向影响，政府调控有助于提高集群演化均衡和耦合协调度并推动战略性新兴产业集群协同演化发展。

2.3.2　组织学习视角

田钢等（2010）以产业集群为研究对象，分析了创新网络内的组织学习、知识积累与知识扩散等问题，发现产业集群中的各类创新主体为了适应环境变化而不断改变自身的合作策略是创新网络演化的主要原因，创新主体间的知识差异、专业化程度以及知识转移方式是影响创新网络演化的重要因素。曾德明等（2012）分析了创新网络的隐性知识转移问题。他们将隐性知识分为真隐性与伪隐性两种类型，以考察组织间的知识差异对知识转移效率的影响，发现尽管知识转移能够缩小组织间的知识差异，但组织间的知识位势并没有随着上述活动而改变；相对于真隐性知识，伪隐性知识的转移效率存在较大的波动性。吕一博等（2014）考察了组织间知识搜索行为影响下的区域创新网络演化特征，发现基于网络结构洞的知识搜索较基于组织声誉的知识搜索策略能够更加显著地促进组织间知识流动并提高网络整体的创新绩效。黄凯南和乔元波（2018）分析了产业技术与制度的互动与演化特征，并通过仿真分析检验了保守企业、创新企业、模仿企业共三类企业的模仿效应、规模效应对产业绩效的影响。

2.3.3　关系强度视角

张兵和王文平（2011）研究了组织间的关系强度对非正式合作网络演化的互动关系，发现非正式网络中的知识流动具有“小世界”网络特征，组织间的关系强度通过改变知识流动效率进而影响非正式网络的演化速度。张江甫和顾新（2016）探讨了知识网络中知识流动的扩散效应，发现知识网络知识流动呈现由线形增长向指数式增长模式的演变，组织间信任显著正向影响知识流动，组织间稳定的弱关系更有利于知识网络知识流动。

2.3.4 生命周期视角

肖冬平和顾新（2009）分析了知识网络的耗散结构机理，发现知识网络经历了由网络组建之前的无序状态向网络组建之后的静态有序结构，再向网络运行阶段的动态有序结构的演化过程。万君和顾新（2012）将知识网络的发展界定为孕育、成长、成熟与衰退四个阶段并运用基于模糊贴近度的多目标分类算法检验了知识网络的上述阶段性特征。花磊和王文平（2013）研究了不同产业生命周期下创新网络的拓扑结构对网络成员合作创新效率的影响，认为规则网络、“小世界”网络与随机网络三种拓扑结构分别在产业孕育期、成长期与成熟期具有最高的合作创新效率。张玉利和白峰（2017）借助耗散理论考察了创业生态系统的发展与演化规律并对海尔公司开展了案例分析，提炼出创业生态系统经历的“系统构建→自组织进化→多主体协同治理”等演化阶段。

2.3.5 合作博弈视角

曹霞和刘国巍（2014）以产学研合作为研究对象，使用演化博弈模型分析了组织的合作策略对创新网络演化的影响，发现选择“积极合作”策略的企业和学研机构存在最佳合作规模。他们进一步比较了组织间的连接机制对知识扩散的作用，发现度择优连接机制不利于无标度网络的知识扩散，组合择优连接机制有助于“小世界”网络和随机网络的知识扩散。游达明等（2015）分析了供应商与用户参与下核心企业的创新模式选择问题，发现供应商和用户的积极参与能够激励企业实施突破性创新并减少渐进性创新的开展，这一效果将随着市场竞争强度的提高而递增，当核心企业所研发的产品具有较高需求价格弹性时，用户参与对于核心企业的突破性创新作用更加显著，供应商参与则有利于核心企业针对低需求价格弹性的产品实施渐进性创新。郭本海等（2017）分析了光伏产业中设备供应商、制造商与政府间的演化博弈问题，发现获得合作创新的价值增值是激励各类组织积极合作的前提条件，有效的研发补贴、收益分配与惩罚机制是提高合作创新效率的关键。

2.3.6　网络拓扑结构视角

魏龙和党兴华（2017）分析了组织间的惯例复制（行为偏好）对创新网络演化的影响，发现网络内部的常规惯例复制（相似性选择机制）对稳定环境的依赖性更强，能够提升创新网络的规模，而柔性惯例复制（择优性选择机制）对动荡环境的依赖性更强。张理等（2018）的研究表明，采用无标度网络结构的创新网络的整体知识水平持续上升，网络中各类知识的增长速度呈现出"加快→减缓→稳定趋于一致"的过程，初始知识存量、自身知识吸收能力和合作对象等因素共同作用于网络成员的知识创造。刘国巍和张停停（2018）分析了区域创新网络空间格局的形成与演化机理，借助仿真分析发现不同创新主体间的多元邻近性（地理邻近、关系邻近和技术邻近）促进了区域创新网络的内外部合作共生，关系与技术邻近能够更显著地促进区域创新网络的空间集聚。

2.4　知识、知识管理与竞争优势

知识基础观（Knowledge Based View）认为，企业是一个知识处理系统，企业核心能力来源于知识，企业通过不断的知识累积、整合、重组等过程创造新知识，进而为企业创造长期的竞争优势。

2.4.1　基于知识的竞争优势

关于知识与竞争优势的关系，维克隆德和谢泼德（Wiklund and Shepherd，2003）认为，知识是任何组织都需要的无形资源，知识具有不可移动性和普遍适用性，能够帮助企业获得持续的竞争优势。吴晓松和李怡靖（2003）认为，知识尤其是隐性知识是企业竞争优势的源泉，竞争优势不仅源于竞争对手难以模仿的能力，更加依赖于企业比竞争对手更快地获取新知识的能力，决定企业能力的组织知识和学习能力才是企业持续竞争优势的关键。王江和樊治平（2003）阐述了知识、核心知识、知识运作能力的概念及本质特征，通过研究合作创新的组织合作行为，指出企业只有将核心知识和知识运作能力协调匹配才有可能获得持续性竞争优势。肖媛（2004）分析了知识型企业持续竞争优势的特征，认为知识型企业只有将自身拥有的知识资本和社会资本整合起来，与环境建立共生关系，才能形成持续的竞争优势。张雯和王正斌（2012）从隐性知识是否可显性化角度，阐述了可显性化和不可显性化的隐性知识对企业竞争优势的影响；知识不仅可以帮助企业创造价值，还能够帮助企业预测潜在的商机，识别潜伏的危机，进而及时地采取积极行动或是防范措施。同时，知识资源丰富的新创企业往往更加重视学习，关注市场变化，并及时做出反应；而知识资源贫乏的新创企业识别和开发机会的能力明显较低。蒋天颖等（2010）发现，企业的社会资本不仅直接影响竞争优势，同时还通过知识共享与创造间接地影响竞争优势。朱秀梅等（2010）认为，在识别和开发机会的过程中，新创企业会产生大量的知识资源需求：在机会识别阶段，新创企业必须利用知识来发现、筛选和评估机会；在机会开发阶段，必须借助各种知识（如管理知识、行业知识、市场知识等）来提高开发机会的效率。以创新网络为研究对象，彭伟和符正平（2012）发现，网络关系强度对企业竞争优势具有显著的正向影响，并且知识获取在其中具有中介作用。王建刚和吴洁（2016）构建了创新网络结构特征（稳定性与中心性）、知识转移能力和企业竞争优势的理论模型，发现知识转移增强网络中心性对企业竞争优势的正向影响减弱网络稳定性对企业竞争优势的积极影响。吴松强等（2018）从知识搜索视角，发现利用型知识搜索通过网络结构特征正向影响企业竞争优势，认为中小企业在创新网络中获取竞争优势的关键在于对知识尤其是隐性知识的识别和吸收，并从市场知识、技术知识、企业家知识三个维度分析了隐性知识对中小企业的作用机理。

2.4.2 基于知识管理的竞争优势

上述研究主要考虑了知识的特征、知识创造能力等因素对企业竞争优势的影响。基于知识管理的竞争优势研究则强调了知识管理在企业形成竞争优势中的重要作用。邹国庆（2003）认为，企业应根据所处行业性质、流程及产品特点选择知识管理战略，从而获得持续的竞争优势。白景坤（2004）认为，知识管理能够将企业的各种知识进行整合与创造，是企业获得竞争优势的关键活动。肖沛等（2004）从分析知识的基础作用入手，结合知识管理、组织学习和创新管理等理论，提出了基于知识管理系统的竞争优势模型，认为企业应该通过知识管理系统整合资源和能力来获取持续竞争优势。徐勇（2004）认为，企业的生产过程是一个知识接力过程，由于企业内部的组织结构、人员特征、分工特征以及管理手段等差异，不同企业之间所积累的知识具有较大的异质性并形成不同的竞争优势。蔡宁和王晓娟（2006）分析了企业网络中社会资本的结构维度、认知维度及关系维度对知识存量和知识转移的影响，提出了基于社会资本的企业竞争优势模型，认为企业在网络中获取竞争优势的关键是要培养自身的知识管理能力和网络管理能力。蒋天颖和雷剑（2012）研究了知识管理、组织创新和竞争优势的关系，发现知识管理能力并不对竞争优势产生直接影响，而是要通过组织创新的完全中介作用对竞争优势产生间接影响。肖艳红等（2018）研究了能力柔性与知识管理的匹配度对竞争优势的影响，发现能力柔性与知识管理战略存在两种一致性匹配模式，即高能力柔性与积极知识管理战略匹配、低能力柔性与保守知识管理战略匹配，前者能够增强企业灵活性、提升顾客优势、增强创新优势，后者更有利于提升顾客优势及创新优势。

2.5　简要评述

既有文献已取得了较为丰富的研究结论，但仍有一些问题有待解决：

（1）知识优势的研究缺少系统的理论研究框架。目前，知识优势的研究主要集中在概念界定、现象解读等阶段，有关知识优势的形成及其向竞争优势的转化等理论问题尚未得到完全解决。在研究对象上，既有研究仅分析了单一组织的知识、知识管理与竞争优势的作用关系，对于跨组织合作过程中知识优势的形成机理以及多个组织的合作互动行为缺乏关注。在研究内容上，既有文献仍局限于分析知识优势的内涵与外延问题，缺少针对知识优势的形成、维持及其向竞争优势转化的系统性研究，尚未形成一个系统的理论研究框架。

（2）知识优势缺乏有效的量化测评手段。目前，关于知识优势的评价主要以概念性、描述性、框架性的定性研究为主，缺乏一些有效的量化方法对知识优势进行客观界定。既有研究习惯于从知识的可编码性、专业性、传播性等特征描述组织的创新能力与效率，所提出的知识优势模型仍停留在构想设计阶段，对知识创造过程的复杂性、动态性及不确定性的解释能力有限，难以为产业实践提供理论指导和决策参考。因此，知识优势的量化评价是有待深入研究的重要问题。

（3）知识优势的演化与维持机理尚不清晰。关于知识优势的演化过程，出于不同的研究目的与视角，既有文献仅停留在现象描述与问题总结层面，已有研究仍停留在比较静态分析阶段，缺乏对跨组织合作的知识交互过程的动态考察，未能深入讨论知识链知识优势的动态演化过程与规律，无法体现知识的战略价值在组织的创新活动与生存发展中所扮演的关键角色。事实上，知识优势的产生是一个动态过程，通过组织间竞争而不断演化并最终形成相对于竞争对手的比较优势。分析知识优势的演化过程，既要考虑知识在多个创新主体间的转移、共享与创造等活动，也要关注在不确定的竞争环境中知识优势的涌现与演化机制。此外，在知识链之间频繁的竞争互动中，通过何种机制维持知识优势也是确保知识链可持续发展所要解决的重要问题。因此，知识优势的演化与维持机理是一个具有挑战性的研究内容。

（4）知识优势向竞争优势的转化路径有待厘清。尽管已有研究发现了知识、知识管理对竞争优势的正向影响，但多个组织的合作互动中知识优势的形成及向竞争优势的转化机制尚不明确。目前，合作创新已成为组织塑造竞争优势的主要战略导向。创新主体间通过跨组织边界的知识交互形成资源共享的协同效应，从而产生知识优势。然而，知识优势向竞争优势的转化机制仍存在理论空白，特别是随着环境与竞争关系的持续演变，知识优势转化为竞争优势的动态适应性问题有待深入研究。

针对上述问题，本研究选定“知识链知识优势的形成、维持及其向竞争优势的转化研究”这一问题，采用模糊评价、仿真分析、实证研究等多种方法，分析知识链知识优势的形成机理，构建知识优势的测量指标体系，通过链间竞争视角考察知识链知识优势演化过程，采用实证分析手段研究知识链知识优势的维持机制及其向竞争优势的转化路径，为企业的战略规划以及政府的政策设计提供针对性的决策参考。

2.6 本章小结

本章整理、归纳和总结了国内外知识内涵与机理，跨组织合作的知识优势，跨组织合作知识优势的演化研究，知识、知识管理与竞争优势等相关文献，简要评述了现有研究存在的不足，奠定了本研究的理论基础。

第3章 知识链知识优势的概念及形成机理

本章基于知识优势的形成机理分析，从过程维度界定了知识链知识优势的概念，提出知识链知识优势形成是按照一定的逻辑顺序将知识活动组成顺畅流动的过程，一般包括：知识获取→交互学习→知识创造。这三个阶段也是知识链知识优势演化发展前后相继的过程，并采用动态博弈模型分析组织间的知识共享与交互学习对创新主体的知识创造与知识链整体创新收益的影响，重点探讨知识链成员间的知识流动、组织学习、知识创新能力以及成员间的信任等主要的协同因素对知识产出效率的影响，探究知识优势的形成机理。

3.1 知识链知识优势的概念

知识优势是某一组织或组织之间基于资源、能力或其他介质所形成的优于对手或处于优势地位的、能够创造更多价值的知识与技能。它是组织或组织之间独特的、竞争对手难以模仿的优势知识资源或技术能力。从表现形式上看，它包括但不限于知识开发能力、可有效控制成本的知识运用策略、高附加值的产品和服务、知识与技术创新、面向市场与客户的快速应对力等。在知识链系统中，知识优势的形成与其所属产业系统的时间、空间、构建过程和资源禀赋条件具有天然的联系，集中体现为优于对手的核心知识竞争力。本研究将知识链知识优势定义为：知识链在“获取→学习→创造”形成的知识价值增值，是知识链合作的集中决策成果和综合能力表现。

知识链知识优势的基本内涵包括：第一，知识优势是知识链中多种变量综合能力作用下的函数。第二，知识优势源于知识链内各要素之间的协同，通过知识链中企业、学研机构、中介组织等成员间与创新环境之间的知识获取、转移与整合，经过交互学习、知识创造等一系列复杂过程才能获取。第三，知识链对优势知识与技能的获取、学习、创造、协同、整合及市场化战略应用是形成知识优势的关键。第四，具备异质性和稀缺性的知识优势能够实现剩余价值，带来高于产业平均的知识水平和知识价值增值。

知识链的知识优势与一般意义上的知识优势既有相同点，又存在着本质的不同。两者的相同点在于：均指相对于对手所表现出来的异质性优势，均具有鲜明的形成、演变和转化过程，都可能面临丧失或消散的风险。两者的本质区别是：一方面，知识链知识优势是基于组织间多重协同和知识流动而形成的，其来源、形成机理及影响因素与一般意义的国家、产业、企业知识优势不尽相同，超越了传统知识优势的认知边界；另一方面，知识链本身所具有的多样共生性、自组织演化、动态适应等特征，使其知识优势亦体现出不同于一般性知识优势的特征，包括多样性、动态性、进化性和自组织性等。

从对知识链知识优势的界定可以看出，知识链知识优势是通过整合知识资源，并基于知识创新和知识价值增值的过程而实现的。它主要强调以下几点：

第一，知识优势的主体是知识链，是以企业为创新的核心主体，以实现知识共享和知识创造为目的，通过知识在参与创新活动的不同组织之间流动而形成的链式结构，其核心是知识创造、知识共享和知识价值增值。

第二，通过构建知识链以获取知识优势，是企业在新经济形势下的战略选择，知识链不同于并购网络、不同于其他组织联合体形式，强调基于知识链的知识获取、知识共享和知识创新等一系列活动而实现竞争优势。

第三，知识优势是企业构建知识链的重要目标，通过知识优势使知识链及其核心企业进一步实现竞争优势成为可能。

第四，知识优势来源于知识和网络，但是知识只有经过一系列转化活动才能转化为知识优势。知识优势是知识链的多种变量作用下的函数，知识优势的形成与知识链内外知识和知识链的特征有关，与知识获取、知识共享和知识创新的效果密切相关。

3.2 知识链知识优势的形成过程

由企业、学研机构、中介组织等组成的知识链，可以视为一个开放的、动态的、复杂的自组织系统。知识资源是构成知识链系统的基本节点，每一个节点均与其他节点之间发生信息交换和知识流动，它们通过复杂的关系组成一个有机的链式结构。每个知识链都有自己的生态位，在知识流动过程中，知识资源及知识链功能在时间和空间上被确定到特定位置，以避免重复利用和恶性竞争，知识链知识优势形成的路径模型据此可以被刻画为三个阶段，每个阶段分为几个知识活动。知识链的自组织性决定了它是一个动态开放的系统，当能量交换达到一定的阈值时，系统就会发生涌现。对知识链知识优势形成而言，涌现就是知识创造。在高效知识获取、共享和充分知识吸收后，知识链进入试错阶段，通过对知识的遗传、杂交、嫁接，并不断地总结、延伸和提炼，最终知识创造成功。

从过程角度，知识链知识优势是在一定的知识链管理战略选择下，知识链通过获取知识资源，然后在链内企业、学研机构、中介组织等成员之间进行交互学习，以实现知识创造，从而获得超越竞争对手的能力。由知识链知识优势定义可见，一般情况下，知识链知识优势形成是知识活动按照一定的逻辑顺序实现顺畅流动的过程，其本质是集中决策和综合能力发挥作用的结果。知识链知识优势形成的第一阶段表现为对内外部知识的搜寻识别，在第二阶段表现为对新知识的交互学习，在第三阶段表现为新知识的创造应用，三个阶段呈现前后相继演进过程，前一阶段的顺利完成是后一阶段成功进行的基础（见图 3－1）。

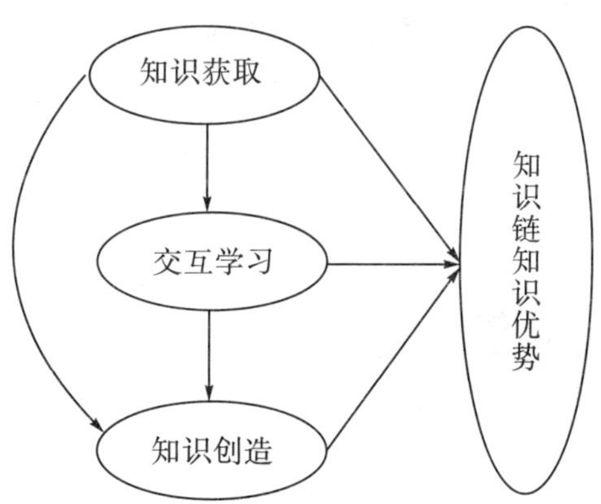

图 3－1　知识链知识优势的形成过程

本研究借鉴骆品亮和殷华祥（2007）构建的模块化创新的知识链模型，将知识链知识优势形成的一般过程界定为三个阶段，即知识获取阶段、交互学习阶段和知识创造阶段。这三个阶段按照知识链管理的基本逻辑依次演进，知识获取是起点，交互学习是关键，知识创造是结果，每一个知识阶段既依赖前一阶段，同时也是后一阶段的基础。三大知识阶段又可分为若干知识活动，几个前后相继的知识活动构成某一知识阶段，每个知识阶段和阶段内知识活动都具有不同的特点，相应的知识链管理策略也需要因此而调整，才能最终形成知识链知识优势。其中：

——知识获取阶段指知识链对外部知识源进行辨识、收集和改造，使之成为自己所用的知识。

——交互学习阶段是指知识链对其获取的知识资源进行学习整理，与知识链内部的知识有机地融合起来，使之具较强的柔性、条理性、系统性，必要时需对原有的知识体系进行重构，并以此形成知识链新的核心知识体系并储存起来。

——知识创造阶段是指在交互学习的基础上开发、产生新知识，并将新知识应用于经营管理的实践，为知识链创造高于产业平均的知识价值。

根据以上的分析，可以构建知识链知识优势形成的一般过程模型，如图3-2所示。

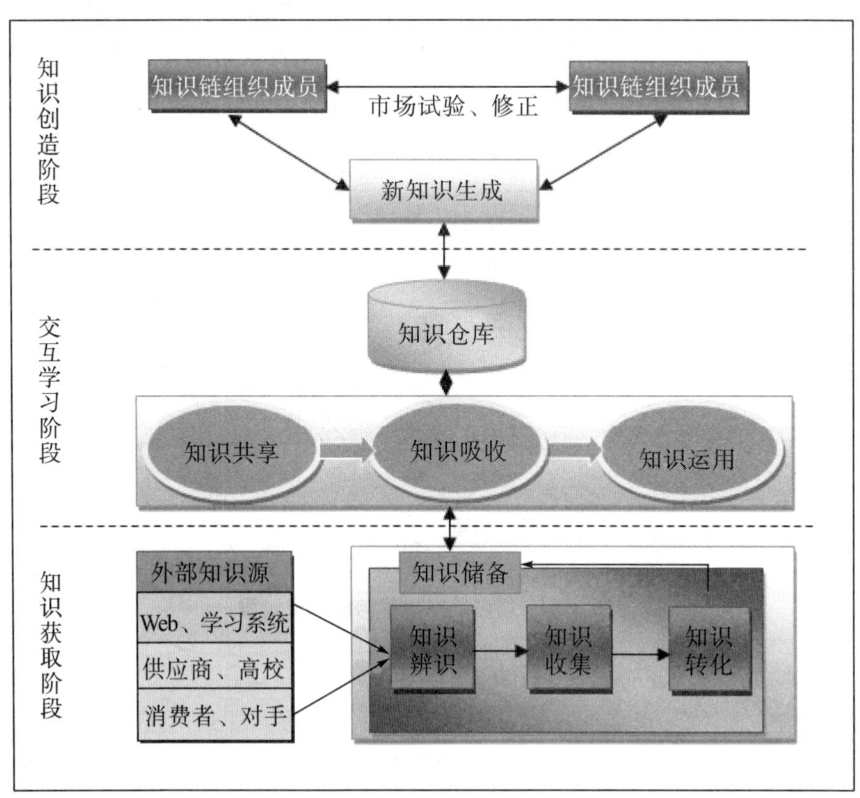

图3-2　知识链知识优势形成的一般过程模型

知识链知识优势的形成过程是逐级向上的。知识获取阶段是知识优势的逻辑起点，是知识优势形成的基础。通过获取既包含知识链外部实体性的

“知”［如互联网（Web）资源、科研机构成果等］，又包括代表知识链动态能力的“识”（如学习系统、竞争对手等），知识链将自己辨识的知识改造到组织内部。这个阶段主要有四个知识活动，分别是知识辨识、知识收集、知识转化、知识储存。交互学习阶段是知识链优势形成的中间阶段，主要功能是从“对象”和“过程”两个角度将内外部知识资源融合为满足知识链需求的知识库存。这个阶段有三个主要的知识活动，分别是知识共享、知识吸收、知识运用。知识创造阶段通过对知识仓库的提炼、转化、试错、创新，促进新知识的生成，并将新知识加以模型化、产品化，在市场实践中不断试验、修正，实现知识价值，从而保持在同行业中的知识优势地位。

知识链通过获取知识资源，然后在链内企业、学研机构、中介组织等成员之间进行交互学习，实现知识创造，而获得超越竞争对手的知识优势，主要表现为知识链高于产业平均的知识水平和知识价值。知识链知识优势形成过程是知识动态流动的过程，也是知识价值增值过程，结果是知识链在同行业中表现出较高的知识水平。知识链知识优势价值增值过程图见 3-3。

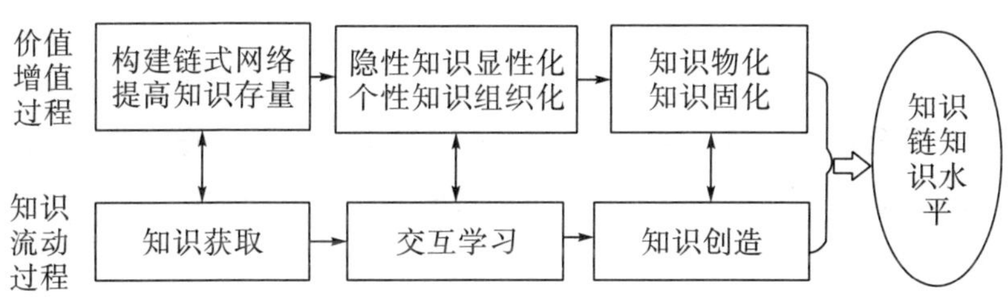

图 3-3　知识链知识优势价值增值过程

需要说明的是，知识链知识优势的形成一般要经过知识获取阶段、交互学习阶段和知识创造阶段三个过程，但是每个阶段的知识链管理活动并不都遵循模型所暗示的线性过程，往往会以非正式、非预计的方式发生。此外，三个阶段以及阶段中的知识活动对不同类型的知识链知识优势的形成作用是不相同的，有的知识链比较重视外部知识获取，有的知识链重视内部知识创造与开发，有的知识链甚至仅靠交互学习就获得了知识优势。如美国硅谷通过构建松散的、灵活多变的交互学习链式网络而领跑世界。硅谷知识链和丰田知识链风格迥异，它不是依靠某个核心企业建立知识链，而是通过斯坦福大学城区域内高校、科研机构和企业之间的知识流动、知识共享构建密致的链式网络。硅谷以知识产品创新为导向，通过挖掘技术和知识的新用途或者进行全新的知识创造获取优势。硅谷知识链不同于丰田知识链的整体协调统一性，而是依靠思维的多元性，在硅谷这个开放的网络中，人际关系（而不是股权资产）才是联结的纽带，硅谷的知识优势在于知识多元性基础上的充分共享。

3.2.1 阶段1：知识获取

知识获取是知识链知识优势形成的起点，只有通过各种方式获取到丰富的、先进的知识，才能给知识共享提供有源之水，才能实现知识创造。知识获取能力已成为知识链组织能力的一个重要维度，具备这种能力知识链才可以洞察知识环境的变化并做出动态反应，制定出正确的知识链管理战略。

知识链获取的外部知识资源从形式上看，包括文本资源、数据库资源、多媒体资源、互联网（Web）资源、电子邮件（E－mail）资源及领域资源（如交易数据、业务信息）等；从知识的载体上看，可以区分为独立于组织而存在的资源和不能独立于组织存在的资源（张文亮和徐跃权，2011），前者又包括参与者（Participants）中的知识和人造知识体（Artifacts）中的知识。参与者包括知识链成员、客户、供应商、合作伙伴等，此类知识可以被不同的主体容纳、带走，因此比较容易流失。人造载体中的知识是指被物化的知识，它本身没有知识的自我处理能力，如公司员工手册、专利文件、设计方案以及公司产品等。这些载体中积淀着大量的知识，竞争对手可以通过逆向工程将其中的知识加以解剖，进而威胁到知识链的知识优势，所以此类知识资源也是需要保护的。不能独立于组织存在的知识资源依附于组织而存在，这类知识本身不具备独立性，反映了组织的本质属性，可以分为三类：组织文化中的知识、战略中的知识和组织基础中的知识。此类知识具有相对的稳定性，多是一些隐性知识，容易被管理者忽视。对知识资源层的管理不仅要重视核心员工和核心技术，也要有意识地建立文化、战略、制度知识资源，它们从某种程度上影响知识整合效果乃至知识优势的实现。

知识链所要做的工作首先是对各类知识资源进行辨识评估，知识评估包括知识需求评估、知识定位和知识确认，它是知识链低成本、高效率获取知识的前提。确定自己所需要的知识后，知识链通过有偿购买、股份转化、合资合作等方式获得外部知识的使用权。其次是知识链对收集的知识进行适当的改造转化，包括分类、提取、包装、组合等加工工作。最后将转化后的知识通过知识仓库储存起来，一系列工作完成后，才会使外部知识变成具备本组织情景的知识，知识才正式变成组织的一种资源。

知识链知识获取的具体方式多种多样，包含直接获取与间接获取两类形式。直接获取是指主动参与获取知识的意识或行动，包括8种主要活动：获取数据集，获取许可的专利与流程，利用竞争情报寻找机会之窗和获取贸易秘密，从外部来源索取知识，检查专业文献，监控技术进展，接受外部培训，参与合作获取（刘谷金和盛小平，2011）。间接获取是指通过其他间接行动来获取知识。例如，通过并购和组建知识网络获取目标公司的知识或者知识的使用权。知识获取可以运用一些专业的计算机方法（林榕航，2005），如专业头脑风暴应用软件（Specialized Brain－storming Application）可以通过让员工畅所欲言，然后由专家从大量隐性知识中推断、整理出显性知识。在线讨论的数据库也是知识吸收的有效工具，员工往往带着大量的隐性知识参与讨论，所提的问题由少数人进行解答，问题会被准确定义，有用的知识就会显示出来。

从不同的标准出发，知识链知识获取的模式可以有多种分类。按照获取对象划分，知识获取可分为数据获取、技术获取、人力获取等；按照获取的渠道划分，知识获取可分为市场购买、技术援助、合资合作等。本研究借鉴张省（2018）对知识获取的属性划分，将知识链知识获取划分为知识扫描模式、市场交易模式、契约协作模式。

（1）知识扫描模式。

知识扫描模式是指知识链利用现代搜寻工具，有目的、有意识地获取外部知识的工作方式。知识链运用知识扫描模式获取知识的具体方式主要有使用专利数据库、参加专业学术会议、利用媒体出版物、知识反求工程、调查消费者、监测竞争者、挖掘网络资源等。

对知识链而言，专利是获取知识的捷径，专利数据库可以为相关行业的使用者提供关于具有潜在商业价值的研究领域以及专利转化为产品的研究方法等专业知识。公开出版和内部传播的科学、商业期刊也是获取知识的常用途径。一般情况下，各类出版物不但比专利更容易获得，而且提供的知识量比专利更多。知识反求工程是通过对市场流通的产品，或从其他正规合法渠道获得的产品进行拆卸、测绘、模仿、改装，从而反推出产品的技术和工艺的行为。国产汽车的领军厂家“比亚迪”就是运用知识反求工程的成功者。由于获得行业核心专利的成本极高，而专利的申请人无权禁止他人运用知识反求工程获得其技术秘密，因此知识反求工程是知识链合法获得他人知识技术秘密的重要手段。知识链通过商业调查中心，利用问卷和网络技术掌握消费者的消费倾向，同时对竞争者进行合法的检测，保证知识的更新速度和质量。互联网时代，成功的组织必须学会利用网络资源，从互联网获取知识是知识链有效地收集商业科技知识的快捷方式。

（2）市场交易模式。

市场交易模式主要分为组织间合并收购和直接知识购买两种知识获取方式。知识链为了迅速获得显性知识如技术、工艺、员工手册、管理制度，往往采用合并收购的方式。并购给知识链带来最新的研发资源和成果，这不但能够快速提升整个链条的创新能力，而且还可以迅速拥有并购目标企业已经建立的知识网络和社会网络。

广义的直接知识购买不但包括购买技术、设备，专利等知识载体，也包括引进高级知识技术人才。通过市场交易获得的技术许可能够加快新产品的开发速度，节省研发成本，减少投资和市场风险。直接购买生产技术或高级设备已被实践证明能够对业绩产生积极影响，例如改革开放之初我国从美国、德国等制造业强国重资引进的轧钢生产线，大大地提高了产业升级速度，提升了整个行业的竞争优势。通过高薪引进人才不但可迅速获取了先进显性知识，更重要的是知识载体——人才还会带来价值难以估量的隐性知识，口口相传的知识扩散效应巨大。国家制定的“人才强国”战略正是基于此考量，企业之间频频的“挖人”常见报端，其挖的实质不是在“人”，而是“知识”。

（3）契约协作模式。

契约协作是知识链知识获取的常用模式，知识链盟主常常与政府、科研机构、高等院校直接或通过第三方签订契约，以知识共享和优势互补为前提，明确协作目标、协作期限和协作规则，双方共同投入、共同参与、共享成果、共担风险。按照对象是否形成法人实体划分，契约协作模式的可具体分为联合研发、合资和联盟三种。

联合研发是指知识链与科研院所、政府资助研究机构、民营咨询机构等就一个具体科研项目通过契约形式进行的共同研发，参与项目的诸多机构知识松散的知识联合体，并不具备新的法人实体资格。当某些项目研发的不确定性较大或利益分配较模糊，知识链知识获取也会采用与其他组织合资的形式，由知识盟主出资建立一个新的公司，合作方参股或注资参与知识合作，根据出资额大小控股经营或按照契约形式进行合作。在项目完成之前较长时期内会形成新的法人实体，因此需要指定法人代表并选举管理层。知识链与其他知识主体进行联盟可以分为垂直联盟和水平联盟两种。垂直联盟的对象是上下游企业如经销商、供应商甚至是顾客，水平联盟的对象是同行业竞争者或行业龙头企业。联盟的战略目标是实现“协同竞争”，既不丧失自身的知识独立性，同时也能获得知识溢出的正效应。

3.2.2　阶段2：交互学习

知识的交互学习实质是知识存在和发展的一种状态，交互学习是知识创造的基础，主要有5种方式：通过人才流动进行交流学习，既包括组织内横向流动也包括组织间的纵向流动；召开研讨会，与会人员共享学习；组建跨部门小组，这是跨国公司经常采用的一种工作方式；实施标杆管理，传播“最佳实践者”经验；构建信息共享学习平台，如出版物、云上平台等（吴金希，2008）。从长期稳定性的角度分析，由企业、学研机构、中介组织等组成的知识链交互式学习行为应遵循以下原则：各成员对交互式学习目标有着一致的认同，交互式学习的目的应满足知识链成员的共同利益，合作各方应有技术创新项目所需要的技术能力与创新资源，交互式学习的成本应小于学习的收益，交互式学习必须以相互信任为基础。

本研究借鉴何亚琼等（2006）、吴笑（2015）等的观点，将交互式学习过程划分为知识共享、知识吸收、知识运用三个阶段。知识共享是将知识自由流动、匹配到知识需求方；知识吸收主要是显性知识和隐性知识的转化，目的是将知识变为知识链可用、好用的资源；知识运用涉及将新知识投入产品服务中，目的是提高知识利用效率，在市场上实现更高价值。

（1）知识共享。

这个阶段指创新个体的知识扩散为知识链知识，知识链知识又扩散到其他成员的过程。这个阶段是交互式学习的前提，保证了学习的实现以及合作创新的可能。从知识链层面看，知识共享是多向的，各主体不仅和知识链知识共享系统进行知识的扩散，知识链中所有的个体组织之间也在交叉进行知识共享。通过知识共享，各行为主体的知识存量得到了丰富，知识基础得到了提高，从而提高创新能力和创新效率。知识共享决定着知识链的成效，是知识链知识优势形成的关键（姜大鹏等，2010）。知识共享的第一个知识活动就是知识集成。知识链的链式结构决定并不是所有的知识都处于同一重要等级，将知识结构进行等级的划分就是完全必要的。但是，如果各个等级之间的知识的隔离程度过大，势必影响知识链作为一个实体的知识竞争力。在隔离和融合之间应该存在某一个平衡点，这就需要通过知识的集成来实现。

知识链成员通过对挖掘的知识进行整合、知识需求评估、知识改善和知识匹配，将组织间的知识共享为本成员可用的结构化知识。知识的需求评估包括知识的定位、知识的了解和接近、知识的评价、知识的过滤、知识的确认等。它反映了知识链对外部知识环境的敏感性和动态检测能力，能否及时、准确了解外部知识环境的动向是组织进行低成本知识活动的前提。知识改善是辨识后对知识链有用的知识进行适当的改造，将其变为知识链方便使用的知识。知识改善既包括对知识包装的改变（如知识标准的重新制定），也包括对知识内容的改变（如融入新情景的改变）。知识共享就是在知识需求分析的基础上，知识链内部将改善好的知识经过一定的渠道向知识需求方流动，让知识需求方得到“合适”的知识，达到人尽其才、物尽所用的效果。

知识链成员之间知识共享的满意度要经常性统计，以便对知识共享的期望、心态和困难有更具体的认识，形成知识互补结构，缩小知识认知距离，营造和谐的知识共享环境。知识链还要关注客户（消费者）对知识共享的反应程度。知识共享会导致产品和服务的创新，提高客户的经济收益和心理效用。这反映了知识共享的长期效应，理应用来衡量知识共享效率。知识产品的市场占有率反映知识链成员获得市场价值的多少，可以用来间接评价和反馈知识共享的效率。利用率以知识共享的投入和产出比衡量知识共享的成果，也可以间接评价知识共享的效率。

（2）知识吸收。

这个阶段是组织将外部获取的知识进行内化，变成自由知识的过程。组织基于对外部获取的知识的理解，首先要识别对自身有价值的知识，然后通过交互式学习手段，如技术许可、技术转让、技术交流等，获得知识的所有权，并将这些知识在内部进行消化吸收，从个人知识提升为组织知识。知识吸收过程也就是组织内部不断学习的过程。知识转化是知识吸收方将别处共享到的知识加以包装和利用的过程。知识转化既包括知识形式的改变，也包括知识内容的改变。这个过程通常包含了显性知识和隐性知识之间的转换，个人的经验和学识在组织中得到传播，知识的各种主体进一步丰富、细化显性知识，最后通过“干中学”形成新的隐性知识。该过程呈螺旋向上的趋势，随着知识参与强度和深度的增加，知识水平可以由个人上升至组织、跨组织的水平。知识经过获取和共享后，将被储存在知识链的合适位置——知识仓库，知识仓库是在知识整合基础上发展形成的，是面向业务主题的、集成的、可有不同版本的知识集合。知识仓库既对组织认定的知识（业务结果知识）进行统一管理，也负责对海量历史知识进行统一管理。

知识链知识吸收第一个阶段发生在知识的创始场域。在市场需求的引导下，知识链核心企业通过自身核心能力的识别，确定组建知识链来获取或创造所需知识，并借助信息技术建立虚拟知识社区，为在更为广范围内实现知识的社会化创造条件。在这个阶段中，知识吸收的特点是“潜移默化”：团队或企业在相互了解彼此的思想与感情的基础上，通过交流与感知，交换、分享各自的隐性知识，最终要能够取得彼此信任，收获“共享经历”。由于新知识往往起源于知识盟主的知识搜寻，因此社会化是知识吸收的起点。

知识链知识吸收第二个阶段发生在知识的互动场域。产品的标准化生产要求个性化的隐性知识能够被清晰表达，并转化成别人容易理解的形式。个体、团队或企业的隐性知识往往通过编码化，用文字语言、数学符号等方式表达出来，成为更方便交流和共享的显性知识，并在组织间加以吸收，这是知识概念化的阶段。

知识链知识吸收第三个阶段发生在知识的系统场域。这是一种知识扩散的过程，通常是将零碎的显性知识进一步系统化。通过整合性的信息网络、协作技术平台、知识地图等跨企业信息系统，“汇总组合”组织内部和知识链组织之间的零碎显性知识，使之成为一致化、模式化和系统化的外显知识。此阶段即是知识链的产品开发阶段，个别企业知识综合集成为知识链共享知识，仅停留在观念中或纸上的产品原型成为实验的原型，开始为大规模的生产做准备。

知识链知识吸收第四个阶段发生在知识的演练场域。野中郁次郎等（Nonaka et al.，2000）认为，在该场域，企业吸收、消化知识链“汇总组合”新的显性知识，通过“干中学”的学习模式将显性的知识链共享知识转化为知识链组织成员的隐性知识。成员的隐性知识又构成知识链隐性知识系统的一部分（如共享思维模式或技能诀窍），从而成为知识链的有价值的资产。这种转化不只是一种简单的知识转移，它实现了知识自我的超越，可以认为是知识创造的源泉，人类新的创新思想、发明创造大多得益于此。

（3）知识运用。

这个阶段是交互式学习过程中最核心和关键的一环，是内化后的知识在企业知识库中的创新融合过程，也是实现知识创造和技术创新的直接环节。组织将外部获取的知识经过吸收变为自有知识以后，对其进行修正和检验，使外部知识逐渐成为组织新的惯例和文化。组织运用该知识去发挥其互补性和专业性，并且结合自身原有知识储备，最大幅度运用于挖掘新的技术、工艺和方法，实现知识的创造和技术创新。知识链成员将吸收后的知识从认知、满意度、知识产品等方面进行评价和核对，包括对合作共享目标的认知、合作共享利益期望、对共享知识的理解差距等。这一过程，也是知识链利用现有知识与技术，不断创造新知识、有效地运用新知识、迅速推出新产品的过程。

运用知识的能力是知识链形成知识优势的决定因素之一。技术创新中知识运用的结果，带来了新产品所内含的新知识、研发方法和生产流程的改进、涉及市场与战略方向的新知识，以及新产品/服务所带来的绩效水平的整体提高，意味着知识价值的成功实现。通过知识链内不同渠道，让显性与隐性的现有知识在各主体间畅通流动并得到有效利用的全过程，是知识链内核心企业从学研方及产业链上下游企业获取原创知识的关键途径，是知识整合与生产的基石。在组织交互情境中，必须对嵌入个体的知识特征进行深入了解，加强学研方及产业链上下游企业间互动，将新的知识与原有知识相关联，使个人组件知识转变为团队结构性知识集合，才能促使知识链在不同时间和不同区位进行灵活的知识搜索和获取，让新的创意和原创性解决方案得以产生。高校和科研机构的基础性知识深深嵌入在不同文化情境中，要在知识的原始创新中加以运用，就需要企业将所学习的知识进行调整，有效搜集信息、在组织间扩散信息。知识运用能力越强，就越能将学研方及产业链上下游企业间的基础知识转化为知识资本，从而加快知识生产的速度。

知识共享、知识吸收和知识运用三个阶段是动态循环又紧密相扣的，知识通过这三个阶段不断反馈扩充到网络知识库，并补充到组织的知识存量中，组织间学习层次得到不断提升。可以说，正式组织间交互式学习使知识链的创新能力得到持续的提升，促进了知识优势的形成。综上所述，得出本研究中的知识链成员间交互式学习过程模型，如图 3-4 所示。

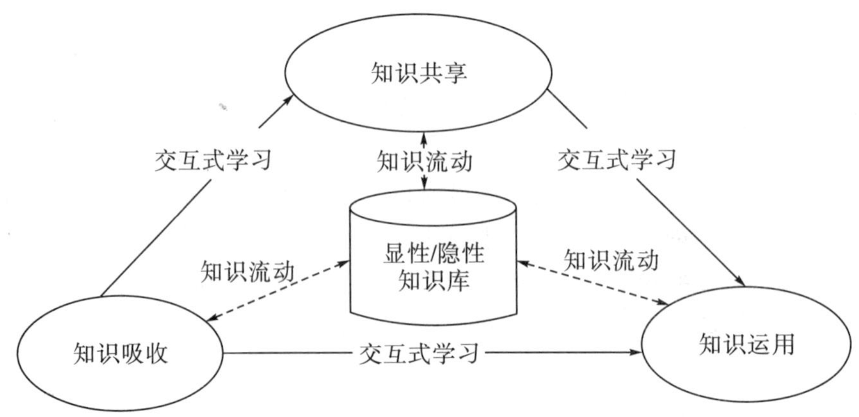

图 3-4　知识链交互学习过程模型

3.2.3　阶段 3：知识创造

知识资源经过整合和改善后，形成了提供给知识链成员操作知识的界面——知识门户，每个知识链成员都可以根据其工作对信息和知识的具体需求，对其知识门户进行个性化定制，知识门户支持知识创新。在管理知识门户过程中，知识链企业、学研机构、中介组织等成员之间互相学习技能、分享感觉、交流经验，逐渐产生新知识的萌芽，然后将其加以明晰、筛选、修改、丰富，最终建立知识原型。原型就是新知识初步定型的结果，再对原型化的产品放到市场中加以试用、检验，从实践中反馈新知识的不足和缺陷，使之不断完善，具有并保持行业知识领先地位和优势。

知识链的知识创造一般可以分为两大类：旧知识的扩展型和新知识的开拓型。旧知识扩展型知识创造是指在原有的知识领域内，增加知识链拥有知识的广度、强度和深度，整合出不同于原有知识的新知识，用以指导新产品和新服务的开发，如瓦特将蒸汽机推广应用到工业领域可以视为其对纽可门蒸汽机不断扩展的结果。新知识开拓型知识创造是指通过对新知识领域的探索和挖掘，知识链首次向市场引入能对经济产生重大影响的知识产品或技术，如在信息技术领域，晶体管取代真空管、协同感知的物联网技术取代传感器智能、集成电路取代晶体管都是属于新知识开拓型知识创造。

依据不同的范式，知识创造模式有不同的划分方式，但所有的模式有一个共同的特征，就是知识创造不能脱离创新的出发点和落脚点，即知识产品生产、市场价值创造、核心能力获取，这分别对应技术导向、市场导向、制度导向。从这三个维度出发，可以将知识链知识创造模式划分为元件创新与架构创新、概念创新与路径创新、协同创新与网络创新。本研究构建的知识链知识创造模式三维结构图见图 3-5。

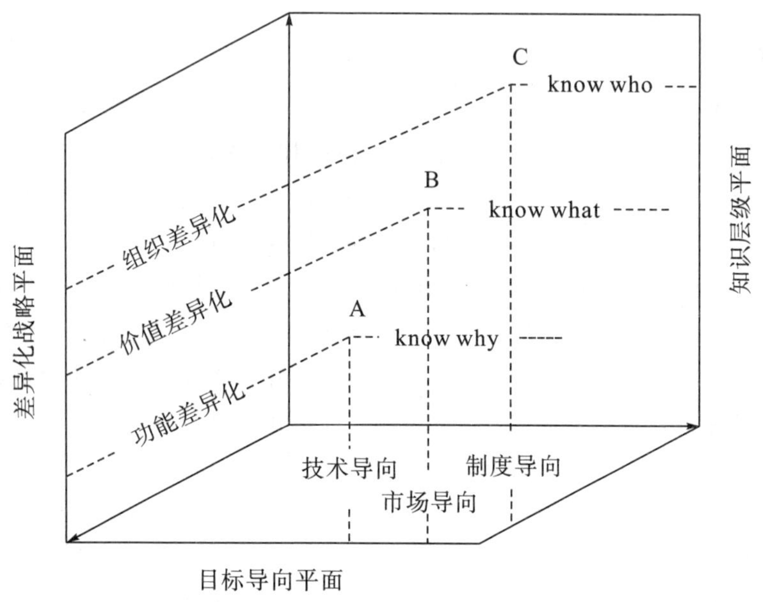

图 3－5　知识链知识创造模式三维结构图

元件创新与架构创新对应于图 3－5 中的 A 点。元件知识是关于认知对象整体或者其构成要素的知识，它是离散的个体知识；架构知识是把各个元件整合并联结成一个整体的知识，这种知识存在于联结之中。创新不仅会发生在元部件层面（如新型引擎催生了新能源汽车），还可能涉及元部件之间组合及其之间的联结的变化。此类知识创造模式认为整个知识系统被分解为若干个子系统，以降低子系统之间的相互依赖性。在知识层级上，元件创新与架构创新可以被理解为“know why”（原理知识），这是用来描述组成部件工作原理以及影响因素等因果关系的知识系统。该模式通常采取功能差异化战略，在不改变基本使用价值的前提下，通过延伸或附加功能的不同提高产品竞争力；该模式的目标是技术导向，即产品创新和工艺创新，目标的实现依赖于专利或蕴藏于技术人员自身独特的技巧。

概念创新与路径创新对应于图 3－5 中的 B 点。它是指知识产品在生产和服务领域颠覆性的变革，导致市场或产业的重新洗牌，主要表现形式为新产品的问世、性能的大幅提升或成本的大幅削减。该知识创造模式基于市场导向的创新，一般是按照非主流用户的需求改进轨道上进行的创新（如随身听的研发）。它专注于顾客对产品的感知与评价，其逻辑起点是顾客的价值主张，然后通过非线性、不连续的过程突破寻求新的路径、新的方法，最后的创新成果往往是供顾客选择的价值方案而不是产品组合。这种知识创造模式路径自外而内，利用“know what”（事实知识）回答“这个产品到底给我带来什么”的问题。顾客价值取向的表达决定了产品的发展方向，从而改变组织的路径依赖性和固有惯例，创造出新的产品和市场。

协同创新与网络创新对应于图 3－5 中的 C 点。知识协同创新是指创新主体跨越企业、产业的边界，通过与知识客体、知识环境的充分互动（知识共享、知识整合），达到时间、空间上有效协同的状态，实现知识创造的“双向”或“多向”的多维动态过程。在一个充满关系契约、依赖非正式制度的国家，组建知识链首要解决的不是协同技术问题，而是知识联合体内的制度建设问题。知识链所要实现的是“know who”（主体知识）知识层级，通过构建不同形态的知识链，使组织学习、利用和创造知识的整体效应大于各独立组成部分总和的效应（张省，2018）。

3.3 知识链知识优势的形成机理分析

3.3.1 问题描述与研究假设

（1）问题描述。

为体现知识链合作创新的多主体性、知识异质性，本研究参考顾新（2008）、吴绍波等（2011）、安和浅川和弘（Un and Asakawa，2015）等的文献，设计一个由企业、学研机构、中介组织组成的知识链，分析组织间的知识获取、交互学习对创新主体的知识创造与知识链整体创新收益的影响。知识链的概念模型如图 3－6 所示。

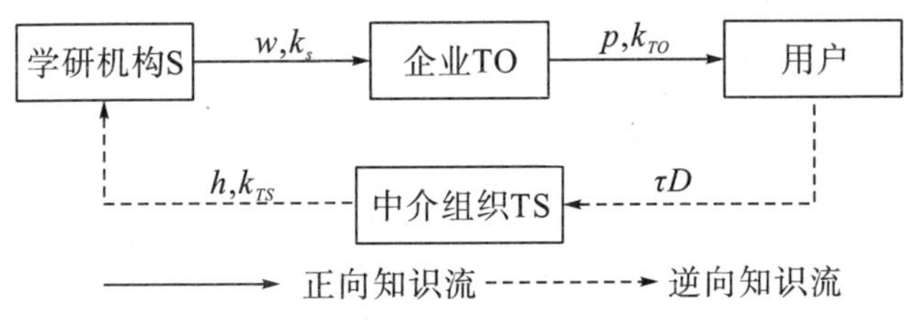

图 3－6　知识链的概念模型

在图 3－6 中：

① 学研机构 S 是从事基础研究的创新主体，巴蒂斯泰拉等（Battistella et al.，2016）认为其主要创造产业发展所需的专利、创意等基础知识 k_S，但缺乏知识的商业价值开发与推广能力；因此，学研机构将知识以 w 的价格转让

给企业供后者开发基础知识的商业价值，学研机构的决策变量为（w，k_S）。

② 企业 TO 是从事产品研发与生产以满足用户需求的创新主体，兰德里等（Landry et al.，2013）认为，它们将学研机构的知识与自身的知识 k_{TO} 有效整合并根据用户需求开发出相应的产品与服务，从而以 p 的产品单价出售给用户，其决策变量为（p，k_{TO}）。

③ 中介组织 TS 是搜集产业信息、分析用户反馈、诊断市场需求的创新主体（例如咨询公司、评估机构以及中介组织等），它们通过知识创造 k_{TS} 发掘 τD 的市场机遇（假设市场需求为 D），并以 h 的价格将知识出售给学研机构供其二次创新，其决策变量为（h，k_{TS}）。

图 3－6 的概念模型既可描述组织间的知识流动过程，而且为分析知识链的价值共创机理提供了建模思路。按照知识转移顺序，图 3－6 中 k_S、k_{TO} 属于正向知识流，k_{TS} 为逆向知识流。

（2）研究假设。

知识链合作创新的本质是多个创新主体参与的合作博弈过程。在图 3－6 的概念模型中，每个创新主体都将按照自身利益最大化做出创新决策，它们既可以选择独立研发，也可以与少数创新主体开展合作创新，或以知识链的形式组成利益共同体，一同面对市场竞争与研发难题的挑战。那么，何种创新策略有利于促进组织的知识获取、共享、交互学习、知识创造等一系列过程（以下统称知识创造）与创新收益，便是解释知识链知识优势形成机理的关键所在。为此，本研究参考克拉马等（Crama et al.，2017）、葛等（Ge et al.，2014）的研究，设计了知识链合作创新的博弈流程（如图 3－7 所示）。

模式	$t=1$	$t=2$	$t=3$	$t=4$	$t=5$
C 模式	集中决策	知识创造 (k_S,k_{TO},k_{TS})	知识链 知识定价(p)		完成合作 获取收益
ID 模式	独立创新	知识创造 k_S,k_{TO},k_{TS}	S 知识定价(w)	TO 知识定价(p) TS 知识定价(h)	完成合作 获取收益
SO 模式	S 与 TO 合作	知识创造 $(k_S,k_{TO}),k_{TS}$	S 与 TO 合作 知识定价(p)	TS 知识定价(h)	完成合作 获取收益
SS 模式	S 与 TS 合作	知识创造 $(k_S,k_{TS}),k_{TO}$	S 与 TS 合作 知识定价(w)	TO 知识定价(p)	完成合作 获取收益
OS 模式	TO 与 TS 合作	知识创造 $k_S,(k_{TO},k_{TS})$	S 知识定价(w)	TO 与 TS 合作 知识定价(p,h)	完成合作 获取收益

图 3－7　知识链合作创新的博弈流程

为了体现组织间不同的创新策略对知识创造与创新收益的影响，本研究将企业、学研机构、中介组织间的创新决策界定为以下模式：

① 独立创新（ID 模式），即企业、学研机构、中介组织各自为政，以自身利益最大化独立开展创新活动。

② 学研机构与企业合作（SO 模式），即学研机构与企业建立合作创新关系，共同开展知识创造（k_S，k_{TO}）与创新决策。

③ 学研机构与中介组织合作（SS 模式），即学研机构与中介组织建立合作创新关系，共同开展知识创造（k_S，k_{TS}）与创新决策。

④ 企业与中介组织合作（OS 模式），企业与中介组织建立合作创新关系，共同开展知识创造（k_{TO}，k_{TS}）与创新决策。

⑤ 知识链集中决策（C 模式），及企业、学研机构、中介组织组建利益共同体，以知识链的利益最大化共同完成知识创造（k_S，k_{TO}，k_{TS}）与创新决策。

在图 3-7 中，首先，创新主体选择合作模式（$t=1$）；其次，知识链成员开展知识创造，这一过程由正向与逆向知识流构成（$t=2$）；再次，创新主体间按知识转移顺序进行知识产权定价（$t=3$，4）；最后，各个创新主体完成合作并获取创新收益（$t=5$）。

为考察知识链知识优势的形成机理，进一步提出以下研究假设：

假设 1：各类创新主体均为风险中性的追求自身收益最大化的有限理性决策者。

假设 2：知识产权交易契约是知识链的合作机制，表现为单位费用率形式的专利许可契约；由图 3-6 可知，知识链的概念模型存在 3 个契约节点，即学研机构与企业之间的合作契约 S(w)、企业与用户之间的交易契约 TO(p)、以及中介组织与学研机构之间的合作契约 TS(h)，其中，w、p、h 为知识产权及产品的交易价格。

假设 3：创新主体具有异质性知识 k_i，$i\in\{S, TO, TS\}$；市场的需求函数为 $D=\Lambda-bp+\mu(k_S+k_{TO})$，其中，$\Lambda>0$ 为市场基本需求量，$b>0$ 为产品的需求价格弹性，$\mu>0$ 为知识的创新效应；需求函数 $D(p, k_S, k_{TO})$ 表明，学研机构与企业的创新活动共同影响市场需求，知识的创新效应与市场需求正相关，产品价格与市场需求负相关。

假设 4：参考供应链与运作管理的相关文献，令 $\tau=\sqrt{f/H}$，$\tau\in[0, 1]$ 表示中介组织发现的市场机遇，其中，f 表示中介组织进行市场分析的资金投入，H 表示规模参数；因此，$f=H\tau^2$，且存在 $f'\geqslant 0$、$f''\geqslant 0$；参考萨瓦斯坎等（Savaskan et al.，2004）的假设条件，当市场机遇为 τ、已有市场需求为 D 时，可开发的市场规模为 τD，此时学研机构以 h 的单位价格购买中介组织的知识 k_{TS}，以备其进行二次创新；假设学研机构对知识 k_{TS} 的学习能力为 $\alpha\in(0,1)$，中介组织的知识创造对自身产生 εk_{TS} 的单位成本节约效应，$\varepsilon\in(0,1)$ 为成本节约系数。

假设5：创新主体的知识创造成本为 $I(k_i)=\gamma_i k_i^2/2$；$\gamma_i>0$ 为创新能力系数，其数值越小表明组织的创新能力越强、创造单位知识的成本费用越小；创新主体的知识创造成本满足 $I'(k_i)>0$，$I''(k_i)>0$，$i\in\{S, TO, TS\}$。

假设6：为保证创新主体的知识产出为非负数，设置约束条件 $\gamma_{TS}>4b\tau^2(\alpha+\varepsilon)^2/3$、$\gamma_S\gamma_{TO}b[2\gamma_{TS}-b\tau^2(\alpha+\varepsilon)^2]>\gamma_{TS}\mu^2(\gamma_S+\gamma_{TO})$。

为便于模型识别，本研究使用下标 $i\in\{S, TO, TS, KC\}$ 标记学研机构S、企业TO、中介组织TS以及知识链KC，使用上标 $j\in\{ID, SO, SS, OS, C\}$ 表示图3-7的5种合作模式。

（3）博弈模型

根据研究假设。设计S、TO、TS以及KC的收益函数如下：

$$\pi_S(w,k_S)=(w-\tau h+\tau\alpha k_{TS})D-I(k_S) \tag{3.1}$$

$$\pi_{TO}(p,k_{TO})=(p-w)D-I(k_{TO}) \tag{3.2}$$

$$\pi_{TS}(h,k_{TS})=\tau(h+\varepsilon k_{TS})D-f-I(k_{TS}) \tag{3.3}$$

$$\pi_{KC}=[p+\tau(\alpha+\varepsilon)k_{TS}]D-f-I(k_S)-I(k_{TO})-I(k_{TS}) \tag{3.4}$$

进一步，SO、SS、OS模式的收益函数可分别设计为：

$$\pi_{(S+TO)}=(p-\tau h+\tau\alpha k_{TS})D-I(k_S)-I(k_{TO}) \tag{3.5}$$

$$\pi_{(S+TS)}=[w+\tau(\alpha+\varepsilon)k_{TS}]D-f-I(k_{TS})-I(k_S) \tag{3.6}$$

$$\pi_{(TO+TS)}=(p-w+\tau h+\tau\varepsilon k_{TS})D-f-I(k_{TS})-I(k_{TO}) \tag{3.7}$$

根据图3-7及研究假设，知识链集中决策（C模式）时创新主体按照整体利益最大化共同进行知识创造。因此，C模式的博弈模型可设计为：

$$\max_{k_S,k_{TO}}\pi_{KC}\rightarrow\max_{k_{TS}}\pi_{KC}\rightarrow\max_{p}\pi_{KC} \tag{3.8}$$

同理，ID、SO、SS以及OS模式的博弈模型可设计为：

$$(\max_{k_S}\pi_S,\max_{k_{TO}}\pi_{TO})\rightarrow\max_{k_{TS}}\pi_{TS}\rightarrow\max_{w}\pi_S\rightarrow(\max_{p}\pi_{TO},\max_{h}\pi_{TS}) \tag{3.9}$$

$$\max_{k_S,k_{TO}} \pi_{(S+TO)} \rightarrow \max_{k_{TS}} \pi_{TS} \rightarrow \max_{p} \pi_{(S+TO)} \rightarrow \max_{h} \pi_{TS} \quad (3.10)$$

$$(\max_{k_S} \pi_{(S+TS)}, \max_{k_{TO}} \pi_{TO}) \rightarrow \max_{k_{TS}} \pi_{(S+TS)} \rightarrow \max_{w} \pi_{(S+TS)} \rightarrow \max_{p} \pi_{TO} \quad (3.11)$$

$$(\max_{k_S} \pi_S, \max_{k_{TO}} \pi_{(TO+TS)}) \rightarrow \max_{k_{TS}} \pi_{(TO+TS)} \rightarrow \max_{w} \pi_S \rightarrow \max_{p,h} \pi_{(TO+TS)} \quad (3.12)$$

13.3.2　对比分析

以 C 模式为例，采用逆向归纳法求解（3.8）式的博弈模型。首先，对（3.4）式计算 p 的一阶最优值，得到：

$$p = \frac{(\Lambda + \mu k_S + \mu k_{TO}) - b\tau(\alpha + \varepsilon) k_{TS}}{2b} \quad (3.13)$$

将（3.13）式代入（3.4）式，计算 k_{TS} 的一阶最优值，得到 C 模式下知识产出的反应函数：

$$k_{TS} = \frac{\tau(\alpha + \varepsilon)(\Lambda + \mu k_S + \mu k_{TO})}{2\gamma_{TS} - b\tau^2 (\alpha + \varepsilon)^2} \quad (3.14)$$

将（3.14）式代入（3.4）式，得到 C 模式下知识链利润的 Hessian 矩阵：

$$\boldsymbol{H}(k_S, k_{TO}) = \begin{bmatrix} \dfrac{\gamma_{TS}\mu^2 - b\gamma_S(2\gamma_{TS} - b\tau^2 (\alpha + \varepsilon)^2)}{b(2\gamma_{TS} - b\tau^2 (\alpha + \varepsilon)^2)} & \dfrac{\gamma_{TS}\mu^2}{b(2\gamma_{TS} - b\tau^2 (\alpha + \varepsilon)^2)} \\ \dfrac{\gamma_{TS}\mu^2}{b(2\gamma_{TS} - b\tau^2 (\alpha + \varepsilon)^2)} & \dfrac{\gamma_{TS}\mu^2 - b\gamma_{TO}(2\gamma_{TS} - b\tau^2 (\alpha + \varepsilon)^2)}{b(2\gamma_{TS} - b\tau^2 (\alpha + \varepsilon)^2)} \end{bmatrix}$$

根据假设 6 的约束条件 $\gamma_{TS} > 4b\tau^2 (\alpha + \varepsilon)^2/3$、$\gamma_S \gamma_{TO} b [2\gamma_{TS} - b\tau^2 (\alpha + \varepsilon)^2] > \gamma_{TS}\mu^2 (\gamma_S + \gamma_{TO})$，可判断 H（k_S，k_{TO}）为负定，（k_S，k_{TO}）为该决策问题的唯一最优解，即存在：

$$\begin{cases} k_S^C = \dfrac{\mu\gamma_{TO}\gamma_{TS}\Lambda}{b\gamma_S\gamma_{TO}(2\gamma_{TS} - b\tau^2 (\alpha + \varepsilon)^2) - \gamma_{TS}(\gamma_S + \gamma_{TO})\mu^2} \\ k_{TO}^C = \dfrac{\mu\gamma_S\gamma_{TS}\Lambda}{b\gamma_S\gamma_{TO}(2\gamma_{TS} - b\tau^2 (\alpha + \varepsilon)^2) - \gamma_{TS}(\gamma_S + \gamma_{TO})\mu^2} \end{cases} \quad (3.15)$$

由（3.15）式可进一步计算出 C 模式时博弈模型的最优解为：

$$\begin{cases} k_S^C = \dfrac{\mu\gamma_{TS}\gamma_{TO}\Lambda}{2A-B} \\ k_{TO}^C = \dfrac{\mu\gamma_S\gamma_{TS}\Lambda}{2A-B} \\ k_{TS}^C = \dfrac{b\tau(\alpha+\varepsilon)\gamma_S\gamma_{TO}\Lambda}{2A-B} \end{cases}, \begin{cases} p^C = \dfrac{\gamma_S\gamma_{TO}(\gamma_{TS}-b\tau^2(\alpha+\varepsilon)^2)\Lambda}{2A-B} \\ D^C = \dfrac{b\gamma_S\gamma_{TO}\gamma_{TS}\Lambda}{2A-B} \end{cases}$$

将以上均衡解代入（3.4）式，得到 C 模式时知识链的最优利润为 $\pi_{KC}^C = \dfrac{\gamma_S\gamma_{TO}\gamma_{TS}\Lambda^2}{2(2A-B)} - f$。其中，$A = b\gamma_S\gamma_{TO}\gamma_{TS}$，$B = b\gamma_S\gamma_{TO}b\tau^2(\alpha+\varepsilon)^2 + \gamma_{TS}(\gamma_S+\gamma_{TO})\mu^2$。

同理可计算 ID、SO、SS 以及 OS 模式下博弈模型的均衡解（如表 3−1 所示）。根据表 3−1 的均衡解，可分析得到命题 1~4。

命题 1　各类合作模式下创新主体的知识创造满足：

① $k_S^C > k_S^{SS} > (k_S^{SO} = k_S^{OS}) > k_S^{ID}$；

② $k_{TO}^C > k_{TO}^{SS} > (k_{TO}^{SO} = k_{TO}^{OS}) > k_{TO}^{ID}$；

③ $k_{TS}^C > k_{TS}^{SS} > (k_{TS}^{SO} = k_{TS}^{OS}) > k_{TS}^{ID}$。

命题 1 表明，在知识链集中决策（C 模式）时企业、学研机构、中介组织的知识创造达到最大值，独立创新（ID 模式）时各个创新主体的知识创造最小，学研机构与中介组织合作（SS 模式）时各个创新主体的知识创造介于集中决策与独立创新两种模式之间，SO 模式（学研机构与企业合作）下各类创新主体的知识创造与 OS 模式相同（中介组织与企业合作）。

命题 2　合作模式与知识链的创新收益具有以下特征：$\pi_{KC}^C > \pi_{KC}^{SS} > (\pi_{KC}^{SO} = \pi_{KC}^{OS}) > \pi_{KC}^{ID}$。

命题 2 表明，在知识链集中决策（C 模式）时的创新收益最大，独立创新（ID 模式）时的创新收益最小，学研机构与中介组织合作（SS 模式）时知识链的创新收益小于集中决策但大于学研机构与企业合作（SO 模式）以及中介组织与企业合作（OS 模式）两种合作模式。

表 3−1　合作创新博弈的均衡解

变量	ID 模式	SO 模式	SS 模式	OS 模式	C 模式
k_S	$\frac{5\mu\gamma_{TS}\gamma_{TO}\Delta}{18A-5B}$	$\frac{3\mu\gamma_{TO}\gamma_{TS}\Delta}{8A-3B}$	$\frac{4\mu\gamma_{TO}\gamma_{TS}\Delta}{9A-4B}$	$\frac{3\mu\gamma_{TO}\gamma_{TS}\Delta}{8A-3B}$	$\frac{\mu\gamma_{TO}\gamma_{TS}\Delta}{2A-B}$
k_{TO}	$\frac{5\mu\gamma_S\gamma_{TS}\Delta}{18A-5B}$	$\frac{3\mu\gamma_S\gamma_{TS}\Delta}{8A-3B}$	$\frac{4\mu\gamma_S\gamma_{TS}\Delta}{9A-4B}$	$\frac{3\mu\gamma_S\gamma_{TS}\Delta}{8A-3B}$	$\frac{\mu\gamma_S\gamma_{TS}\Delta}{2A-B}$
k_{TS}	$\frac{5b\tau(\alpha+\varepsilon)\gamma_S\gamma_{TO}\Delta}{18A-5B}$	$\frac{3b\tau(\alpha+\varepsilon)\gamma_S\gamma_{TO}\Delta}{8A-3B}$	$\frac{4b\tau(\alpha+\varepsilon)\gamma_S\gamma_{TO}\Delta}{9A-4B}$	$\frac{3b\tau(\alpha+\varepsilon)\gamma_S\gamma_{TO}\Delta}{8A-3B}$	$\frac{b\tau(\alpha+\varepsilon)\gamma_S\gamma_{TO}\Delta}{2A-B}$
D	$\frac{3b\gamma_S\gamma_{TO}\gamma_{TS}\Delta}{18A-5B}$	$\frac{2b\gamma_S\gamma_{TO}\gamma_{TS}\Delta}{8A-3B}$	$\frac{3b\gamma_S\gamma_{TO}\gamma_{TS}\Delta}{9A-4B}$	$\frac{2b\gamma_S\gamma_{TO}\gamma_{TS}\Delta}{8A-3B}$	$\frac{b\gamma_S\gamma_{TO}\gamma_{TS}\Delta}{2A-B}$
p	$\frac{5\gamma_S\gamma_{TO}(3\gamma_{TS}-b\tau^2(\alpha+\varepsilon)^2)\Delta}{18A-5B}$	$\frac{3\gamma_S\gamma_{TO}(2\gamma_{TS}-b\tau^2(\alpha+\varepsilon)^2)\Delta}{8A-3B}$	$\frac{2\gamma_S\gamma_{TO}(3\gamma_{TS}-2b\tau^2(\alpha+\varepsilon)^2)\Delta}{9A-4B}$	$\frac{3\gamma_S\gamma_{TO}(2\gamma_{TS}-b\tau^2(\alpha+\varepsilon)^2)\Delta}{8A-3B}$	$\frac{\gamma_S\gamma_{TO}(\gamma_{TS}-b\tau^2(\alpha+\varepsilon)^2)\Delta}{2A-B}$
π_{KC}	$\frac{5\gamma_S\gamma_{TO}\gamma_{TS}\Delta^2-2(18A-5B)H\tau^2}{2(18A-5B)}$	$\frac{3\gamma_S\gamma_{TO}\gamma_{TS}\Delta^2-2(8A-3B)H\tau^2}{2(8A-3B)}$	$\frac{4\gamma_S\gamma_{TO}\gamma_{TS}\Delta^2-2(9A-4B)H\tau^2}{2(9A-4B)}$	$\frac{3\gamma_S\gamma_{TO}\gamma_{TS}\Delta^2-2(8A-3B)H\tau^2}{2(8A-3B)}$	$\frac{\gamma_S\gamma_{TO}\gamma_{TS}\Delta^2-2(2A-B)H\tau^2}{2(2A-B)}$

注：$A=b\gamma_S\gamma_{TO}\gamma_{TS}$，$B=b\gamma_S\gamma_{TO}b\tau^2(\alpha+\varepsilon)^2+\gamma_{TS}(\gamma_S+\gamma_{TO})\mu^2$

命题 3　各类合作模式下企业的产品定价与用户需求具有以下特征：

①$p^{ID}>(p^{SO}=p^{OS})>p^{SS}>p^{C}$；

②$D^{C}>D^{SS}>(D^{SO}=D^{OS})>D^{ID}$。

命题 3 表明，企业、学研机构、中介组织选择独立创新（ID 模式）时企业的产品定价最高，对应的用户需求最低；知识链集中决策（C 模式）时企业的产品定价最低，而用户需求最高；SS 模式、SO 模式、OS 模式时企业的产品定价与市场需求介于集中决策与独立创新两种模式之间。

命题 4　①创新主体的知识创造与合作伙伴的创新能力满足：$\frac{\partial k_i^C}{\partial \gamma_j}<0$，$\frac{\partial k_i^{ID}}{\partial \gamma_j}<0$，$\frac{\partial k_i^{SO}}{\partial \gamma_j}<0$，$\frac{\partial k_i^{SS}}{\partial \gamma_j}<0$，$\frac{\partial k_i^{OS}}{\partial \gamma_j}<0$，$i$，$j\in\{\mathrm{S},\ \mathrm{TO},\ \mathrm{TS}\}$，$i\neq j$；②市场机遇与创新主体的知识创造满足：$\frac{\partial k_i^C}{\partial \gamma_j}<0$，$\frac{\partial k_i^{ID}}{\partial \tau}>0$，$\frac{\partial k_i^{SO}}{\partial \tau}>0$，$\frac{\partial k_i^{SS}}{\partial \tau}>0$，$\frac{\partial k_i^{OS}}{\partial \tau}>0$。

在假设条件中 γ_i 代表创新主体的创新能力，数值越小说明创新主体的创新能力越强。因此，命题 4 表明，合作伙伴的创新能力越强，越有利于创新主体的知识创造，而且市场机遇对创新主体的知识创造产生正向影响。

由上述命题可见，知识链在集中决策时（C 模式）创新主体的知识获取、共享、交互学习与知识创造、知识链的创新收益都能够达到合作创新的最大值，此时企业的产品价格最低且用户需求最大。由于合作伙伴的创新能力与创新主体间的知识创造具有正相关关系（命题 4），因此可认为集中决策是各类创新主体间的最优合作模式，此时创新主体不但可以实现最大的知识创造，而且能够充分发挥合作创新的协同效应，促进创新主体与合作伙伴不断开展知识创造。

综上所述，在集中决策时，由企业、学研机构、中介组织构成的知识链不但可以提高各类创新主体的知识获取、共享与知识创造水平（存量知识），而且能够有效提升组织间的交互学习和知识创造效率（流量知识），从而促进知识链知识优势的形成。

3.3.3　算例分析

本节通过算例分析考察参数变化对创新主体的知识创造与创新收益的影响。借鉴萨瓦斯坎等（Savaskan et al.，2004）、郑本荣等（2018）博弈论研究中惯用的量化方法及参数取值范围，算例分析的参数设置如表 3－2

所示。

表 3-2　参数设置

参数	Λ	b	μ	α	ε	τ	γ_i
取值	20	0.5	0.35	0.8	0.1	(0，1)	[1，1.5]

在表 3-2 中，为保证各个创新主体的知识创造大于零，参数赋值需满足假设 6 的约束条件，即 $\gamma_{TS} > 4b\tau^2(\alpha+\varepsilon)^2/3$、$\gamma_S\gamma_{TO}b[2\gamma_{TS}-b\tau^2(\alpha+\varepsilon)^2] > \gamma_{TS}\mu^2(\gamma_S+\gamma_{TO})$。因此，令 $\Lambda=20$ 代表市场基本需求量，$b=0.5$表示产品的需求价格弹性，$\mu=0.35$ 代表知识创新效应，$b>\mu$ 表示用户对产品价格的敏感度高于知识的创新效应；设置学研机构的学习能力为 $\alpha=0.8$，中介组织知识创造的单位成本节约效应为 $\varepsilon=0.1$；设置各个创新主体创新能力的取值范围为 $\gamma_i\in[1, 1.5]$，$i=\{S, TO, TS\}$；不失一般性，假设学研机构的创新能力高于企业与中介组织；当 $\gamma_S=1.1$、$\gamma_{TO}=1.3$、$\gamma_{TS}=1.5$ 时作图，考察参数变化对创新主体的知识创造与创新收益的影响。

图 3-8 可见，在集中决策时（C 模式）学研机构、企业、中介组织的知识创造最大，独立创新（ID 模式）时各个创新主体的知识创造最小，其他合作模式（SS 模式、SO 模式、OS 模式）时创新主体的知识创造介于集中决策与独立创新之间。上述结论进一步验证了命题 1。

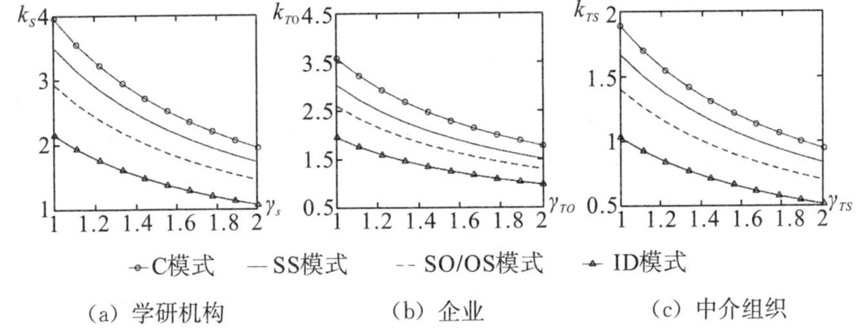

（a）学研机构　　（b）企业　　（c）中介组织

图 3-8　创新主体知识创造的灵敏度分析

图 3-9 展示了创新主体在既定的创新能力下，合作伙伴的创新能力变化对知识链创新收益的影响。图 3-9（a）表明，当学研机构的创新能力恒定为 $\gamma_S=1.1$，企业与中介组织的创新能力变化（$\gamma_{TO}\in[1, 1.5]$，$\gamma_{TS}\in[1, 1.5]$）时，知识链在集中决策（C 模式）时的创新收益最大，分散决策时的创新收益最小。类似地，图 3-9（b）与（c）呈现了企业与中介组织

的创新能力恒定时，知识链集中决策能够获得最大的创新收益。上述结论进一步验证了命题 2。

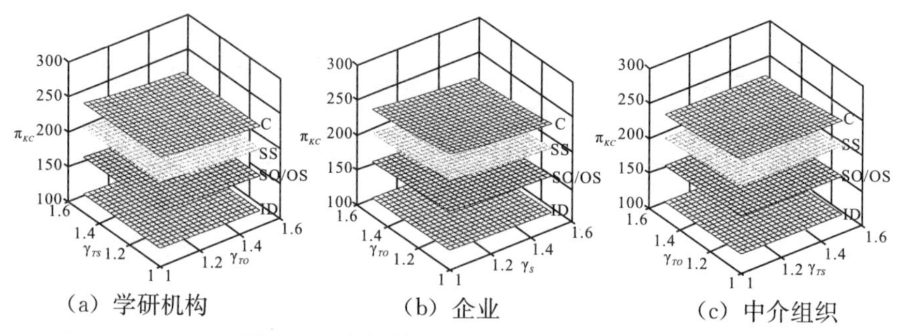

图 3—9　知识链创新收益的灵敏度分析

图 3—10（a）表明，企业、学研机构、中介组织选择独立创新（ID 模式）时企业的产品定价最高，选择集中决策时（C 模式）企业的产品定价最低。图 3—10（b）表明，企业、学研机构、中介组织选择集中决策（C 模式）时用户需求最高，选择独立创新（ID 模式）时用户需求最低。其他模式的产品价格与用户需求介于集中决策与独立创新两种模式之间。因此，上述结论进一步验证了命题 3。

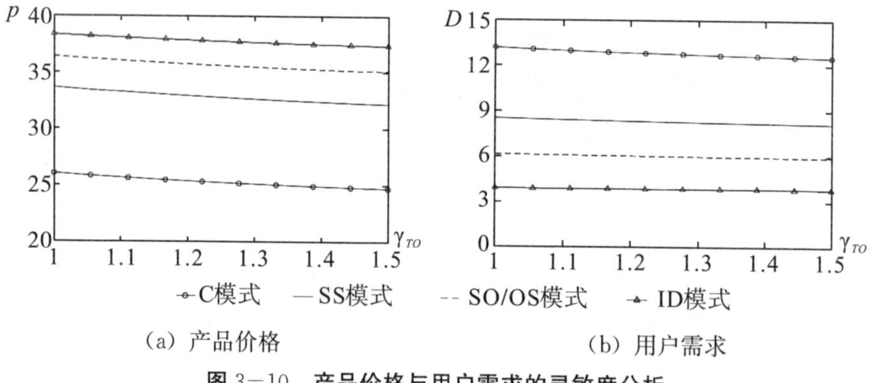

图 3—10　产品价格与用户需求的灵敏度分析

本研究以企业的知识创造为例检验命题 4 的结论。图 3—11（a）表明，企业的知识创造随着学研机构与中介组织的创新能力的提高而不断增加（根据假设 5，组织的创新能力 γ 越小，代表其创新能力越强）。图 3—11（b）表明，产品的用户需求随着学研机构与中介组织的创新能力的提高而不断增加。上述结论进一步验证了命题 4。企业与学研机构的创新能力对中介组织知识创造的影响以及企业与中介组织的创新能力对学研机构知识创造的影响与图 3—11（a）相似，图例从略。

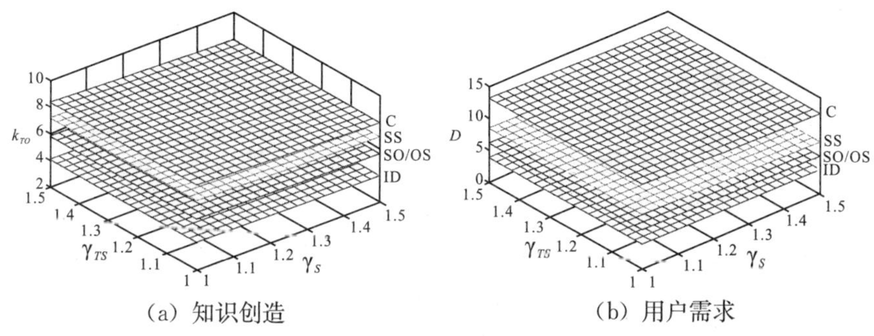

(a) 知识创造　　　　(b) 用户需求

图 3-11　企业知识创造及用户需求的灵敏度分析

3.3.4　研究结论

根据上述研究假设及模型分析结果，得出以下主要研究结论：

第一，知识链采用集中决策时的知识获取、共享、交互学习、知识创造水平与效率最优，有利于促进知识优势的形成。知识链是由多个创新主体间的知识流动而形成的链式组织结构，当多个创新主体间按照集体利益最大化开展合作创新时，不但可以促进组织与合作伙伴的知识共享与创造规模，而且随着合作伙伴创新能力的提高，组织的交互学习与知识创造效率也在不断增强。实践中，由于个体的有限理性、非对称信息与不确定性，多个创新主体的合作过程不可避免地存在利益冲突、机会主义等交易风险，成为制约合作创新效率的重要障碍。集中决策以集体利益最大化为基础，不但会增加创新主体间相互的利益关切，而且可促进个体间的知识贡献与信息交流，进而提高知识创造规模与效率以促进知识链知识优势的形成。

第二，当知识链采用集中决策时，创新主体的知识创造水平均高于其他的合作模式，而且组织的知识创造效率与合作伙伴创新能力呈正相关关系，因此集中决策从知识的获取、共享与交互学习等两个方面促进了知识链知识创造及知识优势的形成。上述研究结论丰富了知识管理的研究成果，为知识链知识优势的维持及其向竞争优势的转化等相关研究建立了理论基础。

第三，从知识流动视角考察了组织间合作创新的知识共享与决策问题，促进了创新管理与知识管理的理论建构。在跨组织合作层面，知识创造是合作创新的关键所在。各类创新主体只有充分地实施知识共享、保持紧密的合作互动才能促进知识创造，促使新知识不断涌现。

3.4 本章小结

本章从过程维度界定了知识链知识优势的概念，提出以“知识获取→交互学习→知识创造”为表现的知识链知识优势形成的三个阶段，指出知识链知识优势形成过程是知识动态流动的过程，也是知识价值增值过程，结果是知识链在同行业中表现出较高的知识水平。知识获取、交互学习、知识创造三个阶段不完全是线性过程，可能会以非正式、非预计的方式发生。通过构建一个由企业、学研机构、中介组织组成的知识链，分析了组织间不同的合作模式对知识链的知识获取、交互学习、知识创造与创新收益的影响，采用动态博弈模型深入考察了组织间的知识共享与合作互动对知识链合作创新效率的作用机制，主要结论有助于揭示知识链知识优势的形成机理。

第4章　知识链形成知识优势的影响因素

本章从微观、中观和宏观三个逻辑层面，提炼了知识链在“知识获取→交互学习→知识创造”过程中形成知识优势的多个影响要素，通过探索性和验证性因子分析提取出知识链形成知识优势的5大关键影响因素（知识特性、知识协同能力、社会资本、经济利益和外部环境），并验证内部要素间的逻辑关联。

4.1　知识链形成知识优势的影响因素分析

知识链通过“知识获取→交互学习→知识创造”的过程，从微观至宏观层面对知识优势的形成产生显著影响：从微观层面来看，知识的特性对知识链企业、学研机构、中介组织等成员间知识获取的有效性具有影响，知识链知识协同能力对知识链成员间交互学习和知识创造具有重要影响；从中观层面来看，社会网络对知识链企业、学研机构、中介组织等成员能否更好地获取有用知识并开展知识的交互学习，进而实现知识再创新等过程具有重要作用，而经济利益的平衡与协调，对知识链成员最终能否实现知识创造具有关键作用；从宏观层面来看，外部环境尤其是市场及产业环境的变化，很大程度上会影响知识链系统知识创造的效能，而政府政策的主导作用，能够更好地推动知识链形成知识优势，对知识链系统形成知识优势具有深层次影响（见图4-1）。

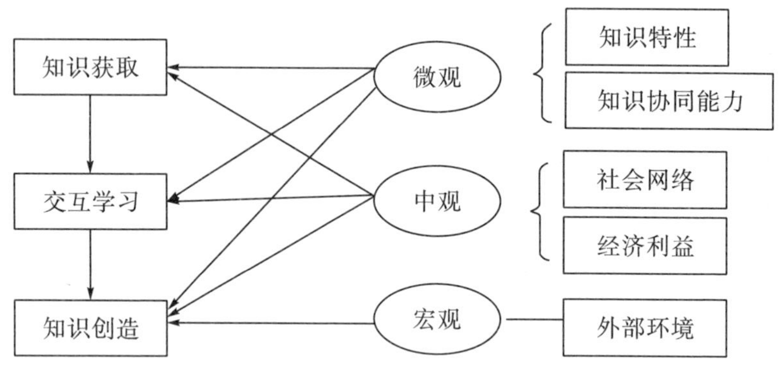

图 4－1　知识链形成知识优势的影响因素分析

4.1.1 微观因素 1：知识特性

（1）知识及其特性。

《辞源》（1980）对知识的解释是：知识是人们在社会实践中积累的经验，从本质上讲，只属于认识论的范畴。《现代汉语词典（第 7 版）》对知识的解释是：知识是人们在社会实践中所获得的认识和经验的总和。《牛津英语词典（第 2 版）》给“knowledge”的定义是认知、识别、调查、意识、理解、认识、情报及通过研究和学习所获取的信息。现代认知心理学认为，知识是个体通过与其环境相互作用后获得的信息及其组织形式。除了上述定义，学者们还分别从心理学、管理学、经济学等不同学科领域对知识的本质提出了不同的看法和解释。目前比较统一的看法是，知识是人类社会实践经验的总结，是人类通过信息等资源对自然界、人类社会及思维方式与运动规律的认识与掌握，是人类主观世界对于客观世界的概括和如实反映，是人类大脑通过思维对信息进行系统化的重新组合（吕建辉，2000）。与一般的经济资源相比，知识具有非常复杂的特殊性。

① 知识的默会性与隐性知识的外化。

知识可分为显性知识（Explicit Knowledge）和隐性知识（Tacit Knowledge）两类。显性知识是指能够以语言、文字、图形和符号等编码化的形式进行传递的正式和规范的知识，而隐性知识是指高度个体化、难以编码和形式化、难以与他人共享的知识。与显性知识相比，隐性知识更有价值。正是在将隐性知识转化为显性知识过程中，创造出了新的知识的显性概念。也就是说，隐性知识是技术与知识创新的重点，只有这一部分知识能够交流、共享并扩散，才有可能实现技术与知识创新。但隐性知识深深地扎根于个人和组织行动之中，其表达和转移比显性知识要困难得多。如果能够激发隐性知识，并且通过某种机制，使隐性知识在不同的主体之间更好地流动、传递与分享，那么隐性知识就能外化为显性知识或形成新的知识。

② 知识的不对称性（势差）。

知识不对称性是指知识在知识主体之间的分布不均衡，存在着知识差（文庭孝等，2005）。这是因为，在知识社会中，知识在本质上变得越来越专业化，任何组织和个人都拥有一定的知识量和自己独特的知识结构，世界上不存在两个在知识量和知识结构上完全相同的知识主体。此外，知识产权的出售者拥有知识的全部信息，而知识产权的购买者往往没有知识的全部信息，交易双方处于信息非对称的地位。因此，知识资源的市场交易是低效率的。知识势差即在各类知识活动（知识获取、知识传递、知识转换等）过程中的知识发出者与知识接受者之间在知识储量、知识结构和嵌入性方面的差距（宋保林和李兆友，2010）。正因为知识势差的存在，面对日益多变且复杂化的工作，个人或组织必须相互合作，投入系统性的知识工作中才能完成目标任务，这使得组织间实现知识互补尤为必要。知识链知识势差分为横向势差和纵向势差，横向势差存在于同行业不同知识链之间，纵向势差则表现为知识链在知识系统中所处的上下游位置。因此，知识链知识获取行为发生的条件在横向上表现为高位势的知识链和低位势知识链知识势差，纵向上表现为知识链下游的成本驱动和上游市场需求的拉动导致的知识获取的发生。

③ 知识的公共性与外部性。

绝大多数知识具有公共产品的特征，对它们的使用和消费不具有竞争性和排他性。知识资源的反复使用和消费不会造成知识的损耗，使知识资源减少，反而会使知识实现增值。知识产品在消费过程中并不会对其他人的消费造成影响，由于增加知识产品消费所带来的边际成本等于零，因此，知识资源的共享不受经济学传统理论中的要素边际收益递减规律的影响，相反，其作用的发挥还能使要素边际收益递增（常荔等，2001）。

同时，知识作为一种公共产品，具有很强的正的外部性。知识的扩散和传播有利于社会整体的利益，其带来的社会效益要高于知识产品给生产者个人带来的效益。由于知识固有的特性，知识的交流和共享是无形的活动，无法监督和强制，个人总是乐于得到他人提供的知识，但很可能不向他人提供自己拥有的知识，这样容易在知识共享过程中产生“搭便车”现象。如果纯粹让市场机制来决定知识生产的资源配置，就会出现知识生产不足，导致知识资源配置的非帕累托最优状态。

知识的默会性、不对称性（势差）、外部性等特征，决定了组织之间进行知识互补的必要性。知识互补能促进知识的创新与传播，实现知识的不断增值，并在日益加剧的不连续的环境变化中增强企业的组织适应力和竞争力。但知识的外部性和知识交易信息的不对称等特征，又使得要在组织之间实现知识互补异常困难。与有型资源的分配不同，市场机制对知识的分配是低效率的，或者说，知识资源的市场交易成本是很高的。因此，对于企业组织来说，组成知识链使得组织之间知识互补共享能够顺利进行，进而达成知识优势是非常重要的。

（2）知识分工与知识互补。

分工思想和理论为知识分工范畴的出现提供了一个理论基础，知识分工范畴是根植于分工思想之中的。知识生产之所以必须分工，是因为在真实世界里，每个人所拥有的知识占全社会知识总量的微不足道的一部分。或者说行为者个人不可能掌握完全的信息，即使是一些伟大的专家，他们可能对某一领域或少数的几个领域知之甚多，但他们绝对不可能完全了解所有的知识，对于一个组织来说也是同样的。因此，人类社会只能在知识的生产、获取、贮存等方面实行专业化分工。在知识分工制度下，每个人或每个企业组织都能沿着一定的专业方向获取人类全部知识的一个片断，不同专业方向的人或企业因此在不同的生产活动上具有比较优势。对于企业组织来说，企业组织参与知识分工可以实现知识投资上的专门化与规模化，从而带来知识积累效率的提高，增强企业组织获得知识的能力，进而形成知识优势，实现收益递增。

然而，现代生产活动通常会涉及多个领域的知识，知识分工使得一个企业组织对另一企业存在知识依赖，即自己不具备生产所需要的全部知识，只能依赖外部组织。所以，掌握不同知识片断的企业想要获得全面的知识就必须与对方分工合作。由于市场交易的低效率，企业组织更倾向于与对方结成战略伙伴关系来实现知识资源的互补，通过组织间知识链的知识共享与组织学习，促进知识创新和新知识生产，形成知识优势。因此，知识分工与互补是知识链知识优势形成的源起之一。

正是基于知识的不对称性、专业化分工等特性，越来越多的企业通过与其他类型的组织构建知识链这种方式，借助隐性知识的外化、知识的不对称（势差）和组织间知识资源的互补，来实现组织之间的知识获取、共享、交互学习和知识创造，形成独特的知识优势，进而在日益激烈的市场竞争中建立和保持自己的竞争优势。基于此，知识特性中的知识势差、知识外化与知识互补，从微观层面对知识链形成知识优势具有重要影响。

4.1.2　微观因素 2：知识协同

知识分工及其专业化导致了企业创新能力的有限性，任何一个企业，无论规模多大、技术能力多强，都不可能拥有自己所需要的所有领域的知识和技术开发能力。当前科技加速发展，技术高度融合，市场对创新的要求越来越高，技术创新的难度也越来越大。单独的创新活动，甚至小范围、单层次的合作创新已很难满足技术创新的需要。为了适应环境的变化，提高创新绩效，企业对互补知识、外部资源的依赖性越来越强，与其他创新主体开展广泛交流、深层次合作的需求越来越迫切（刘丹，2013）。为了获得知识优势，进而形成竞争优势，企业需要与其他组织进行协同合作，从组织外部获取知识资源（肖冬平和顾新，2009）。知识作为一种资源，不仅嵌入个体，嵌入个体的行动之中，还嵌入组织以及组织的社会网络结构之中。它还意味着，要获得知识资源上的优势，只有进行组织间的协同合作，即构建组织间的知识链，才能使嵌入个体、嵌入组织以及组织间的知识得以流动、共享和加工创造。

通过构建组织间知识链，能够有效实现企业在知识投资上的专门化与规模化，形成不同企业甚至不同组织的不同专门知识之间的协同。这样既可以降低市场环境的不确定性和知识投资的风险性，还可以相对提高知识的生产率，从而提高知识投资的报酬收益。所以，构建企业知识链，通过知识协同作用形成知识优势，是克服经营环境不确定性和知识投资风险性的有效手段之一（陈菲琼，2003）。

在市场环境复杂多变、知识极易贬值的情况下，资产投资过剩、知识能力过剩也会不可避免地出现。而构建组织间的知识链则是解决知识能力过剩的主要出路之一，构建知识链能起到协调专门性资产的投资、进行知识协同合作、克服市场不确定性、共担市场风险等作用。同时，通过构建知识链，组织之间的过剩能力可以得到整合并充分利用。这样，可以有效地避免资产投资过剩、知识能力过剩。可以说，在一定程度上，知识链知识协同同时具备了市场机制的弹性和公司制的计划性与协调性，从而成为介于市场机制与公司制的一种积极有效的新型资源配置方式。

构建知识链要求协调各方资源，促进知识协同，通过众多要素相互联系、互相匹配、彼此互动的过程，克服市场不确定性，增强应对市场机制的弹性。从本质上讲，知识协同是在知识经济环境中，知识链以提高系统协同创新绩效为目标，以增强知识链知识协同能力为核心，通过知识链成员的密切合作与众多创新要素的协同作用，完成知识链内技术或产品从内部转移、整合至技术创新的整个过程，最终形成知识优势，提高市场竞争力。因此，本研究认为知识链知识协同能力（包括 R&D 吸收与知识转移能力、知识转移能力、知识整合能力、知识创新能力）对能否形成知识优势或进一步维持知识优势具有重要影响作用。

（1）R&D 吸收与知识转移能力。

知识协同首先依靠于组织间的 R&D 吸收与知识转移。知识链作为一个复杂自适应系统，各创新要素（如技术、战略、市场、文化、组织、制度等）间的相互作用是复杂的、非线性的作用，各要素间竞争和协同的过程也是共同进化的过程，具有一定的偏好性，知识往往倾向于吸收并转移到能力强、社会声誉好、技术先进的组织，这些能力强、影响力大、社会声誉好的组织能获得大量的知识而成为知识链的关键角色。关键角色作为知识链的核心部分，其能否有效地组织、串联起知识链中的各类节点，充分激发起各种优势知识的 R&D 投入和流动，决定了知识链能否在大范围内、多层次间正常、稳健、持续地运作和发展，并最终形成知识优势。中心性高的主体在该知识链系统中发挥着“桥”的作用，是信息和知识转移的关键角色，它有机会接触到更多的异质信息，在信息和知识的吸收与转移上具有优势地位。

（2）知识整合能力。

知识链知识协同的运行是各创新要素知识互动、整合、扩散的动态过程。知识、技术、人力等资源是维持知识链高效运转的血液，无时无刻地在知识链中生成、流动和循环，从而使组织间知识彼此耦合，获得整体放大效应。知识资源的整合主要缘于两方面：一方面，随着技术创新的复杂化，知识创新过程中所需要的资源量越来越大；另一方面，受制于有限理性，知识链主体的资源占用分立程度越来越高。两方面因素的相互作用，使单个主体的资源占有和开展创新活动的资源需求之间的差距不断增大，从而激发了主体间的协同创新，促进了知识资源在不同主体间的整合。其间，知识链内各主体建立有效的协作机制保证知识资源的流动渠道，通过系统内外部条件不断地互动交融，促进知识整合与发展，造就了知识优势与收益递增。

（3）知识创新能力。

协同理论认为，系统内各子系统间的交互协同促使整个生态系统产生单个系统不存在的新的结构和功能，并产生超出各子系统加和的协同效应。协同的关键是建立知识协同的自组织协调机制，并以此促进知识创新。知识链系统具备自组织的两个必要条件：一是知识链本身具有开放性，能够与外界进行物质、能量和信息的交流，确保知识链系统具有生存和发展的活力。二是系统内部各子系统具有非线性相关性，子系统能够协调合作，减少内耗，充分发挥各自的功能效应。自组织的形成能够使知识链系统从无序的不稳定状态向有序的稳定状态发展，实现自我完善和发展，其“差序化格局”是知识创新增值的基础。伴随着从聚集→中心化→转移→结构性繁衍→空间重整合→首位空间极化→再转移→首位度提升→再创新规律性的发展过程，知识链内形成全面依赖的关系结构和“社会依赖型合理差序化”格局（刘丹，2013）。由此，知识链成员之间通过构建彼此相连和相互依赖的耦合关联，促使知识创新增值与系统整体增值效应同步发展，最终实现知识协同创新，进而形成知识优势。

4.1.3　中观因素 1：社会网络

社会网络理论（Social Network Theory）发端于 20 世纪 30 年代，成熟于 20 世纪 70 年代，是一种新的社会学研究范式，最初主要被用于社会学问题的研究，目前越来越多的学者将社会网络理论应用于新的研究领域，如利用社会网络理论解释和研究企业资源获取问题、供应链企业合作问题等，社会网络理论为研究个体与个体之间、组织与组织之间的关系与互动提供了新的视角。

社会网络的概念最早是由英国著名人类学家布朗在对结构进行研究时所提出来的，他所探讨的网络概念聚焦于文化是如何规定有界群体（如部落、乡村等）内部成员的行为。比较成熟的社会网络的定义由威尔曼（Wellman）于 1988 年提出，他认为，社会网络是由某些个体之间的社会关系所构成的相对稳定的系统；还有一些学者认为，社会网络是指特定个人之间比较持久的、稳定的社会关系模式（雷如桥和陈继祥，2004）。尽管学者们对社会网络的定义各不相同，但都具有一个共同特征，即强调特定时空范围内相对稳定的个体间的相互关系。社会网络涵盖了威廉姆森分析框架中从市场到层级制度的组织结构，同时还包括网络行为主体之间非贸易的相互依赖性。随着应用范围的不断拓展，社会网络的概念已经超越了人际关系的范畴，网络的行动者可以是个人、组织或是家庭，同时，社会网络与企业信息、知识等资源的获取密切相关。在社会网络中，各网络成员有差别地占有各种稀缺性资源，关系的方向、数量、力量、密度和行动者在网络中的位置等因素，影响着网络资源流动的方式和效率（王夏洁和刘红丽，2007）。

根据分析的着眼点不同，社会网络理论有两大分析要素：关系要素和结构要素。其中的关系要素主要关注网络成员之间的社会性黏着关系，而结构要素则关注网络成员在网络中所处的位置。这两类要素都对知识和信息的流动有着重要的影响（王玲和张金成，2007）。具体来说，强弱联结理论、社会资本理论和结构洞理论是社会网络理论的三大核心理论。

（1）网络关系：强弱联结理论。

社会网络的节点依赖联结产生联系，联结是网络分析的基本单位。所谓联结，是指联系（linkage）或相互连接（connection），是根据共同的目标将节点联系起来的桥梁与纽带。格兰诺维特（Granovetter）于1973年最早提出了联结强度的概念，他将联结分为强联结（Strong Tie）和弱联结（Weak Tie）两种，从互动频率、亲密程度、感情力量和互惠交换四个维度来对其进行区分。强联结和弱联结对知识和信息在社会网络中的传递起着不同的作用。

① 强联结（Strong Tie）。

强联结是指在职业、地位、收入水平等社会经济特征相似的个体之间发展起来的联结。相似性较高的个体所了解的事物、对问题的看法经常是相同的，所以通过强联结获得的资源常常是冗余的。但强联结往往是个人与外界发生联系的基础与出发点，网络中经常发生的知识的流动往往发生于强联结之间。彼此间经常性的交流和交易使得彼此之间容易生成信任感并传递影响力（罗家德，2003），因此，强联结有助于企业克服不确定性带来的风险和危机，能传递高质量的、复杂的或隐性的知识。但是，过于封闭的强联结将限制新知识的输入，禁止对已有网络外部新信息的搜索，使拥有相似知识和技能的行动者局限在自己的小圈子当中（王夏洁和刘红丽，2007）。

② 弱联结（Weak Tie）。

虽然强联结可以通过传递影响力和信任感为企业获取知识资源提供条件，但强联结往往会形成信息的循环，造成信息通路上的重叠和浪费。弱联结是在社会经济特征不同的个体之间发展起来的联结。由于跨越了不同的信息源，弱联结能够充当信息桥的作用，使两个知识领域不相关或关系疏远的局部组织网络联系起来，将不同局部组织的知识带给本不属于该群体的某个个体，传递新鲜和异质性的信息与知识，这有利于改善组织的知识结构，增强知识积累。王越（2004）指出，弱联结对明晰知识的传递更为有效。

（2）相互信任与共同愿景：社会资本理论。

社会资本理论是经济社会学研究中的新兴理论，对社会网络的研究促成了社会资本概念的产生。社会资本的概念由法国学者布迪厄（Bourdieu）于1985 年首次提出。20 世纪 90 年代以来，社会资本成为许多学科关注的重要概念和分析问题的逻辑起点，逐渐成为一个包括社会学、政治学、经济学等各学科广泛使用的重要概念。到目前为止，学术界对社会资本的概念尚没有统一的定义，学者们从不同角度对社会资本给予了不同的界定。一些学者认为社会资本是指个人所拥有的表现为社会结构资源的资本财产，它们由构成社会结构的要素组成，主要存在于社会团体和社会关系网络中，只有通过成员资格和网络联系才能获得回报；一些学者则认为，社会资本指的是社会组织的特征，例如信任、规范和网络，它们能够通过推动协调的行动来提高社会效率；还有学者认为，社会资本指处在网络或更广泛的社会结构中的个人动员和使用稀有资源的能力；等等。综合这些学者们的观点，本研究认为，社会资本指的是个体或组织通过社会联系获取权力、地位、机会、资金等稀缺资源并由此获益的能力。这里的社会联系包括两类：一类是个体或组织作为社会团体或联盟组织的成员与这些团体和组织建立的联系，个体或组织可以借助这种比较稳定的联系从团体和组织中获取稀缺资源；一类是仅仅由于人际间的日常接触、交流、交往等互动过程而发生和发展的人际间的社会网络，缺乏社会资源的人们可以通过这种网络形式获取嵌入于这种网络的权力、声望、财富等资源。

信任是社会资本的关键要素，二者之间有着紧密联系已是共识。信任关系的形成以双方的了解、认知和认同等为基础，是制度规范约束和理性思考综合作用的结果。在信任的形成和演化过程中网络和规范发挥了重要保障作用。规范、网络和信任都是社会资本的要素，从而可知社会资本通过网络和规范对信任关系起到强化和保障作用。社会资本的关键特性就在于信任的传递：A 信任 C 是由于 A 信任 B 而 B 信任 C，这样更大的网络关系就可以通过总体的信任水平来表现，而不需要每个成员之间的亲密接触（顾新等，2003）。信任的可传递性可增加成员间相互信任关系或通过新成员加入扩大网络规模，从质和量方面提升社会资本。知识链组织间合作过程中的相互信任有利于降低交易成本，提高合作效率，还可以借助制度规范和声誉传递机制，降低合作关系的不确定性和交易风险，促进组织之间的合作广度和合作深度，增加网络中的社会资本。简言之，信任和社会资本相互作用，互为促进，信任能够产生社会资本，而社会资本通常又可以强化信任关系（徐淑芳，2005）。

共同愿景是社会资本的另一关键要素。社会资本理论将网络节点之间关系的存在形态、结构上升到价值，指出节点间关系是网络的一种资本，是网络节点共同拥有、共同维护、共同享有的社会资本。企业通过与大学、科研机构、供应商、客户甚至竞争对手建立知识链，能与知识链成员进行长期的交流与互动，信任、熟悉和共识在频繁互动中得以建立，这种社会资本给企业提供了获得大量外部知识的潜在机会，有助于企业从知识链其他成员那里获得其他的知识资源。它增加了交换主体参与双向互动的意愿，并提高了知识交换的效率。不同组织之间通过搭建共同愿景，一方面能够建立强烈的、充满感情的、长期的和累积性的相互联系，长期的联系和交往使企业组织之间的信任和了解增强，可增进企业组织交换意见的意愿和形成共识的可能性，从而使网络成员之间建立起长期、稳定、互惠的知识协作和知识交流关系，有效促进技能知识和隐性知识的外化与传递。另一方面，共同愿景能在知识结构不同的企业之间起到信息桥的作用，在获取新知识方面更有优势。基于共同愿景的社会资本有利于简单信息的传递，促进事实知识的分享。特别是当今社会IT技术的发展，使得企业可能与其他企业建立更多的共同愿景关系，使之在显性知识传递和扩散中的作用更加突出。共同愿景的存在可降低获取知识的难度和成本，使企业可能将更多的时间和精力关注于核心业务，增加网络中的社会资本。

（3）网络结构：结构洞理论。

受熊彼特（Sehumpeter）的创新理论和格兰诺维特（Granovetter）的弱联结理论等思想的启发，伯特（Burt）于1992年采用结构视角提出了结构洞理论。无论是个人还是组织，其社会网络均表现为两种形式：一是“无洞”结构，即网络中的任何成员主体与其他成员主体都发生联系，不存在关系间断现象，但这种形式仅存在于在小群体中；二是“有洞”结构，即网络中的某个或某些成员主体仅与有些成员主体发生直接联系，但与其他主体不发生直接联系，不存在直接联系或关系中断的现象。“有洞”结构这种形式从网络整体来看就好像是网络结构中出现了洞穴，因此被称作“结构洞”。

结构洞理论研究了网络结构对知识链成员发展机会的影响，知识链组织中的结构洞为占据该位置的企业提供了竞争优势。它通过广泛地与其他相互之间无联系的个体或组织建立联系，实现对知识资源的获取、分析和整合，进而形成知识优势。随着这种新的联系的出现，网络的结构就得以改变。企业的知识获取就是依靠不断地开拓与其他企业建立的知识链组织中的结构洞，从而不断地改变网络结构，以获得知识优势和竞争优势。因此，网络作用的发挥是网络结构不断重构的过程。

结构洞是描述网络结构的重要指标，虽然结构洞中没有或很少有信息和资源的流动，但它为活动其间的企业提供了获取新的信息和资源的机会。根据伯特的观点，占据了结构洞位置的企业具有两个方面的优势：①信息（资源）优势，占据这个位置的企业能够获取来自多方面的非重复性信息，并成为信息的集散中心；也就是说，结构洞所带来的位置优势，使得占据该位置的企业能获得更多有利的信息资源。②控制优势，从结构洞的位置来看，占据该位置的企业占据了关键路径，因此可以决定各种资源的流动方向，从而形成对资源的配置与收益权。正是这两种优势使得占据结构洞位置的企业更加广泛地与其他相互之间无联系的个体或组织建立联系，以实现对资源的获取和控制。随着网络中的企业对结构洞的不断开拓，网络结构随着新的联系的出现而得以改变，企业也由此获得竞争优势。

在结构洞理论看来，行为者的特性及其与其他行为者之间的关系强弱都不重要，重要的是如何通过网络位置以获得资源。该理论强调企业通过与其他无联系的企业建立联结，为企业成长不断地提供资源。所以，企业发展与成长的资源获取是与企业所处的网络结构演变相联系的。

综上，网络结构中的弱联结有利于新知识的获取，强联结更支持隐性知识的传递和共享；社会资本的培养、网络信任的成长和共同愿景的形成则降低了风险和成本，增加了合作者之间的知识转移及协作意愿；网络结构促进知识获取与知识传递、知识共享在频繁互动中发生，从而推动知识创新，促进知识链知识优势的形成。因此，本研究认为，社会网络中的网络关系、相互信任、共同愿景和网络结构，从中观层面对知识链形成知识优势具有重要影响。

4.1.4　中观因素 2：经济利益驱动

利益是组织之间组建知识链最基本的驱动力。作为知识共享与合作创新的活动主体，企业是以追求利润为核心的经济性组织，获取经济利益是企业的根本属性，这决定了企业参与知识链协同合作是以获取经济利益为基本诉求的。利益驱动是以产学研联盟为主要形式的知识链赖以形成、存在和发展的基本动力（谢薇和罗利，1997）。知识链的形成将带来一系列的潜在经济利益，这些潜在经济利益的存在推动了知识链知识优势的形成。

（1）知识交易费用的节约。

有交易就会有交易费用，交易稀缺性是交易费用产生的基本原因（万君和顾新，2008）。科斯在1937年把交易费用定义为，为获得准确的市场信息所需要付出的费用以及谈判和经常性契约的费用。其后威廉姆森（Williamson，1985）系统研究了交易费用存在的原因和企业替代市场，即纵向一体化的理由。遵循科斯对交易费用的定义，知识交易费用是指为获得跟知识相关的市场信息或知识资源所需要付出的费用以及谈判和经常性契约的费用。结合威廉姆森对交易费用的分析，知识交易费用主要由三个部分构成：有限理性导致的知识交易费用，机会主义引起的知识交易费用，特殊形式的知识交易费用。

交易成本经济学认为，企业和市场是相互替代的制度安排，企业和市场的边界在于市场交易费用与组织交易费用相等的地方。理查德森（Richardson）在其《产业组织》（1972）一文中拓展了制度安排的选择集合，同时也提出了除市场和企业以外的第三种组织生产方式——组织间协调。由于知识本身的特殊性质，其交易无论是通过市场进行，还是在通过兼并或收购形成的一体化的科层组织的内部进行，都面临较高的交易费用。因此，知识链这一特殊的组织形态在节约交易费用方面具有独特的优势。一方面，与市场相比，知识链成员间的重复交易、非正式契约及成员间知识交流有助于交易费用的节约，大大抑制了机会主义行为，产生共同知识和组织惯例，从而以更低成本推动知识优势的形成。二是知识链成员通过减少监督成本、节约资源闲置费用等，能够产生良好的协同效应，形成知识优势和价值增值，有利于交易费用的节约。科斯、威廉姆森认为，正是节省交易费用的动力形成了现实中的组织结构。那么，可以认为，企业节约知识交易费用的诉求影响并推动了知识链知识优势的形成。

（2）规模经济与范围经济。

① 规模经济（Economies of scale）。

规模经济可用产品的生产或服务过程的特征来描述，规模经济是指在一个给定的技术水平上，平均成本（单位产出成本）随着规模的扩大、产出的增加而下降。组织之间组建知识链可获得规模经济，并通过规模化运作实现知识链知识优势。这种规模经济性包括以下两个方面：

A. 知识分工所带来的规模经济性。

规模经济很大程度上源于分工、专业化带来的经济节约。盛洪（1994）认为，单位生产费用的节约是分工和专业化具有经济性的主要表现，实现这种节约的途径，可以简单地归结为分工和专业化所带来的规模经济性。在生产技术水平一定的前提下，从较长的时间角度看，分工所引起的劳动熟练程度的提高、间歇性时间的减少和物质资料的节约等都可以概括为规模经济性。而劳动分工和专业化过程本身就是不断发现知识、使用知识、更新知识和扩散知识的市场过程。也就是说，专业化的实质就是生产者知识结构专业化，是生产者积累其专业知识的过程（汪丁丁，1997）。知识分工使得每一种知识的掌握者将有限的时间集中于特定的知识和技术，能较快地提高熟练程度，减少学习时间和费用，从而在知识经验和学习经验的积累过程中实现规模报酬递增。

B. 知识链组织之间知识共享所带来的规模经济性。

知识网络组织之间的知识共享可以获得规模经济。对于知识网络这个整体来说，在网络成员之间知识共享的过程中，知识的编码成本、组织成本、机构成本、搜寻成本等共享成本是一定的，共享次数和共享成员的增加不会导致总共享成本的增加，而只会引起平均成本的下降。因此，知识链的组建可以获得知识共享的规模经济，利于知识优势的形成。

② 范围经济（Economies of scope）。

范围经济与规模经济是相互联系的。如果在增加给定的活动水平的条件下，企业能够减少单位成本，则存在着规模经济。如果随着企业活动的多样化，诸如产品生产的多样化，企业能够减少成本，则存在着范围经济。一般用平均成本函数的下降来定义规模经济，用相对总成本来定义范围经济。

知识链产生的范围经济与规模经济相似，也来源于知识分工所带来的生产效率的提高。知识链组织之间的知识共享，同样也带来了范围经济性。知识共享的范围经济是指在不同用途的活动或过程中，或在不同的使用者之间，知识资源的重复使用而引起的平均共享成本分摊的下降。知识链的范围经济优势是由于知识共享资源的扩大或资源使用范围的扩大而带来的经济优势，也被认为是知识优势的一种，即对于一个知识链系统来说，分别使用各成员的知识资源的成本必然大于联合使用各成员知识资源的成本。例如，知识链成员共同建立一个包含不同学科、类型的实验资源库，通过协调管理实现共享，则不仅带来了实验资源使用范围的扩大，还显著减低了实验室资源的使用成本。知识链成员使用实验室资源的总成本显著低于各自单独使用实验室资源的成本之和。

总之，随着知识使用用途的不断增大，知识使用者的不断扩大，知识被使用的次数增多，知识链系统的规模经济、范围经济不断增大，由此将获得更高的潜在利益，进而推动更低成本的知识优势形成。

（3）联结经济。

知识链的各网络成员之间是一种新型的竞争协同关系，各成员的相互联结可获得不同于“规模经济”与“范围经济”的新的经济效应，即所谓的“联结经济”。联结经济是指，复数主体相互联结，通过共有要素的多重使用所创造的经济性（纪玉山，1998）。

联结经济性有以下四个特性：第一，联结经济性包含两个方面，一是投入方面共通生产要素复合使用的无成本或低成本，二是产出方面复数个组织或主体相结合所创造的乘数效应。第二，从投入方面考察各企业内部或各组织内部的资源，以及组织外部其他企业或其他组织的资源，即外部资源都可以通过信息网络拿来使用。对于知识经济来说，许多重要的资源，如知识、信息等，不只是共通要素，同时也是“共有”要素。第三，范围经济性的概念主要着眼于单一主体或单一组织的复合生产或联合生产。而联结经济性是由复数主体间相互联结，通过技术、知识、信息等共有要素的多重使用所创造的经济性，这是范围经济性所无法涵盖的。第四，联结经济性同企业集团、跨国经济合作组织、供应链等价于市场和企业组织之间的所谓“中间组织”有着较密切的联系（李宏贵和杜运周，2009）。

因此，本研究认为，经济利益驱动下的交易费用节约、规模经济性、范围经济性、联结经济性，是知识链形成知识优势的重要中观影响因素。

4.1.5 宏观因素：外部环境

所谓宏观动因，是指存在于知识链合作主体（企业、大学和科研院所等）之外的，能对知识链知识优势的形成起推动作用的影响因素。外部环境的变化，能够诱导、唤起或转化为各合作主体的内在因素，从而实现组织之间的合作，促成知识优势的形成。而且，知识链通过借助于外部环境的诱导和推动，能不断驱使各合作主体维持这种合作关系，为知识优势的持续发展提供动力。

（1）市场环境的驱动：知识经济的崛起和技术创新的复杂化。

随着知识经济时代的到来，知识已成为企业生存和发展最重要的战略资源。知识在经济和社会发展中的地位、作用不断凸现，在各领域中的结构比例不断增加、层次不断升高。由于技术变革不断加速，许多技术的复杂度不断提高，企业创新活动面临的技术问题也越来越复杂。由于知识分工和专业化，单个企业即使是大型企业完全依靠自身能力取得创新优势已不是一件容易的事情。随着技术创新的复杂化，企业为了尽量避免由此带来的巨大创新风险，越来越多的企业求助于组织外部，期望通过与其他组织的合作来分享创新资源，降低创新风险，从而推动技术创新并建立自己的知识优势和竞争优势。因此，知识经济的崛起和技术创新的复杂化促进了知识链知识优势的形成。

（2）产业环境的变化：信息技术的飞速发展。

自从计算机问世以来，信息技术以惊人的速度发展。信息技术的发展导致信息传递的快速化，促进了知识链成员间知识流动与知识共享，进而推动知识优势和竞争优势的形成。计算机信息系统的完善、集成制造技术的普及、电子商务的发展大大降低了市场交换中的信息搜寻成本和协作分工的成本，使企业组织间的信息沟通、传播更为迅速及时，更使得企业能够跨越时空界限在全球范围内寻找合作伙伴，以适应企业战略发展的需要。

现代信息技术的发展从根本上改变了企业管理的模式，扩张了企业的边界。信息技术、网络技术的发展有助于企业对知识链的运行进行管理和监控，改善组织之间合作的信息不对称情况，提高知识链的运行效率和知识协同，促进知识优势的形成。

（3）政府政策的扶持：制度引导与产学研联盟。

从国内外的发展经验来看，在知识链系统构建的宏观环境中起到主导作用的往往是各国的政府。尽管政府本身并不直接参与知识协同创新，然而在知识协同创新环境的构建上它却有着其他创新主体无法比拟的作用：首先，政府可以通过经济政策、技术政策等相关政策的制定及基础设施的建造来有效地规范和支撑知识链知识优势形成的外部环境；其次，政府可以通过对国有创新资源在知识协同活动中的配置来引导和促进知识链知识优势的发展，并通过与各个创新主体共同承担创新风险来推动知识优势创新活动的展开；最后，政府可以通过制定相关政府采购政策来为知识链知识优势的形成与发展创建稳定的需求保障环境，有效地拉动知识优势创新活动的展开。政府主导能有效地组织、串联起知识链系统中的各类节点，充分激发起各种优势资源的投入和流动，促使知识链系统在最大范围内、多层次间正常、稳健、持续地运作。只有协同培育与发展知识链系统内外部环境，知识链知识创新才能健康成长和发展壮大。

当前，我国的市场机制还有待于进一步完善，而组织之间构建知识链所涉及的方面比较多，各种关系也比较复杂，所以还不能完全依靠市场机制来推动。因此，政府行为及政策对知识链及其知识优势建立和发展的作用非常重要。在我国，知识链的重要形式——产学研联盟，基本上是由政府牵头主导建立的，在推进过程中伴随着各种优惠政策的扶持。例如，由政府主导建立的四川省钒钛资源综合利用产业技术创新联盟、四川省数字媒体产业技术创新联盟、四川省奶业产业技术创新联盟等，在形成初期，由于政府一系列优惠措施的吸引，不断有新的企业加入，并得到不断完善。一般来说，政府政策对知识链系统形成初期及成长阶段起到的主导性作用，主要体现在投入和产出两个方面。在投入方面，政府主要通过直接和间接财政资助政策、信贷和税收政策、人才交流与流动政策等，鼓励组织之间进行创新合作。在产出方面，政府主要通过知识产权制度保护下的利益分配制度、成果转让制度等，对组织之间的合作创新进行鼓励与支持。这些有利于组织之间创新合作的政府行为及政策，推动了知识链知识优势的形成。因此，本研究认为，外部环境包括政府政策环境、产业环境和市场环境，从宏观层面对知识链形成知识优势具有重要影响。

4.2 影响因素及其测量指标

4.2.1 影响因素归纳

结合文献回顾和知识链形成知识优势的微观、中观、宏观影响因素分析，本研究整理归纳了知识链形成知识优势“知识获取→交互学习→知识创造”过程中的5项共18项影响因素，包括知识势差、知识外化、知识互补、R&D吸收、知识转移、知识整合、知识创新、网络关系、相互信任、共同愿景、网络结构、交易费用节约、规模经济性、范围经济性、联结经济性、政府政策环境、产业环境、市场环境等，见表4−1。

表4−1 知识链形成知识优势的影响因素

层面	影响因素类别	主要影响因素
微观	知识特性	E_1 知识势差
		E_2 知识外化
		E_3 知识互补

续表4－1

层面	影响因素类别	主要影响因素
微观	知识协同能力	E_4 R&D 吸收
		E_5 知识转移
		E_6 知识整合
		E_7 知识创新
中观	社会网络	E_8 网络关系
		E_9 相互信任
		E_{10} 共同愿景
		E_{11} 网络结构
	经济利益	E_{12} 交易费用节约
		E_{13} 规模经济性
		E_{14} 范围经济性
		E_{15} 联结经济性
宏观	外部环境	E_{16} 政府政策环境
		E_{17} 产业环境
		E_{18} 市场环境

资料来源：本研究整理。

4.2.2　测量指标

归纳国内外相关文献，结合知识链的基本特征，对 18 项影响知识链知识优势的因素分别界定具体测量指标（见表 4－2）。

表 4－2　知识链形成知识优势的影响因素及其测量指标

影响因素	测量指标	来源文献
E_1 知识势差	知识链成员中知识发出者与知识接受者之间在知识储量、知识结构和嵌入性方面的差距	张睿等（2010）
E_2 知识外化	知识链成员中隐性知识的编码化程度	王欣等（2016）
E_3 知识互补	知识链成员间知识的互补程度和黏合度	吴悦和顾新（2012）、倪渊和张健（2015）
E_4 R&D 吸收	知识链成员 R&D 投入和吸收能力	刁丽琳和朱桂龙（2014）

续表4－2

影响因素	测量指标	来源文献
E_5 知识转移	知识链成员间知识传递的畅通性与知识接收的能力	吴绍波和顾新（2008）
E_6 知识整合	知识链成员综合、集成、改进和优化知识的能力	李柏洲等（2014）
E_7 知识创新	知识链成员间实现知识创新的水平和能力	陆克斌和王强（2015）
E_8 网络关系	知识链成员间合作网络的紧密程度及关系强度	解学梅（2010）
E_9 相互信任	知识链成员间相互信任的程度	刘烈宏和陈治亚（2016）
E_{10}共同愿景	知识链成员间形成明晰统一的意愿与规则的程度	陈建勋等（2008）
E_{11}网络结构	知识链成员开拓建立新联系和重构网络结构的能力	Nahapiet 和 Ghosha（1998）
E_{12}交易费用节约	知识链成员减少监督成本、节约资源闲置费用的能力	任志安（2004）
E_{13}规模经济性	知识链成员通过知识分工、专业化及知识共享所带来的规模经济性	汪丁丁（1997）
E_{14}范围经济性	知识链成员通过知识分工及生产效率的提高所带来的范围经济性	Volker（1998）
E_{15}联结经济性	知识链成员通过共有要素的多重使用所创造的联结经济性	纪玉山（1998）
E_{16}政府政策环境	政府对知识链的政策支持与投入程度（包括资金资助、公共服务、政策支撑）	樊霞等（2012）、綦良群等（2012）
E_{17}产业环境	知识链的产业合作规模或集聚度	颜克益等（2010）、刘烈宏和陈治亚（2016）
E_{18}市场环境	知识链的市场集中度或竞争压力	侯俊东等（2011）、郭树龙（2014）

资料来源：本研究整理。

4.3 测量数据与研究设计

4.3.1 样本选取

本研究样本来源于成都市高新区和天府新区高新片区高新技术产业园，

样本单位涵盖企业、行业协会、学研院所等知识链成员。上述片区由位于南部天府新区的新川创新科技园、天府软件园、高新天府新城等，以及位于西部园区的成都电子科技大学、成都中医药大学及英特尔、戴尔、联想、富士康、德州仪器等国际知名企业制造基地、成都高新综合保税区组成，聚集了一批高新技术产业化基地、产学研联盟、高新技术研究院等新兴知识链创新组织。

4.3.2 描述性统计分析

本研究共发出调查问卷 500 份，收回有效问卷 411 份，有效回收率 82.2%。问卷发放对象涵盖 18 个行业类型、相关单位 500 家。问卷采用 Likert 7 级量表。描述性统计分析见表 4－3。

表 4－3　样本的描述性统计分析

类型	控制变量	样本数量	百分比
行业	软件、科技、电子、通信企业	159	39%
	机械、化工、制造企业	56	14%
	生物、医疗、新型农业企业	30	7%
	材料、能源企业	25	6%
	建筑、工程、房地产企业	60	15%
	投资、服务、文化及其他	81	19%
性质	国有	75	18%
	民营	273	66%
	合资	63	15%
规模	特大型	10	2%
	大型	33	8%
	中型	114	28%
	小型	233	57%
	小微	21	5%

续表

类型	控制变量	样本数量	百分比
成立年限	0～5年	19	5%
	6～10年	159	39%
	11～15年	159	39%
	16～20年	49	12%
	21～25年	21	5%
	26～30年	1	0%
	30年以上	3	1%
合计		411	100%

资料来源：本研究整理。

4.3.3 效度、信度分析

从 α 系数来看，本研究问卷信度较高（基于标准化项的全量表 Cronbach's α 值为 0.857，接近 0.9；Bartlett 球形度检验的显著性为 0.000，达到显著；KMO 统计量值为 0.829，大于 0.8），问卷各个群题目两两之间有高度相关性（相关矩阵中相关系数大于 0 且显著），说明本研究问卷的观察变量适合作因子分析（见表 4－4）。

表 4－4 18 个因素的全量表：KMO 和 Bartlett 检验

取样足够度的 Kaiser－Meyer－Olkin（KMO）	度量	0.829
Bartlett 的球形度检验	近似卡方	4619.237
	df	153
	Sig.	0.000

资料来源：本研究整理。

4.4 探索性因子分析

用 SPSS19.0 作探索性因子分析，基于主成分分析法，抽离出背后构念，厘清潜在特质的内在结构，简化测量内容，提取关键影响因素的共同变异。

4.4.1　首次探索性因子分析

运用 Kaiser 标准化的正交旋转法，对 18 个因素的全量表进行主成分分析，由 18 个因素提取出 5 个主成分，解释的总方差为 74.280％（见表 4－5）。

表 4－5　18 个因素的全量表：解释的总方差

成分	初始特征值			提取平方和载入			旋转平方和载入		
	合计	方差的（％）	累积（％）	合计	方差的（％）	累积（％）	合计	方差的（％）	累积（％）
1	4.214	23.409	23.409	4.214	23.409	23.409	3.074	17.077	17.077
2	2.857	15.873	39.282	2.857	15.873	39.282	2.928	16.264	33.341
3	2.458	13.656	52.938	2.458	13.656	52.938	2.575	14.308	47.649
4	2.241	12.452	65.390	2.241	12.452	65.390	2.423	13.462	61.111
5	1.600	8.890	74.280	1.600	8.890	74.280	2.370	13.169	74.280
6	0.920	5.109	79.389						
7	0.584	3.245	82.634						
8	0.507	2.818	85.452						
9	0.451	2.506	87.958						
10	0.424	2.353	90.311						
11	0.382	2.122	92.433						
12	0.339	1.881	94.314						
13	0.306	1.698	96.012						
14	0.200	1.113	97.125						
15	0.177	0.981	98.106						
16	0.139	0.771	98.877						
17	0.120	0.666	99.543						
18	0.082	0.457	100.000						

资料来源：本研究整理。

从旋转成分矩阵来看，5 次迭代收敛后，除了 E_4、E_{11}、E_{15} 3 个因素在主成分上的载荷值均小于 0.5 之外，其他因素载荷值均较高（>0.7），见表 4－6。

表 4—6　18 个因素的全量表：旋转成分矩阵

因素	成分				
	1	2	3	4	5
E_1	0.935	−0.081	0.099	−0.042	−0.032
E_2	0.814	−0.218	0.060	−0.042	−0.028
E_3	0.899	−0.066	0.104	−0.012	−0.050
E_4	0.099	0.013	0.001	0.017	−0.011
E_5	−0.040	0.882	−0.021	0.106	0.148
E_6	−0.145	0.770	0.012	0.013	0.184
E_7	−0.162	0.770	−0.029	−0.109	0.126
E_8	−0.072	0.023	−0.277	0.910	0.023
E_9	0.031	0.121	−0.096	0.817	0.089
E_{10}	−0.061	0.052	0.014	0.737	0.145
E_{11}	−0.066	−0.035	−0.007	0.029	0.008
E_{12}	0.062	−0.037	−0.115	−0.041	0.874
E_{13}	−0.082	0.034	0.055	−0.060	0.851
E_{14}	0.017	0.250	−0.005	0.123	0.848
E_{15}	−0.037	0.268	−0.039	0.069	0.097
E_{16}	0.077	0.022	0.939	−0.069	0.016
E_{17}	0.084	−0.095	0.894	−0.031	0.103
E_{18}	0.029	−0.002	0.874	0.052	−0.074

注：旋转在 5 次迭代后收敛。

资料来源：本研究整理。

4.4.2　优化后主成分分析结果

为进一步厘清知识链知识优势的关键影响因素，按照 E_4、E_{11}、E_{15}的载荷值由低到高的顺序，逐步去掉这 3 个因素，发现量表解释的总方差逐步提高，且旋转成分矩阵的数据也逐渐优化。

剔除上述 3 个因素后，优化为 15 个因素的量表 Bartlett 球形度检验的卡方统计值为 3266.641，显著性为 0.000，达到显著；KMO 统计量值为 0.897（见表 4—7）。

表 4—7　优化为 15 个因素后量表：KMO 和 Bartlett 检验

取样足够度的 Kaiser—Meyer—Olkin（KMO）	度量	0.897
Bartlett 的球形度检验	近似卡方	3266.641
	df	105
	Sig.	0.000

资料来源：本研究整理。

运用同样的方法对 15 个因素展开主成分分析，得到特征值大于 1 的 5 个因子，使 80.927%的变量变异量得以解析（如表 4—8 所示）。

表 4—8　优化为 15 个因素后量表：解释的总方差

成分	初始特征值			提取平方和载入			旋转平方和载入		
	合计	方差的（%）	累积（%）	合计	方差的（%）	累积（%）	合计	方差的（%）	累积（%）
1	3.693	24.619	24.619	3.693	24.619	24.619	2.544	16.960	16.960
2	2.679	17.860	42.479	2.679	17.860	42.479	2.503	16.686	33.646
3	2.362	15.746	58.225	2.362	15.746	58.225	2.419	16.124	49.771
4	2.000	13.337	71.561	2.000	13.337	71.561	2.375	15.830	65.601
5	1.405	9.366	80.927	1.405	9.366	80.927	2.299	15.326	80.927
6	0.486	3.238	84.165						
7	0.435	2.902	87.067						
8	0.407	2.716	89.783						
9	0.347	2.311	92.094						
10	0.334	2.229	94.323						
11	0.315	2.098	96.421						
12	0.185	1.234	97.655						
13	0.144	0.957	98.612						
14	0.123	0.823	99.435						
15	0.085	0.565	100.000						

资料来源：本研究整理。

4.4.3 关键影响因素的确定

从优化后的旋转成分矩阵数据（见表 4－9）来看，经过 5 次迭代收敛后，提取出知识链知识优势的 5 个关键影响因子。

（1）微观影响因子 F_1 和 F_2。

将知识势差、知识外化、知识互补等 3 个因素组成第一个微观影响因子——F_1 因子，用于反映知识链成员间知识的差异性、编码化程度、互补程度及黏合度，它们共同描述了系统内知识的性质，由此将 F_1 取名为"知识特性"。

将知识转移、知识整合、知识创新等 3 个因素组成第二个微观影响因子——F_2 因子，集中体现知识链成员在知识协同过程中应当具备的关键能力，描述了知识协同对形成知识链知识优势的重要作用，由此将 F_2 取名为"知识协同能力"。

（2）中观影响因子 F_3 和 F_4。

将网络关系、相互信任、共同愿景等 3 个因素组成第一个中观影响因子——F_3 因子，分别对应于社会资本的结构、关系和认知三个维度，集中反映知识链成员间的网络关系强度、信任关系和统一性认知度，由此将 F_3 取名为"社会资本"。

将交易费用节约、规模经济性、范围经济性等 3 个因素组成第二个中观影响因子——F_4 因子，分别描述知识链成员减少监督成本、节约资源费用的情况，以及通过知识专业化分工、知识共享等是否带来规模经济和范围经济，由此将 F_4 取名为"经济利益"。

（3）宏观影响因子 F_5。

将政府政策环境、产业环境、市场环境等 3 个因素共同组成一个宏观影响因子——F_5 因子，集中反映知识链系统赖以生存与发展的外部客观环境，由此将 F_5 取名为"外部环境"。

表 4－9 优化为 15 个因素后量表：旋转成分矩阵

因子类型		成分				
		1	2	3	4	5
F_1 知识特性	E_1 知识势差	0.953	0.085	－0.037	－0.033	－0.070
	E_2 知识外化	0.830	0.051	－0.040	－0.029	－0.213
	E_3 知识互补	0.930	0.086	－0.005	－0.051	－0.051

续表4－9

因子类型		成分				
		1	2	3	4	5
F_2 知识协同能力	E_5 知识转移	－0.051	－0.034	0.120	0.169	0.844
	E_6 知识整合	－0.122	0.003	0.022	0.173	0.832
	E_7 知识创新	－0.153	－0.035	－0.102	0.117	0.826
F_3 社会资本	E_8 网络关系	－0.077	0.024	0.852	0.148	0.126
	E_9 相互信任	－0.067	0.006	0.928	0.010	－0.047
	E_{10} 共同愿景	0.061	－0.107	0.876	－0.043	－0.033
F_4 经济利益	E_{12} 交易费用节约	－0.095	0.069	－0.066	0.852	0.016
	E_{13} 规模经济性	0.019	－0.008	0.126	0.849	0.247
	E_{14} 范围经济性	－0.029	－0.039	0.072	0.900	0.260
F_5 外部环境	E_{16} 政府政策环境	0.078	0.940	－0.080	0.014	0.022
	E_{17} 产业环境	0.088	0.900	－0.045	0.103	－0.105
	E_{18} 市场环境	0.053	0.878	0.041	－0.080	0.014

注：旋转在 5 次迭代后收敛。

资料来源：本研究整理。

4.5　验证性因子分析

用 AMOS17.0 作验证性因子分析，基于探索性因子分析得出的 5 个变量结构，采用固定载荷法和极大似然法对构建的验证性因子分析模型展开评估。

4.5.1　模型拟合指标

从模型拟合优度（表 4－10）来看，在对各影响因子进行验证性因子分析时，得到的拟合参数各项拟合指标均比较理想，卡方与自由度之比（χ^2/df）为 1.384，相对拟合指数（NFI）为 0.939，比较拟合指数（CFI）为 0.958，均大于 0.9；拟合优度指数（GFI）为 0.934，大于 0.9。总体来看，样本数据的各维度变量的结构方程模型拟合程度比较好。

表 4—10　知识链知识优势关键影响因素模型的拟合指标

拟合度指标	χ^2/df	RMSEA	RMR	GFI	AGFI	NFI	PNFI	IFI	CFI
测量值	1.384	0.067	0.031	0.934	0.906	0.939	0.733	0.958	0.958
判断标准	1~2	<0.08	<0.05	>0.9	>0.9	>0.9	>0.5	>0.9	>0.9

资料来源：本研究整理。

知识链知识优势影响因素模型及各个潜变量标准化因子载荷见图 4—2。

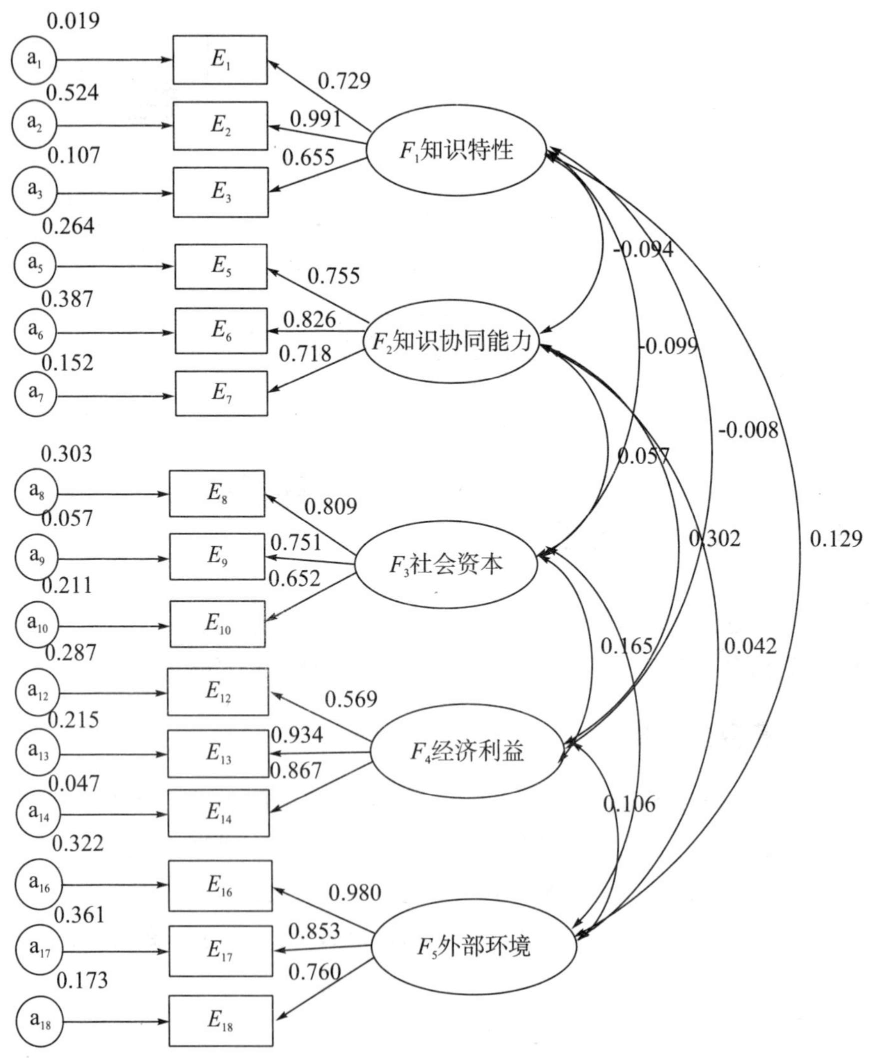

图 4—2　知识链知识优势关键影响因素的验证性因子分析结果

4.5.2　回归系数及检验结果

从模型回归系数及相关检验结果（见表 4－11）来看，在 $p<0.001$ 的显著性水平下，潜在变量“知识特性（F_1）”能够很好地被知识势差（0.729）、知识外化（0.991）、知识互补（0.655）等 3 个观测变量体现，潜在变量“知识协同能力（F_2）”能够很好地被知识转移（0.755）、知识整合（0.826）、知识创新（0.718）等 3 个观测变量体现，潜在变量“社会资本（F_3）”能够很好地被网络关系（0.809）、相互信任（0.751）、共同愿景（0.652）等 3 个观测变量体现，潜在变量“经济利益（F_4）”能够很好地被交易费用节约（0.569）、规模经济性（0.934）、范围经济性（0.867）等 3 个观测变量体现，潜在变量“外部环境（F_5）”能够很好地被政府政策环境（0.980）、产业环境（0.853）、市场环境（0.760）等 3 个观测变量体现。且从收敛效度（AVE）来看，5 个潜变量的收敛效度（AVE）均大于 0.500，可见模型具有较为理想的内在质量。

表 4－11　回归系数及收敛效度（AVE）

路径			未标准化系数	S. E.	C. R.	p	标准化系数	收敛效度（AVE）
E_1 知识势差	⟵	F_1 知识特性	1.000				0.729	0.7268
E_2 知识外化	⟵	F_1 知识特性	1.422	0.213	6.684	***	0.991	
E_3 知识互补	⟵	F_1 知识特性	0.894	0.029	31.137	***	0.655	
E_5 知识转移	⟵	F_2 知识协同能力	1.000				0.755	0.5387
E_6 知识整合	⟵	F_2 知识协同能力	1.283	0.129	9.957	***	0.826	
E_7 知识创新	⟵	F_2 知识协同能力	1.089	0.078	13.960	***	0.718	
E_8 网络关系	⟵	F_3 社会资本	1.000				0.809	0.6233
E_9 相互信任	⟵	F_3 社会资本	0.608	0.158	2.581	***	0.751	
E_{10}共同愿景	⟵	F_3 社会资本	0.644	0.172	2.580	***	0.652	
E_{12}交易费用节约	⟵	F_4 经济利益	1.000				0.569	0.6984
E_{13}规模经济性	⟵	F_4 经济利益	1.538	0.153	10.054	***	0.934	
E_{14}范围经济性	⟵	F_4 经济利益	1.398	0.094	14.893	***	0.867	
E_{16}政府政策环境	⟵	F_5 外部环境	1.000				0.980	0.7143
E_{17}产业环境	⟵	F_5 外部环境	0.851	0.036	23.932	***	0.853	
E_{18}市场环境	⟵	F_5 外部环境	0.688	0.035	19.670	***	0.760	

注：*** 代表 $p<0.001$。

资料来源：本研究整理。

4.5.3 实证研究结论

经过因子分析，确立了知识链知识优势的重要影响因素为知识特性、知识协同能力、社会资本、经济利益和外部环境等5个因素，其累积贡献率达到80.927%。其中，知识势差、外化与互补组成了知识特性因素（微观因子1），知识转移、整合与创新组成了知识协同能力因素（微观因子2），网络关系、相互信任、共同愿景组成了社会资本因素（中观因子1），交易费用节约、规模经济性、范围经济性组成了经济利益因素（中观因子2），政府政策环境、产业环境和市场环境组成了外部环境因素（宏观因子）。

实证结果发现，基于现有样本，R&D吸收、网络结构、联结经济性对知识优势的影响不够显著，这可能与现阶段企业研发投入不足、知识链成员间开拓新的网络较为困难，以及多重共有因素的使用与共享的壁垒较高有关。

4.6 本章小结

本章以成都高新产业园区内18个行业、411家机构为样本，通过探索性因子分析萃取出影响知识链知识优势形成与维持的5大重要因素，采用验证性因子分析验证重要因素与其内部要素之间的关系，实证结果表明：知识特性、知识协同能力、社会资本、经济利益和外部环境等5个主因子15项指标是知识链形成知识优势的关键影响因素。

第5章 知识链知识优势的评价指标体系

本章基于知识链知识优势的形成过程和关键影响因素，从“内涵＋外延”两个层面构建了知识链知识优势的评价指标体系。通过整合组合赋权与模糊评价法，设计了知识链知识优势的组合赋权模糊综合评价模型（K-CFM模型），并通过实证分析验证评价指标体系的适用性与有效性，为比较不同知识链间的知识优势差距提供测评标准。

5.1 评价体系构建

知识链作为组织间合作的新兴组织形式，能否形成和维持知识优势是其在竞争中取胜的关键。然而，在知识转移、社会资本、利益分配及外部环境等多重影响下，知识优势往往难以形成或维持，成为知识链持续健康发展的重要制约因素。为更为客观、科学地评价知识链知识优势现状，从中发现主要的制约因素，为决策者改善知识运用水平、更好地形成和维持知识优势提供帮助，并最终赢得知识链知识创新效率的提升，本研究尝试在知识链范式下，构建一套适用性较高的知识优势评估体系，期望有效评估知识链知识优势水平、系统内企业间知识优势之间的差距，较为准确地判定系统及其内部企业当前知识应用水平，有的放矢地提出知识运用的优化策略。

迄今，学术界仅有少量评价知识优势的研究文献，相关文献主要运用模糊技术，从知识链知识“存量”“流量”的分类出发构建了一套知识优势评价指标体系。模糊技术能较为科学合理地反映知识优势对某评语等级的隶属程度，对知识优势评价而言是一种较为合适的研究方法。但现有研究中，模糊技术内部确定权重的方式主要采用单一主观方法，如频数统计、专家分析、AHP法等，对客观性考虑较为缺乏。本研究通过对模糊评价法的补充完善，提出知识链知识优势的一个组合赋权模糊综合评价模型（Knowledge advantage－Combination weight－Fuzzy comprehensive evaluation Model，简称K－CFM模型），以提升评价结果的适用性、稳定性和可信性（李其玮等，2018)。

综合现有文献分析，学术界在选取评价体系的指标维度时，主要有以下三种考量角度：一是从内涵、特征、构成、过程、功能等概念本质析出定性或量化指标，二是从来源、影响因素、作用机理等概念外延提取出关键要素，三是将两者相结合。本研究采用“内涵+外延”兼顾的方式，基于第 3 章和第 4 章的研究成果，将“形成过程”与“影响因素”两者相结合，既评估知识链知识优势现状，又关注知识链知识优势维持与发展的潜力，较为全面地构建知识链知识优势指标评价体系。

5.1.1 评价指标体系

本研究将知识链知识优势评价体系分为形成过程和影响因素两个准则层。“形成过程”维度（U_1）考察知识链现有知识优势形成情况，包括知识获取、交互学习和知识创造 3 个指标层（U_{11} ~U_{13}），每个指标层选取 2~3 个要素作为子指标；“影响因素”维度（U_2）考察知识链知识优势维持与发展的潜能，分为知识特性、知识协同能力、社会资本、经济利益和外部环境 5 个指标层（U_{21} ~U_{25}），每个指标层选取 3 个要素作为子指标集（如图5-1 所示）。

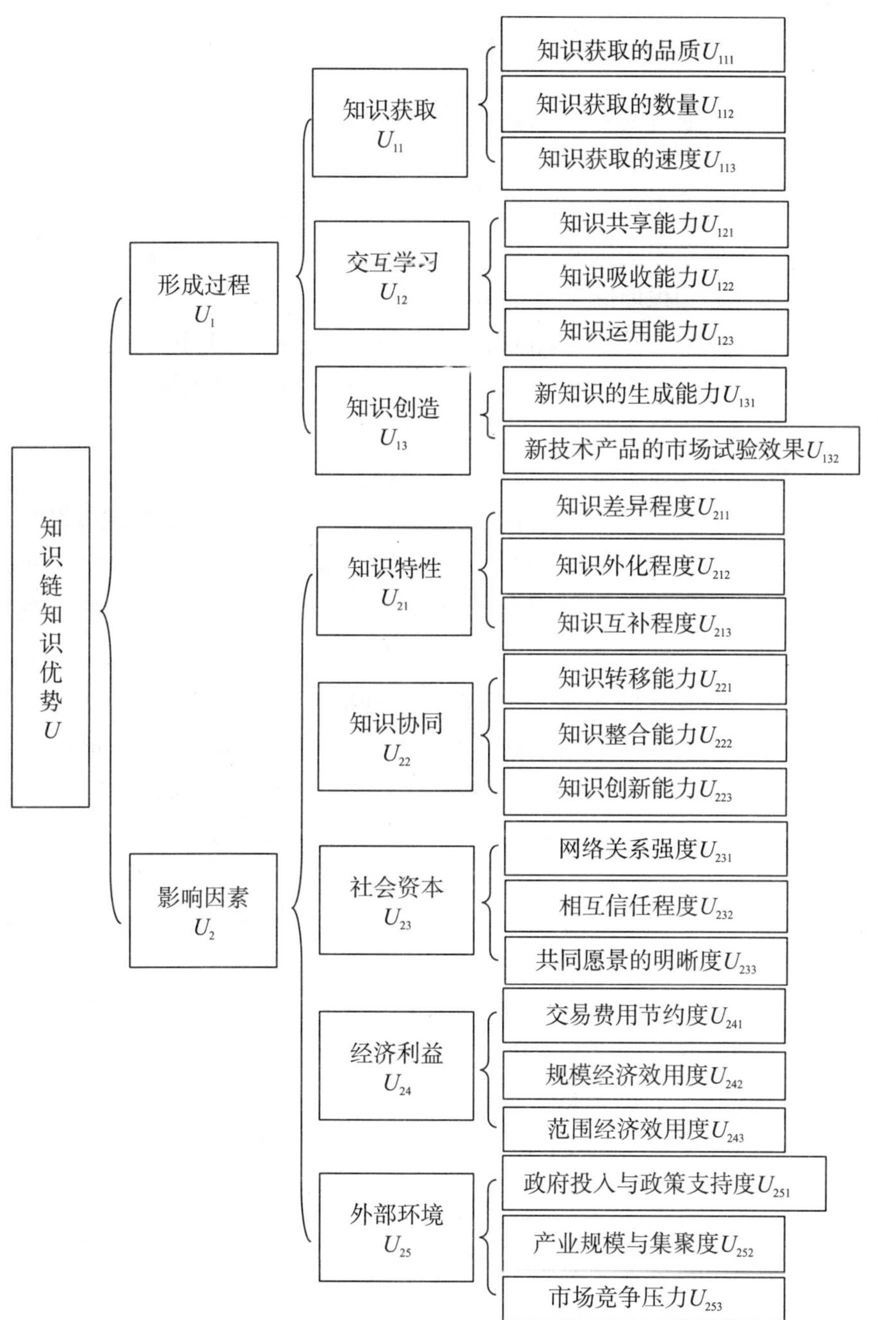

图 5—1　知识链知识优势评价指标体系

5.1.2 形成过程维度的评价指标

第3章中，通过剖析知识链知识优势的概念、形成机理等，将知识链知识优势的形成过程归纳为“知识获取→交互学习→知识创造”，强调知识链企业、学研机构、中介组织等成员间知识获取能力、交互学习能动性和知识创造水平。由此，将知识链知识优势形成过程维度的评价指标分为知识获取、交互学习和知识创造3个指标层：

(1) 知识获取。基于知识链的知识获取是指企业将知识链内的知识转化到企业内部，使之成为能够为企业所用的知识的过程。知识链是企业获取知识的重要途径，也是企业生存的必要生态环境。知识链的节点是企业知识的重要来源，包括学研机构、供应商、消费者、咨询顾问、竞争对手、非竞争性的公司等。企业通过与这些知识节点形成知识链，达到获取知识或者获取知识使用权的目的。知识获取包括四个阶段，即知识辨识、知识收集、知识转化、知识储存四个阶段。不同企业的知识获取能力是不同的，有的企业用极小的代价可以获取关键的知识，而有的企业却花费非常大的代价。企业的知识获取能力与企业的领导、战略及知识环境有关，知识环境又与人员素质、知识特性、企业文化等各种因素有关。采用吴金希（2005）的评判方法，用质、量和速度三个要素（知识获取的品质、知识获取的数量、知识获取的速度）作为知识获取的子指标，对知识获取能力进行测评。

(2) 交互学习。目前，学术界对于交互式学习过程的研究可以概括出如下几个观点：知识流动是知识链成员间交互式学习的本质；知识链成员间通过双边或多边的交互式学习，形成相互依存的复杂网络关系，实现知识从组织到组织、组织到网络以及从网络到组织的交互过程；知识链成员间交互式学习的目标是运用知识链系统中的知识资源创造出新知识从而提高创新能力。基于此，采用吴笑（2015）、何亚琼等（2006）的观点，将交互学习划分为知识共享能力、知识吸收能力、知识运用能力三个子指标。①知识共享能力，指创新个体的知识扩散为网络知识，网络知识又扩散到其他知识链成员的过程，这个阶段是交互式学习的前提，保证了学习的实现以及合作创新的可能。从知识链系统层面看，知识共享是多向的，各主体不仅和知识共享系统进行知识的扩散，知识链中所有的个体组织之间也在交叉进行知识共享。通过知识共享，各行为主体的知识存量得到了丰富，知识基础得到了提高，从而提高知识创新能力和创新效率。②知识吸收能力，是知识链成员将外部获取的知识进行内化，变成自由知识的过程。组织基于对外部获取的知识的理解，首先要识别对自身有价值的知识，然后通过交互式学习手段，如技术许可、技术转让、技术交流等，获得知识的所有权，并将这些知识在内部进行消化吸收，从个人知识提升为组织知识。知识吸收过程也就是组织内部不断学习的过程。③知识运用能力，是交互式学习过程中最核心和关键的一环，是内化后的知识在企业知识库中的创新融合过程，也是实现知识创造和技术创新的前置环节。组织将外部获取的知识经过吸收变为自有知识以后，对其进行修正和检验，使外部知识逐渐成为组织新的惯例和文化。组织运用该知识去发挥其互补性和专业性，并且结合自身原有知识储备，最大限度运用于挖掘新的技术、工艺和方法，实现知识和技术创新。

（3）知识创造。知识创造是知识管理的主要目标，它的重要性不言而喻。有部分学者认为知识创造是组织竞争优势的三大来源之一，提出动态能力包括创意突破、开发新产品、流程再造、核心知识创造等能力。知识创造也是一个过程：知识链成员之间互相学习技能、分享感觉、交流经验，逐渐产生新知识的萌芽，然后将其加以明晰、筛选、修改、丰富，最终建立知识原型。原型就是新知识初步定型的结果，再将原型化的产品放到市场中加以试用、检验，从实践中反馈新知识的不足和缺陷，使之不断完善，具有并保持行业知识领先地位和优势。基于此，本研究采用张省（2012）的观点，将知识创造划分为内生动力和外生动力两个子指标，对知识链知识创造能力进行测评。

5.1.3 影响因素维度的评价指标

第 4 章中，通过理论及实证研究，将知识链形成知识优势的影响因素归纳为微观、中观和宏观三个方面 5 大关键因素，基于此，本研究将涉及影响因素维度的评价指标确定为 5 个指标层：

（1）知识特性，表现为知识差异程度（势差）、知识外化程度和知识互补程度。

（2）知识协同能力，表现为知识转移能力、知识整合能力、知识创新能力。

（3）社会资本，表现为网络关系强度、相互信任程度、共同愿景的明晰度。

（4）经济利益，表现为交易费用节约度、规模经济效用度、范围经济效用度。

（5）外部环境，表现为政府投入与政策支持度、产业规模与集聚度、市场竞争压力。

5.2 组合赋权模糊综合评价法——K-CFM 模型原理及步骤

扎德（Zadeh）于1965年提出模糊集合理论后，大量国内外学者采用这种方法对很多不确定性事物的隶属等级状况进行综合性评价。

K-CFM模型以组合赋权和模糊综合评价法为基础，在分解多层次基础上确立因素集；建构各个指标评语的隶属度，建立模糊评判矩阵；将G1法、G2法、AHP法等主观赋权法和FA法的客观赋权法相结合，用“乘法归一化”公式得到各个指标的综合权重；计算得出综合评价值。

5.2.1 建立评价因素集、评价集和模糊评价矩阵

首先，建立评价因素集。通过因子分析法验证知识链知识优势评价指标体系，验证成功后明确评价因素集，包括目标层、准则层和指标层3个层级。其中，目标层 $U_i=\{u_1, u_2, \cdots, u_n\}$（$n$ 表示目标层内相应准则的个数），准则层 i 的指标为 $U_i=\{u_{i1}, u_{i2}, \cdots, u_{is}\}$（其中 s 表示准则层 i 内相应指标的个数），指标层 j 的子指标为 $U_{ij}=\{u_{ij1}, u_{ij2}, \cdots, u_{ijk}\}$（其中 k 表示指标层 j 内相应子指标的个数）。

其次，建立评价集 $\mathbf{V}=\{v_1, v_2, \cdots, v_p\}$，共有 p 个总评价结果。通常使用Likert 5级或7级来评价不确定性、非定量指标。

再次，确立模糊评价矩阵。将评价集用分数、%等适当的数值 r_{ijk} 表示，结合隶属度，形成模糊评价矩阵 $\boldsymbol{R}_i=(r_{ijk})_{n\times p}$。

5.2.2 确定主观权重——基于G1/G2/AHP的几何平均赋权法

通过G1、G2、AHP赋权法确定主观权重，由同组专家独立给出同种指标属性的判断集合，采用算术或几何均值法，集结多个判断集合。

（1）按照G1法规则，首先由每位专家对评价指标相互关系进行排序，接着逐一判断相邻评价指标 u_{i-1} 与 u_i 两者之间重要性程度比，并对其进行理想赋值 f_i，则第 k 个指标的权重 α_k 为

$$\alpha_k=(1+\sum_{i=2}^{k}\prod f_i)^{-1} \tag{5.1}$$

同理计算出第 $k-1$，…，3，2 个指标的权重（其中，$i=k$，$k-1$，…，3，2）：

$$\alpha_{i-1} = f_i \alpha_i \tag{5.2}$$

最后，用算术均值法或几何均值法整合各位专家的评价权重，确定各层因素的相对权重向量（李柏洲等，2016）。

（2）按照 G2 法规则，首先每位专家对评价指标关系进行排序，接着逐一判断最不重要的一个指标 u_k 与其余评价指标 u_i 之间的重要性程度比，并对其进行理想赋值 d_i，则第 i 个指标对该准则层的权重 α_i 为（其中，k 表示指标个数）：

$$\alpha_i = \frac{d_i}{\sum_{i=1}^{k} d_i} \tag{5.3}$$

最后，用算术或几何均值法整合各位专家的评价权重，确立各层因素的相对权重向量。

（3）按照 AHP 法规则，首先每位专家根据 1～9 标度法两两对比评价因素，以此确立判断矩阵，接着用算术或几何均值法集结多个判断矩阵，并进行一致性检验。通过一致性检验后，再采用“和积法”计算权重向量，得出各层因素的相对权重向量。

（4）按照几何平均赋权方法（赵慧冬等，2012），假设 $\alpha_i{}^1$、$\alpha_i{}^2$、$\alpha_i{}^3$ 分别为采用 G1、G2、AHP 法得到的某一指标 i 的权重值，λ_1、λ_2 是可信度偏好指数（$0\leqslant\lambda\leqslant 1$），则该指标计算出的组合权重表示为：

$$\alpha_i = \frac{(\alpha_i^1)^{1-\lambda_1-\lambda_2} \cdot (\alpha_i^2)^{\lambda_1} \cdot (\alpha_i^3)^{\lambda_2}}{\sum_i ((\alpha_i^1)^{1-\lambda_1-\lambda_2} \cdot (\alpha_i^2)^{\lambda_1} \cdot (\alpha_i^3)^{\lambda_2})} \tag{5.4}$$

特别地，当 $\lambda_1=\lambda_2=1/3$ 时，表示三种赋权法可信度具有一致性，此时：

$$\alpha_i = \frac{\sqrt[3]{(\alpha_i^1) \cdot (\alpha_i^2) \cdot (\alpha_i^3)}}{\sum_i (\sqrt[3]{(\alpha_i^1) \cdot (\alpha_i^2) \cdot (\alpha_i^3)})} \tag{5.5}$$

5.2.3　确定客观权重——基于因子分析法

按照因子分析法的相关规则，根据计算样本的特征根、特征向量及累积贡献率确定主因子，随后通过每个主因子的载荷矩阵形成因子分析模型，最后根据加权后的累积贡献率，以及因子得分系数，计算得出各指标客观权重β_i。

5.2.4 确定各因素的组合权重

根据主观权重α和客观权重β，采用“乘法归一化”公式计算出各个指标的组合权重：

$$\boldsymbol{A}_i = \frac{\alpha_i \cdot \beta_i}{\sum_{i=1}^{n}(\alpha_i \cdot \beta_i)} \tag{5.6}$$

其中，α_i代表第i项指标的主观权重，β_i代表第i项指标的客观权重，n表示指标个数，$\boldsymbol{A}_i$是第i项指标的组合权重。

5.2.5 计算多级模糊综合评价向量

用$\boldsymbol{B}_i = \boldsymbol{A}_i \times \boldsymbol{R}_i = (b_{i1}, b_{i1}, \cdots, b_{ip})$来表示1级模糊综合评价集。其中$b_{ik}$表示评价集中第$k$个元素的评语隶属度，它是在综合评价第$i$个因素的全部等级时得出的；同理可得到2级、3级等综合评价向量。评价时，评价对象应从最底层的因素开始，逐级上评，直到评价至最高层。

5.2.6 根据评价结果判定知识优势水平

根据模糊综合评价向量，可确定知识链知识优势所处的评价等级，并对链内各企业知识优势等级进行判定；此外，还可运用5级或7级分数集来计算一个综合评价值F，通过对比F值大小，对知识链知识优势评价值及各企业知识优势在知识链中处于何种位置进行判断。其中，5级分数集可用100、80、60、40、20表示，7级分数集可用100、90、80、60、40、20、10表示。

5.3 基于K-CFM模型的实证分析

5.3.1 样本选取与来源

随着“互联网+”“科技3.0”等概念层出不穷，科技企业处于21世纪创新前沿。本研究选取位于成都市高新区的科技产业园区为样本开展实证分析，对评估科技知识链知识优势具有一定的代表意义。共发放调查问卷200

份，收回有效问卷 159 份，有效回收率 79.5%。调查问卷采用 *Likert* 7 级量表。描述性统计分析见表 5－1。

表 5－1　样本的描述性统计分析

类型	控制变量	样本数量	百分比
性质	国有	9	6%
	民营	136	86%
	合资	14	9%
规模	大型	4	3%
	中型	41	26%
	小型	105	66%
	小微	9	6%
成立年限	0～5 年	6	4%
	6～10 年	76	48%
	11～15 年	59	37%
	16～20 年	13	8%
	20 年以上	5	3%
合计		159	100%

资料来源：本研究整理。

5.3.2　验证评估体系

（1）探索性因子分析。

从 α 系数值来看，本研究 Cronbach's α 全量表值为 0.915，大于 0.9；Bartlett 球形度检验的显著性为 0.000，达到显著；KMO 统计量值为 0.832，大于 0.8；相关矩阵中相关系数均大于 0 且显著。以上数据均说明本调查问卷的观察变量适合因子分析（见表 5－2）。

表 5－2　KMO 和 Bartlett 的检验

取样足够度的 Kaiser－Meyer－Olkin（KMO）	度量	0.832
Bartlett 的球形度检验	近似卡方	1940.491
	df	253
	Sig.	0.000

资料来源：本研究整理。

根据 Kaiser 标准化的正交旋转法进行计算，提取出 8 个主成分，得到 77.523%的解释总方差（见表 5-3）。若单独采用形成过程维度的 8 个指标，对总方差的解释仅为 65.496%；若单独采用影响因素维度的 15 个指标，对总方差的解释度仅为 67.605%。

表 5-3 解释的总方差

成分	初始特征值			提取平方和载入			旋转平方和载入		
	合计	方差的（%）	累积（%）	合计	方差的（%）	累积（%）	合计	方差的（%）	累积（%）
1	4.163	18.099	18.099	4.163	18.099	18.099	2.552	11.095	11.095
2	2.764	12.019	30.118	2.764	12.019	30.118	2.323	10.098	21.194
3	2.289	9.951	40.068	2.289	9.951	40.068	2.300	10.001	31.194
4	2.138	9.294	49.363	2.138	9.294	49.363	2.290	9.957	41.152
5	1.841	8.006	57.368	1.841	8.006	57.368	2.289	9.953	51.104
6	1.840	8.001	65.369	1.840	8.001	65.369	2.235	9.717	60.821
7	1.652	7.182	72.552	1.652	7.182	72.552	2.222	9.663	70.484
8	1.143	4.971	77.523	1.143	4.971	77.523	1.619	7.039	77.523
9	0.686	2.985	80.507						
10	0.607	2.639	83.146						
11	0.574	2.496	85.642						
12	0.520	2.260	87.902						
13	0.431	1.872	89.775						
14	0.416	1.807	91.582						
15	0.393	1.708	93.290						
16	0.365	1.585	94.875						
17	0.317	1.378	96.253						
18	0.205	0.892	97.145						
19	0.174	0.756	97.902						
20	0.160	0.697	98.598						
21	0.143	0.621	99.219						
22	0.107	0.466	99.686						
23	0.072	0.314	100.000						

资料来源：本研究整理。

通过最大变异化旋转，经 6 次迭代收敛后，得出表 5-4 所示的旋转成分矩阵，前述知识链知识优势评价体系的 8 个指标层恰好为这 8 个公因子所对应，且前述所列的 23 个因子均恰好作为子指标分项归入这 8 个指标，使该评价体系的科学性得到了验证。

表 5-4　旋转成分矩阵

因子类型		成分							
		1	2	3	4	5	6	7	8
U_{11}知识获取	U_{111}	0.038	-0.030	-0.032	0.027	0.042	0.025	0.941	-0.100
	U_{112}	0.003	-0.129	0.320	0.004	0.113	-0.011	0.606	0.194
	U_{113}	-0.043	-0.002	-0.117	0.012	0.076	0.010	0.902	0.024
U_{12}交互学习	U_{121}	-0.042	-0.016	0.913	-0.018	0.033	0.036	-0.186	-0.017
	U_{122}	0.030	0.077	0.750	-0.037	0.105	0.038	0.179	-0.175
	U_{123}	-0.029	0.024	0.852	0.015	-0.090	-0.008	0.033	0.151
U_{13}知识创造	U_{131}	-0.036	-0.056	0.031	0.000	0.015	-0.045	0.122	0.876
	U_{132}	0.000	0.104	-0.046	-0.027	0.106	-0.113	-0.071	0.838
U_{21}知识特性	U_{211}	0.945	-0.142	-0.015	0.056	-0.056	-0.093	0.028	-0.029
	U_{212}	0.799	-0.113	0.000	0.113	-0.032	-0.290	-0.047	0.006
	U_{213}	0.917	-0.098	-0.027	0.113	-0.047	-0.056	0.011	-0.019
U_{22}知识协同能力	U_{221}	-0.132	0.114	-0.091	-0.033	0.082	0.783	-0.020	-0.106
	U_{222}	-0.094	0.123	0.112	-0.019	0.113	0.788	-0.076	-0.066
	U_{223}	-0.158	-0.046	0.049	0.035	0.212	0.766	0.130	-0.009
U_{23}社会资本	U_{231}	-0.167	0.784	-0.031	-0.106	0.088	0.133	-0.038	0.088
	U_{232}	-0.210	0.890	0.026	0.035	0.039	0.043	-0.029	0.025
	U_{233}	0.010	0.875	0.071	-0.071	-0.013	-0.027	-0.060	-0.053
U_{24}经济利益	U_{241}	-0.110	-0.067	0.100	0.035	0.852	-0.061	0.029	0.036
	U_{242}	0.013	0.139	-0.034	-0.081	0.797	0.342	0.059	0.093
	U_{243}	-0.026	0.075	-0.034	-0.047	0.876	0.285	0.152	0.027
U_{25}外部环境	U_{251}	0.083	-0.044	-0.038	0.927	-0.013	0.058	0.079	-0.008
	U_{252}	0.167	0.005	0.094	0.856	0.100	-0.183	0.020	-0.076
	U_{253}	0.027	-0.088	-0.079	0.797	-0.136	0.066	-0.051	0.044

注：旋转在 6 次迭代后收敛。

资料来源：本研究整理。

（2）验证性因子分析。

采用 AMOS17.0，运用固定载荷法和极大似然法对该评价体系展开验证性因子分析。

根据前述提炼的 8 个因子变量结构构建起验证性因子分析模型，从模型拟合优度（表 5－5）来看，χ^2/df、RMSEA、CFI、GFI、NFI、IFI 等均达到判断标准，可见该测量模型各项参数的估计具有统计意义，模型可用性较高。

表 5－5　知识链知识优势评价指标体系模型的拟合指标

拟合度指标	χ^2/df	RMSEA	RMR	GFI	AGFI	NFI	PNFI	IFI	CFI
测量值	1.665	0.065	0.023	0.962	0.917	0.936	0.668	0.927	0.925
判断标准	1～2	＜0.08	＜0.05	＞0.9	＞0.9	＞0.9	＞0.5	＞0.9	＞0.9

资料来源：本研究整理。

知识链知识优势评价指标体系模型及各个潜变量标准化因子载荷见图 5－2。

从回归系数及相关检验结果（见表 5－6）来看，在 $p<0.001$ 的显著性水平下，潜在变量“知识获取（U_{11}）”能够很好地被知识获取的品质（0.819）、知识获取的数量（0.459）、知识获取的速度（0.804）等 3 个观测变量体现。

潜在变量“交互学习（U_{12}）”能够很好地被知识共享能力（0.827）、知识吸收能力（0.505）、知识运用能力（0.619）等 3 个观测变量体现。

潜在变量“知识创造（U_{13}）”能够很好地被新知识的生成能力（0.665）、新技术产品的市场试验效果（0.658）等 2 个观测变量体现。

潜在变量“知识特性（U_{21}）”能够很好地被知识差异程度（0.808）、知识外化程度（0.732）、知识互补程度（0.891）等 3 个观测变量体现。

潜在变量“知识协同能力（U_{22}）”能够很好地被知识转移能力（0.681）、知识整合能力（0.694）、知识创新能力（0.745）等 3 个观测变量体现。

潜在变量“社会资本（U_{23}）”能够很好地被网络关系强度（0.737）、相互信任程度（0.929）、共同愿景的明晰度（0.741）等 3 个观测变量体现。

潜在变量“经济利益（U_{24}）”能够很好地被交易费用节约度（0.635）、规模经济效用度（0.812）、范围经济效用度（0.706）等 3 个观测变量体现。

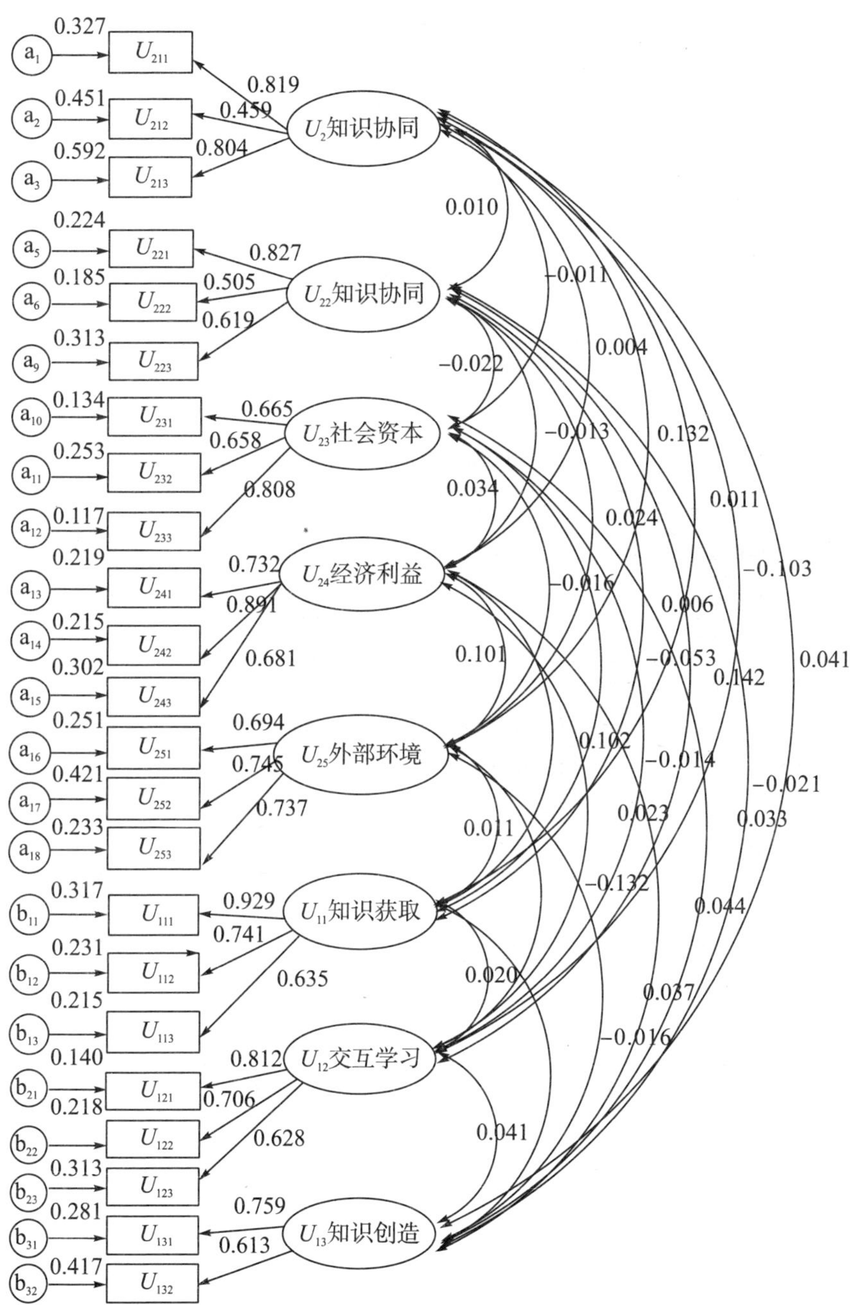

图 5−2　知识链知识优势评价指标体系的验证性因子分析结果

表 5-6 回归系数及收敛效度（AVE）

路径			未标准化系数	S. E.	C. R.	p	标准化系数	收敛效度（AVE）
U_{111}知识获取的品质	←	U_{11}知识获取	1.000				0.819	0.5991
U_{112}知识获取的数量	←	U_{11}知识获取	0.496	0.090	5.533	***	0.459	
U_{113}知识获取的速度	←	U_{11}知识获取	0.838	0.115	7.257	***	0.804	
U_{121}知识共享能力	←	U_{12}交互学习	1.000				0.827	0.7308
U_{122}知识吸收能力	←	U_{12}交互学习	0.539	0.153	3.520	***	0.505	
U_{123}知识运用能力	←	U_{12}交互学习	0.610	0.155	3.923	***	0.619	
U_{131}新知识的生成能力	←	U_{13}知识创造	1.000				0.665	0.6617
U_{132}新技术产品的市场试验效果	←	U_{13}知识创造	3.804	0.106	3.775	***	0.658	
U_{211}知识差异程度	←	U^{21}知识特性	1.000				0.808	0.7746
U_{212}知识外化程度	←	U_{21}知识特性	0.737	0.059	12.418	***	0.732	
U_{213}知识互补程度	←	U_{21}知识特性	0.882	0.044	19.917	***	0.891	
U_{221}知识转移能力	←	U_{22}知识协同	1.000				0.681	0.6050
U_{222}知识整合能力	←	U_{22}知识协同	1.182	0.173	6.823	***	0.694	
U_{223}知识创新能力	←	U_{22}知识协同	1.240	0.188	6.590	***	0.745	
U_{231}网络关系强度	←	U_{23}社会资本	1.000				0.737	0.6303
U_{232}相互信任程度	←	U_{23}社会资本	1.095	0.117	9.347	***	0.929	
U_{233}共同愿景的明晰度	←	U_{23}社会资本	1.155	0.128	8.999	***	0.741	
U_{241}交易费用节约度	←	U_{24}经济利益	1.000				0.635	0.7065
U_{242}规模经济效用度	←	U_{24}经济利益	1.245	0.140	8.874	***	0.812	
U_{243}范围经济效用度	←	U_{24}经济利益	1.523	0.166	9.168	***	0.706	
U_{251}政府投入与政策支持度	←	U_{25}外部环境	1.000				0.628	0.6360
U_{252}产业规模及集聚度	←	U_{25}外部环境	0.713	0.081	8.760	***	0.759	
U_{253}市场竞争压力	←	U_{25}外部环境	0.515	0.073	7.059	***	0.613	

注：*** 代表 $p<0.001$。

资料来源：本研究整理。

潜在变量“外部环境（U_{25}）”能够很好地被政府投入与政策支持度（0.628）、产业规模及集聚度（0.759）、市场竞争压力（0.613）等 3 个观测变量体现。

从收敛效度（AVE）值来看，各个潜变量的收敛效度值均大于 0.50，表示模型具有较为理想的内在质量。

5.3.3　组合权重的确定

（1）群决策确定主观权重。通过成都市高新区代表性科技企业的 7 名高管及科研院校等单位 8 名学者共 15 位专家的评判，用 G1、G2、AHP 法逐一进行指标赋权，并采用几何均值法集结这 15 位专家的判断集合或判断矩阵，最后运用公式（5.1）、（5.2）、（5.3）、（5.5）计算得出主观权重 α。其中，在几何均值法运算中，可信度偏好指数取值为 $\lambda_1=\lambda_2=1/3$，即认为三种主观赋权方法具有一致的可信度（因篇幅关系，每位专家对 G1、G2、AHP 法逐一进行指标赋权的过程不再一一展示，详细数据可联系本研究作者索取）。

（2）确定客观权重值。根据 159 家样本单位的数据，基于探索性因子分析结果中各因子解释原有变量总方差情况和因子得分系数矩阵，对解释总方差数据进行加权后，结合因子得分系数矩阵计算得出各指标客观权重 β。

（3）确定各因素的组合权重。由主观权重 α 和客观权重 β，依据公式（5.6）得出每个指标的组合权重 $\boldsymbol{A}$。

每个指标的主、客观及组合权重见表 5－7。

表 5－7　知识链知识优势评价指标权重

指标层	子指标层	组合权重 $\boldsymbol{A}$	组合权重 $\boldsymbol{A}$ 分项				
			主观权重 α	主观权重 α 分项			因子分析法客观权重 β
				G1 法权重	G2 法权重	层次分析法权重	
U_{11}知识获取	U_{111}知识获取的品质	0.0642	0.058	0.0633	0.079	0.0345	0.0481
	U_{112}知识获取的数量	0.0314	0.0578	0.0696	0.0711	0.0345	0.0236
	U_{113}知识获取的速度	0.0622	0.0591	0.0418	0.0632	0.069	0.0458
U_{12}交互学习	U_{121}知识共享能力	0.0321	0.0301	0.0543	0.0401	0.0111	0.0464
	U_{122}知识吸收能力	0.0576	0.0571	0.0706	0.0602	0.0387	0.0438
	U_{123}知识运用能力	0.0619	0.0565	0.0671	0.0562	0.0422	0.0476
U_{13}知识创造	U_{131}新知识的生成能力	0.0771	0.0688	0.0762	0.073	0.0517	0.0488
	U_{132}新技术产品的市场试验效果	0.076	0.0655	0.0693	0.0693	0.0517	0.0504
U_{21}知识特性	U_{211}知识差异程度	0.0297	0.0249	0.0433	0.024	0.0132	0.0519
	U_{212}知识外化程度	0.0299	0.0318	0.039	0.0288	0.0252	0.0409
	U_{213}知识互补程度	0.0406	0.0363	0.0289	0.0337	0.0431	0.0487

续表5—7

指标层	子指标层	组合权重 $\boldsymbol{A}$	组合权重 $\boldsymbol{A}$ 分项				
			主观权重 α	主观权重 α 分项			因子分析法客观权重 β
				G1 法权重	G2 法权重	层次分析法权重	
U_{22}知识协同能力	U_{221}知识转移能力	0.0529	0.0602	0.0421	0.0404	0.1136	0.0382
	U_{222}知识整合能力	0.0523	0.0518	0.0463	0.0466	0.0568	0.0439
	U_{223}知识创新能力	0.0427	0.044	0.0351	0.0311	0.069	0.0422
U_{23}社会资本	U_{231}网络关系强度	0.0375	0.0437	0.03	0.0393	0.0626	0.0374
	U_{232}相互信任程度	0.0521	0.0549	0.042	0.0446	0.0783	0.0412
	U_{233}共同愿景的明晰度	0.0291	0.027	0.023	0.0262	0.0287	0.0469
U_{24}经济利益	U_{241}交易费用节约度	0.0234	0.0256	0.0294	0.0242	0.0209	0.0396
	U_{242}规模经济效用度	0.0418	0.0423	0.0324	0.0363	0.057	0.043
	U_{243}范围经济效用度	0.0386	0.034	0.0245	0.0339	0.0418	0.0494
U_{25}外部环境	U_{251}政府投入与政策支持度	0.0288	0.0283	0.0245	0.0301	0.0274	0.0442
	U_{252}产业规模及集聚度	0.0214	0.0233	0.027	0.0255	0.0164	0.0398
	U_{253}市场竞争压力	0.0167	0.019	0.0204	0.0231	0.0128	0.0382

资料来源：本研究整理。

5.3.4 计算多级模糊综合评价向量

从知识链整体和知识链内企业两个方面入手，设置评价集 $\boldsymbol{V}=$ {非常高，高，较高，一般，较低，低，非常低}，对应 Likert 7 级梯度评价法，对其知识优势进行评价。

(1) 确定各子指标隶属度。基于 159 家科技企业的指标评价集，通过计算每个子指标上各个评价梯次对评价总数的占比，得到模糊评价矩阵（见表 5-8）。同时，对知识链内各企业成员，采用百分比集，假设对某项子指标 i 评价为“较低”，则该指标模糊评价向量 $\boldsymbol{R}_i=$ {0，0，0，0，100%，0，0}，以此类推，得到各企业的模糊评价矩阵 $\boldsymbol{R}$。

表5－8　科技知识链知识优势模糊评价矩阵表

指标层	子指标层	评价梯次占比						
		非常高	高	较高	一般	较低	低	非常低
U_{11}知识获取	U_{111}知识获取的品质	0.00%	5.62%	23.60%	21.35%	49.44%	0.00%	0.00%
	U_{112}知识获取的数量	0.00%	0.00%	24.72%	6.74%	57.30%	11.24%	0.00%
	U_{113}知识获取的速度	0.00%	7.87%	26.97%	19.10%	46.07%	0.00%	0.00%
U_{12}交互学习	U_{121}知识共享能力	0.00%	33.71%	66.29%	0.00%	0.00%	0.00%	0.00%
	U_{122}知识吸收能力	0.00%	37.08%	60.67%	2.25%	0.00%	0.00%	0.00%
	U_{123}知识运用能力	0.00%	38.20%	57.30%	4.49%	0.00%	0.00%	0.00%
U_{13}知识创造	U_{131}新知识的生成能力	0.00%	44.94%	50.56%	4.49%	0.00%	0.00%	0.00%
	U_{132}新技术产品的市场试验效果	0.00%	20.22%	75.28%	3.37%	1.12%	0.00%	0.00%
U_{21}知识特性	U_{211}知识差异程度	0.00%	28.09%	67.42%	2.25%	2.25%	0.00%	0.00%
	U_{212}知识外化程度	0.00%	28.09%	58.43%	12.36%	1.12%	0.00%	0.00%
	U_{213}知识互补程度	0.00%	31.46%	57.30%	11.24%	0.00%	0.00%	0.00%
U_{22}知识协同能力	U_{221}知识转移能力	0.00%	32.58%	53.93%	13.48%	0.00%	0.00%	0.00%
	U_{222}知识整合能力	0.00%	44.94%	51.69%	3.37%	0.00%	0.00%	0.00%
	U_{223}知识创新能力	0.00%	51.69%	44.94%	3.37%	0.00%	0.00%	0.00%
U_{23}社会资本	U_{231}网络关系强度	0.00%	44.94%	55.06%	0.00%	0.00%	0.00%	0.00%
	U_{232}相互信任程度	0.00%	38.20%	59.55%	2.25%	0.00%	0.00%	0.00%
	U_{233}共同愿景的明晰度	0.00%	35.96%	55.06%	8.99%	0.00%	0.00%	0.00%
U_{24}经济利益	U_{241}交易费用节约度	0.00%	50.56%	44.94%	4.49%	0.00%	0.00%	0.00%
	U_{242}规模经济效用度	0.00%	19.10%	51.69%	29.21%	0.00%	0.00%	0.00%
	U_{243}范围经济效用度	0.00%	17.98%	55.06%	26.97%	0.00%	0.00%	0.00%
U_{25}外部环境	U_{251}政府投入与政策支持度	0.00%	22.47%	61.80%	15.73%	0.00%	0.00%	0.00%
	U_{252}产业规模及集聚度	0.00%	48.31%	51.69%	0.00%	0.00%	0.00%	0.00%
	U_{253}市场竞争压力	0.00%	50.56%	49.44%	0.00%	0.00%	0.00%	0.00%

资料来源：本研究整理。

(2) 计算模糊综合向量。

①一级模糊综合评价（子指标对指标层）。

对科技知识链知识优势进行一级模糊综合运算，可得“知识获取”指标：

$$B_{11}=A_{11}\times R_{11}=(0.0642,0.0314,0.0622)\cdot\begin{bmatrix}0 & 5.62\% & 33.60\% & 21.35\% & 49.44\% & 0 & 0\\0 & 0 & 24.72 & 6.74 & 57.30\% & 11.24\% & 0\\0 & 7.87\% & 26.97\% & 19.10\% & 46.07\% & 0 & 0\end{bmatrix}$$

$$=\{0,0.0085,0.0397,0.0277,0.0784,0.0035,0\}$$

同理可得：

“交互学习”指标　$B_{12}=\{0,0.0558,0.0917,0.0041,0,0,0\}$

“知识创造”指标　$B_{13}=\{0,0.0500,0.0962,0.0060,0.0009,0,0\}$

“知识特性”指标　$B_{21}=\{0,0.0295,0.0608,0.0089,0.0010,0,0\}$

“知识协同”指标　$B_{22}=\{0,0.0628,0.0748,0.0103,0,0,0\}$

“社会资本”指标　$B_{23}=\{0,0.0472,0.0677,0.0038,0,0,0\}$

“经济利益”指标　$B_{24}=\{0,0.0268,0.0534,0.0237,0,0,0\}$

“外部环境”指标　$B_{25}=\{0,0.0253,0.0371,0.0045,0,0,0\}$

以“成都四为电子信息股份有限公司”为例，同理可计算各子指标一级评价向量：

“知识获取”指标　$B_{11}=A_{11}\times R_{11}=\{0,0,0,0,0.1578,0,0\}$

“交互学习”指标　$B_{12}=A_{12}\times R_{12}=\{0,0.1516,0,0,0,0,0\}$

“知识创造”指标　$B_{13}=A_{13}\times R_{13}=\{0,0.0771,0.0760,0,0,0,0\}$

“知识特性”指标　$B_{21}=A_{21}\times R_{21}=\{0,0.0297,0.0705,0,0,0,0\}$

“知识协同”指标　$B_{22}=A_{22}\times R_{22}=\{0,0,0.1479,0,0,0,0\}$

“社会资本”指标　$B_{23}=A_{23}\times R_{23}=\{0,0.0812,0.0375,0,0,0,0\}$

“经济利益”指标　$B_{24}=A_{24}\times R_{24}=\{0,0.0234,0.0804,0,0,0,0\}$

“外部环境”指标　$B_{25}=A_{25}\times R_{25}=\{0,0.0288,0.0381,0,0,0,0\}$

②二级模糊综合评价（指标层对准则层）。

对科技知识链知识优势评价进行二级模糊综合运算，可得：

$$B_1=A_1\times R_1=(0.1578,0.1516,0.1531)\cdot\begin{bmatrix}0 & 0.0085 & 0.0397 & 0.0277 & 0.0784 & 0.0035 & 0\\0 & 0.0558 & 0.0917 & 0.0041 & 0 & 0 & 0\\0 & 0.0500 & 0.0962 & 0.0060 & 0.0009 & 0 & 0\end{bmatrix}$$

$$=\{0,0.0175,0.0349,0.0059,0.0125,0.0006,0\}$$

同理可得：

$$B_2=\{0,0.0223,0.0332,0.0056,0.001,0,0\}$$

同理可计算“成都四为电子信息股份有限公司”二级评价向量：

$$B_1=A_1\times R_1=\{0,0.0348,0.0116,0,0.0249,0,0\}$$

$$B_2=A_2\times R_2=\{0,0.0170,0.0443,0,0,0,0\}$$

③三级模糊综合评价。

采用和积法进行合成运算，计算得到科技知识链知识优势评价向量为

$$\boldsymbol{B}=\boldsymbol{A}\times\boldsymbol{R}=(0.4625,0.5375)\cdot\begin{bmatrix}0 & 0.0175 & 0.0349 & 0.0059 & 0.0125 & 0.0006 & 0\\ 0 & 0.0223 & 0.0332 & 0.0056 & 0.0001 & 0 & 0\end{bmatrix}$$

$$=\{0,0.0201,0.0340,0.0057,0.0058,0.0003,0\}$$

同理可得“成都四为电子信息股份有限公司”知识优势评价向量为

$$\boldsymbol{B}=\{0,0.0252,0.0292,0,0.0115,0,0\}$$

5.3.5　综合评价结果分析

从模糊综合评价向量集来看，该科技知识链知识优势评价向量为(0，0.0201,0.0340,0.0057,0.0058,0.0003,0)，在评语集 **V**＝{非常高，高，较高，一般，较低，低，非常低} 上最大隶属度为 0.0340，评价等级为“较高”。2017—2019 年，成都高新区的连续综合排名为中国国家级高新区的第三名，体现出较强的科技实力和知识优势水平。进一步根据 7 级分数集(**V**＝{100,90,80,60,40,20,10})，可计算出科技知识链知识优势综合评价值为 $F=(0,0.0201,0.0340,0.0057,0.0058,0.0003,0)\times(100,90,80,60,40,20,10)^{\mathrm{T}}=5.109$。

“成都四为电子信息股份有限公司”知识优势在评语集 **V**＝{非常高，高，较高，一般，较低，低，非常低} 上的最大隶属度为 0.0292，评价等级为“较高”，其综合评价值 $F=(0,0.0252,0.0292,0,0.0115,0.0058,0,0)\times(100,90,80,60,40,20,10)^{\mathrm{T}}=5.064$，小于 5.109，说明该公司知识优势水平略低于系统整体知识优势水平。“成都四为电子信息股份有限公司”是国内技术领先的自动化、信息化计算机软硬件产品开发商和系统整体解决方案供应商，是国家级高新技术企业和“双软”认证企业，扎根铁路十余年，在系统集成技术等关键业务领域拥有自主核心技术和国家资质，因此其知识优势水平为“较高”是符合现实的。同时，根据“成都四为电子信息股份有限公司”内部各指标值来看，该公司在知识生产投入产出比、产生新知识的数量及其速度等方面评价得分较低，在一定程度上影响了该企业知识优势的综合评价值，使之略低于系统整体知识优势水平，未来应主要从加大新产品研发投入、提高新产品研发速率等方面入手，改善其知识优势“短板”。

同理，可以计算出“成都华瑞蓝图科技有限公司”知识优势评价等级为“一般”，综合评价值为 4.868，低于系统整体水平，主要不足在于知识融合度较低、知识投入产出比不高等；“四川久远银海软件股份有限公司”知识

优势评价等级为“高”，综合评价值为 5.629，高于知识链整体知识优势水平……从而逐一得到其余每家样本企业知识优势的评价向量和综合评价值，并评判其知识优势水平在系统内所处的位置，分析其主要不足及改善方向。

5.4 研究结论

(1) 以构成衡量现状，以影响因素测量潜能，建立起一套知识链知识优势评估指标体系，由 8 个指标层 23 个子指标组成。通过成都市高新区科技产业园 159 家企业的实证分析，对该指标体系的科学性和有效性进行了验证。

(2) 运用群决策 G1、G2、AHP 主观赋权和 FA 客观赋权相结合的组合赋权法，建立 K-CFM 模糊综合评估模型，克服传统模糊技术单纯依靠主观赋权的局限性，力求在融合群决策思想的同时能够客观反映各指标的实际意义。

(3) 运用 K-CFM 模型，计算得出成都高新区科技知识链知识优势的评价等级（较高），运算结果符合现实情况，验证了 K-CFM 模型的合理性。通过实证分析，进一步明确系统内各科技企业的知识优势所处位置，找出知识链中知识优势评价等级较低的企业，帮助它们发现“短板”、有的放矢地改善知识运作效率、不断提升其知识优势水平，检验了 K-CFM 模型的适用性。

经验证，K-CFM 模型对成都市高新区生物化工、新材料能源等知识链系统的评估同样有效。

5.5 本章小结

本章从形成维和影响维两方面建构了知识链知识优势的评价指标体系，提出了组合赋权下的模糊综合评价模型——K-CFM 模型。以成都高新区 159 家科技企业为样本，运用 K-CFM 模型对科技知识链知识优势评价体系的合理性和适用性进行检验。分析结果表明，采用 K-CFM 模型能较为科学地得到知识链知识优势水平及各企业知识优势在系统中所处位置，能发现导致知识链系统知识优势不佳的相关因素，帮助领导者和决策者改善知识优势状况，具有较强的理论意义和实践推广价值。

第 6 章　基于链间竞争的知识链知识优势的演化过程

知识链主体具有追逐自身利益最大化的本能，它们将在市场竞争中适时调整预期收益与合作策略，即通过加入或退出不同的合作团体使知识链经历“组建—瓦解—组建”的循环，这一现象将促进知识链知识优势在链与链的竞争中不断演化与发展。本章基于复杂系统、种群生态学等理论，采用多主体建模与仿真方法考察了一个具有企业、学研机构、中介组织三类创新种群的产业竞争复杂系统中知识链知识优势的发展与演化规律，为分析知识链知识优势的维持机制及其向竞争优势的转化机理建构理论基础。

6.1　问题描述与研究假设

知识链知识优势的形成不但依赖核心企业、学研机构、中介组织等创新主体间的紧密合作，通过知识共享、转化与吸收等机制充分整合各类创新主体的异质性知识资源，而且要在激烈的市场竞争中不断地创造新知识以塑造相对于竞争对手的比较优势。实践中，愈演愈烈的市场竞争既是核心企业组建知识链以战胜竞争对手的内在动因，也是影响各类创新主体知识创造与创新收益的重要环境变量。由核心企业、学研机构、中介组织等组建的知识链不但可以弥补单个创新主体的资源与能力缺陷，而且可以通过组织间的合作互动来共同应对市场竞争的挑战，核心企业间的竞争也由此表现为不同知识链之间的冲突与对抗。首先，知识链由核心企业、学研机构、中介组织等构成，这些组织既是独立的创新主体，有着不同的合作动机与利益诉求，而且又以知识链的形式参与市场竞争；在有限理性、不完全契约与信息不对称的共同作用下，组建知识链的各类组织间将不可避免地产生利益冲突、机会主义等合作风险，在长期的合作互动中影响知识链的合作效率与知识优势的形成。其次，对不同组织成员的创新能力提出了更高要求，核心企业、学研机构、中介组织既要不断地创造新知识以维持知识优势，也要时刻面对用户需求、技术更迭、不确定性等外界因素的影响，从而避免知识链知识优势被竞争对手超越。最后，创新主体具有追逐自身利益最大化的本能，它们将在市场竞争中适时调整预期收益与合作策略，促使知识优势在链与链的竞争中不断演化与发展。

根据第 2 章相关文献分析，复杂系统理论有助于清晰地呈现产业竞争中个体或组织间合作互动行为的演化规律。然而，由于研究目的与视角的原因，既有文献仍存在一些需要深入讨论的理论缺口。虽然有学者从种群生态位视角分析了知识优势的演进（唐承林和顾新，2010），但研究内容主要关注创新主体间的合作互动对知识创造与知识优势的积极作用，忽视了组织间的竞争关系，特别是创新联合体（例如知识链、供应链）之间的竞争与冲突对知识创造与知识优势的影响。事实上，无论是创新网络、知识链还是创新集群，其内部的创新主体和网络结构均存在较强的异质性，具有有限理性的创新主体往往会在合作与竞争中不断调整自身的战略决策以影响组织间的知识转移与合作效率，进而改变组织间的合作关系走向与系统发展路径。此外，尽管一些文献从组织学习、惯例复制、关系强度等视角考察了组织间的合作互动对知识创造与创新绩效的影响，但产业竞争情境下知识链知识优势的演化过程仍十分模糊。鉴于此，本章使用仿真分析的研究方法考察链与链竞争条件下知识链知识优势的演化规律，为进一步诠释知识优势的演化过程以及核心企业的战略决策提供理论支持。

6.1.1 问题描述

链与链竞争环境下的复杂系统是一个动态、开放的自组织系统，其内部的各类创新种群是进行相似活动的一系列创新主体的集合，构成了相互作用、具有一定空间结构的创新网络。根据复杂系统与种群生态学理论，由企业、学研机构与中介组织三个创新种群构成的知识链系统（以下简称“系统”）具有以下特征（唐承林和顾新，2010）：

（1）系统复杂性。企业、学研机构、中介组织三类创新种群间可按照资源依赖与经济交易关系组建由核心企业主导的多个知识链，核心企业间因为争夺市场份额开展以知识链为表现的链与链竞争。学研机构、中介组织两类创新种群依附于不同的知识链，其种群个体间不存在竞争关系，它们按照自身利益最大化的原则加入或退出不同的知识链。上述三类创新种群间的关系类似于生物系统，不同种群之间、种群与环境之间具有复杂的有机联系，形成了以利益与资源交换为基础的多层次、多个反馈路径、动态变化的复杂系统。

(2) 竞合共生性。各类创新种群隶属于不同的“生态位”，反映了每个种群在长期合作与竞争中都拥有其最适合自身生存的空间位置及与其他种群之间的功能关系。按照种群生态学理论，产业竞争知识链系统的生态位是产业内不同知识链在时间和空间上的特定位置及知识链之间的功能关系。若不同知识链在同一知识网络中出现生态位重叠，必然会发生资源争夺与利益竞争。同时，由于学研机构、中介组织可以自由地与不同的核心企业组建知识链，创新种群间又表现出以利益为导向的动态合作关系，知识链之间的竞争可能形成演化稳定状态，也可能因为彼此间对共同利益的关切而持续地发生对抗与冲突。

(3) 自组织性。产业竞争知识链系统的开放性、非平衡性、非线性和涨落性是其形成自组织能力和耗散结构的自组织条件。耗散结构理论认为，一个远离平衡态的开放系统，通过持续地与外界交换资源、能量与利益，在外界条件的变化达到一定的阈值时，可能从原有的混沌无序状态过渡到一种空间上、时间上和功能上的有序状态。产业竞争知识链系统是一个动态开放的系统，不断地会有新的企业（或在位企业）加入（或退出）产业竞争而时刻发生知识链的组建或瓦解，在没有外部干预的条件下，系统内部各种群之间能自行按照市场交易规则形成一定的结构或功能，使产业发展经历“孕育→成长→成熟→衰退”的演化过程。

(4) 自适应性。创新种群是那些依赖相同的资源、环境与关系的组织集合。组织在产业竞争知识链系统中生存与发展，主要取决于它们能否随着外部环境的变化改善自身的战略决策与创新能力，使其行为在新的或者已经发生改变的环境下达到最优状态。创新种群所具有的这种能力令他们能够自动调整自身状态以适应环境或与其他主体进行合作或竞争，争取最大的生存和延续自身的利益，从而使产业竞争系统表现出高度的柔性与自适应性。

6.1.2　研究假设

链与链竞争条件下的知识链系统是创新主体在特定地理空间内的经济活动总和，其发展演化由系统内部种群间的连接与互动而共同作用形成。具体而言，种群间的互动包括合作、竞争、进入（退出）以及个体的成长，取决于个体在系统中获取资源的数量与质量。基于知识链的产业竞争系统演化是产业结构、种群数量、种群个体间关系的发展变化，是种群个体行为复杂交互作用的结果（吕一博等，2014）。为了分析链与链竞争过程中知识链知识优势的演化过程，本研究结合第3章的研究内容提出以下研究假设：

假设1 产业竞争知识链系统包括企业TO、学研机构S、中介组织TS三类创新种群，种群内部的个体具有异质性的知识 k_i 与创新能力 $v_i(i \in \{S,TO,TS\})$，种群个体为追求自身利益最大化的有限理性决策者且个体间存在非对称信息。

假设2 企业间具有竞争关系，企业作为领导者与学研机构、中介组织组建知识链在系统内开展链与链之间的竞争；学研机构、中介组织的种群个体间不存在连接关系，但它们可同时加入多条知识链而获取创新收益。

假设3 知识链成员间的合作创新具有不确定性，同一时间知识链仅实施一个研发项目，其成功概率为 $p \in [0,1]$；种群个体的知识存量会随着时间的推移按 $\eta \in [0,1]$ 的概率衰减。

假设4 系统内的种群规模会不断递增，随着时间推移将有新的个体加入系统中参与知识链之间的竞争，但没有种群个体的消亡；若种群个体在 t 时刻的实际收益小于期望收益，它们将在 $t+1$ 时刻选择新的合作伙伴开展合作，进而造成知识链的解体、扩展或新知识链的形成。

假设5 新进入系统的种群个体按照“度择优”与“能力择优”两种机制与其他种群个体建立连接；前者指个体与拥有最多连接（度）的组织（节点）开展合作，后者指个体与高于自身创新能力的组织建立连接。

6.1.3 模型设计

与3.3节的研究设计一致，企业、学研机构、中介组织三类种群个体以及知识链的收益函数可分别表示为：

$$\pi_{TO}(p,k_{TO}) = (p-w)D - I(k_{TO}) \tag{6.1}$$

$$\pi_S(w,k_S) = (w-\tau h+\tau\alpha k_{TS})D - I(k_S) \tag{6.2}$$

$$\pi_{TS}(h,k_{TS}) = \tau(h+\varepsilon k_{TS})D - f - I(k_{TS}) \tag{6.3}$$

$$\pi_{KC} = [p+\tau(\alpha+\varepsilon)k_{TS}]D - f - I(k_S) - I(k_{TS}) - I(k_{TO}) \tag{6.4}$$

基于种群生态学理论，本研究以创新网络 $G=(V,E)$ 的形式刻画产业竞争知识链系统，系统中各类创新种群的个体用网络“节点”来表示，个体间的合作关系用节点间的“边”来表示，其中 V 为网络中所有种群个体（节点）的集合，$E=(e_{ij})$ 表示企业与学研机构、中介组织建立的连接（边）的集合，$i,j \in \{S,TO,TS\}$。

本研究使用平均节点度表示创新种群间合作关系（节点间边数）的密集程度，此时网络内边数的期望值为 $\sigma N/2$，随着网络拓扑结果的演化，σ 也将发生变化，即 $\sigma(t)=2\sum(E)/N$。本研究利用平均距离 d 测算网络中学研机构或中介组织与企业之间关系的紧密程度，即学研机构、中介组织是否同时加入了多条知识链，令 $d(t)=\sum(d_{e_{ij}}(t))/\sum(E)$，则 $d(t)$ 越大表明学研机构或中介组织加入的知识链越多，与核心企业的关系越疏远。

根据以上假设，网络中某一节点的度越大，说明该节点具有更多的合作伙伴，在网络中的地位也就越重要，因此假设 5 的“度择优”机制可表示为：

$$e_{ij}=\begin{cases}1,\max f(V_j^2)\text{ 或 }\max f(V_i^1)\text{ 的节点}\\0,\text{其他节点}\end{cases}$$

其中，$f(\cdot)$ 为节点度函数。

假设 5 的“能力择优”机制表示为个体与高于自身创新能力的组织建立连接，其连接方式可表示为：

$$e_{ij}=\begin{cases}1,\max f_\gamma(V_j^2)\text{ 或 }\max f_\gamma(V_i^1)\text{ 的节点}\\0,\text{其他节点}\end{cases}$$

其中，$f_\gamma(\cdot)$ 为节点度能力函数，用于衡量单位时间内组织的知识创造效率。

6.2　多主体仿真分析

为考察链与链竞争条件下知识链知识优势的演化规律，本研究根据多主体建模方法，构建包含企业、学研机构、中介组织三个创新种群的产业竞争知识链系统，并运用 Netlogo 软件进行仿真分析。根据假设条件，仿真程序及式（6.1）～（6.4）的参数设置如下：$\Lambda=20$，$b=0.5$，$\mu=0.35$，$\alpha=0.8$，$\varepsilon=0.1$，$\gamma_i\in[1,1.5]$，$\eta\in[0,1]$，$p\in[0,1]$。按照 Netlogo 软件的编程规范，本研究设置企业、学研机构、中介组织三类种群在一个平面区域内做布朗运动，在初始条件下各类种群的个体间随机组成不同类型的知识链，随着仿真时钟 t 的推移，新的种群个体不断加入系统并按照假设条件组建或加入不同的知识链，知识链之间通过市场份额衡量竞争结果，种群个体按照假设 4 的有限理性原则开展合作互动。此外，为了消除仿真模拟的随机抽样误差以及偶然因素的影响，进行多次重复实验，取 100 次独立重复实验下输出结果的均值。

图 6－1 刻画了链与链竞争中知识链知识优势的演化特征。由图 6－1（a）可见，在系统演化初期，知识链之间建立了复杂的竞合关系，即一些学研机构、中介组织同时加入了多条知识链，与多个核心企业开展合作创新；学研机构与中介组织这种出于个体利益最大化的决策，不但改变了知识链之间单纯的竞争关系，而且在一定程度上促进了基础研究、共性技术、市场信息的知识在产业中的扩散，进而推动了产业内部的知识创造与知识链知识优势的提升。图 6－1（b）表明，随着创新主体的不断加入，知识链与知识链之间的连接也在不断加强，即学研机构、中介组织所建立的链与链之间的竞合关系在系统中不断涌现，进一步推动了不同种群的知识在产业中的扩散与知识链知识优势的增强。由图 6－1（c）（d）可见，随着仿真时钟 t 的推移，尽管越来越多的组织加入产业竞争中，但不同知识链之间的连接却在不断下降；这一现象表明，不断扩张的产业规模（创新主体数量）在促进知识扩散的同时也降低了组织间的知识异质性，从而削弱了不同创新种群间的知识转移与合作，知识链知识优势也在这一过程中逐渐衰退，直至新的产业技术的出现。

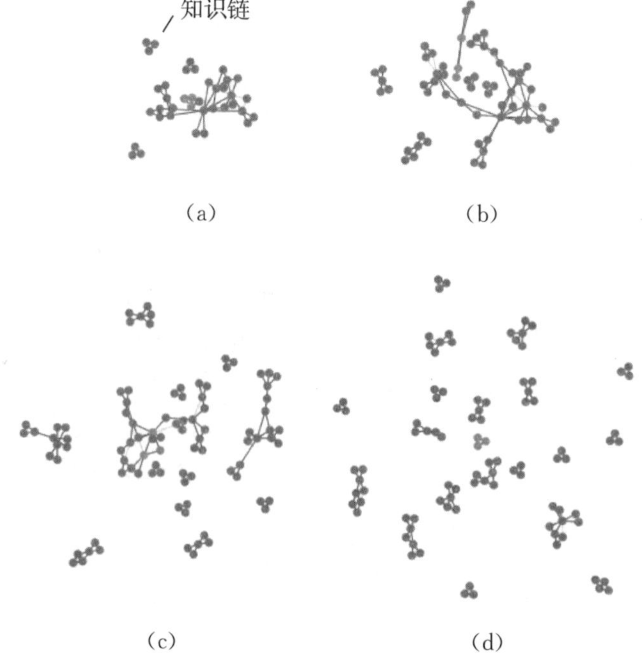

图 6－1　产业竞争系统中知识链知识优势的演化特征

由图 6—2 可见，种群个体按照自身利益最大化加入、退出或组建不同的知识链影响知识创造（k），随着仿真时钟 t 的推移，产业竞争中的知识创造呈现出倒 U 型特征。

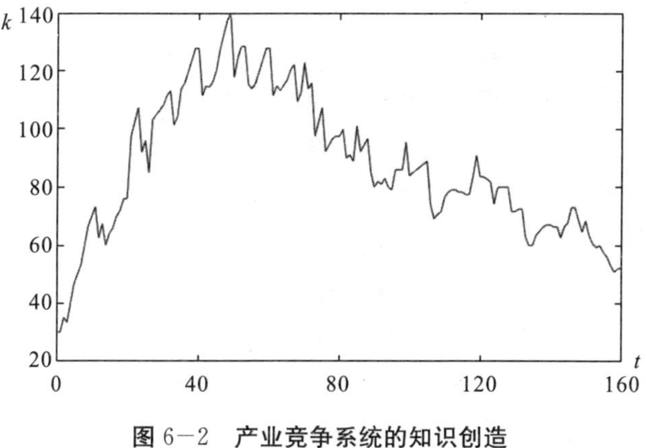

图 6—2　产业竞争系统的知识创造

图 6—3 表现了种群个体的连接机制对知识链创新收益（π）的影响，可见创新种群选择“能力择优”的连接机制时知识链的创新收益高于“度择优”机制。此外，无论种群个体选择“能力择优”还是“度择优”机制，知识链的创新收益都随着仿真时钟 t 而不断增加，表明链与链之间的竞争尽管会加剧知识链间的冲突与对抗，但具有有限理性的种群个体不断地加入或退出知识链之间的竞争，促进了产业系统的知识转移与扩散，进而在链与链之间激烈竞争的同时也提高了知识链的创新收益。上述现象也验证了演化经济学的主要观点，即充分的产业竞争促进了知识与商业价值涌现，有助于提高产业的整体创新绩效。

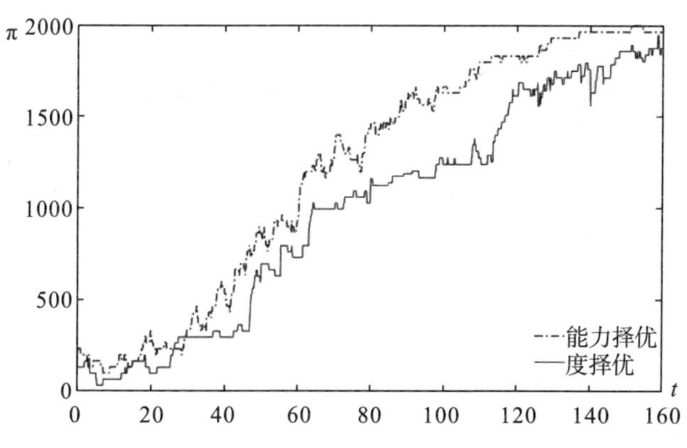

图 6—3　种群个体的连接机制与知识链创新收益

6.3 研究结论

本章基于复杂系统、种群生态学、知识管理等理论，采用多主体建模与仿真方法考察了一个具有企业、学研机构、中介组织三类创新种群的产业竞争复杂系统中知识链知识优势的发展与演化规律，主要研究结论如下：

首先，知识链与知识链之间的竞合关系促进了知识优势的形成，知识链知识优势随着产业规模的不断扩张经历了由递增到递减直至衰退的演化过程。知识链知识优势的形成不是组织间知识的简单堆砌，而是涉及组织学习、知识吸收、连接方式等复杂的知识整合与创造活动，特别是在激烈的产业竞争中知识链知识优势的形成高度依赖于不同创新主体间的参与和互动。研究发现，产业竞争系统作为一个复杂系统，不但有着与其他复杂系统一样的耗散结构（即开放性、动态性和非线性），而且其发展过程也遵循着自组织规律，即从静态有序结构向动态有序结构的演进。知识链与知识链之间的竞合关系是知识优势形成并不断递增的实践基础，这种竞合关系促进了组织间的知识创造与产业技术的扩散与更新，使创新主体对外部环境的适应能力得以不断增强，进而促进了产业整体创新绩效的提高。

其次，产业竞争中知识链的知识创造具有倒 U 型特征。研究发现，在链与链的竞争过程，具有有限理性的创新主体出于自身利益最大化加入或退出不同的知识链，使知识链的组建与瓦解成为产业竞争的常态。尽管知识链由核心企业主导，但学研机构、中介组织却可根据自身利益作出影响知识链存续的决策，这一现象既加剧了链与链的竞争，也推动了知识在产业中的转移与扩散，从而在产业竞争系统的发展初期促进知识链的知识创造不断递增。同时，随着链与链竞争的不断深入，进一步提升了产业中的知识扩散，组织间的知识异质性也将随之降低，知识链间更加趋同的知识限制了其知识创造。因此，在链与链的竞争中，由于知识的转移与扩散使知识链的知识创造经历了先递增后递减的演化过程。

最后，相对于“度择优”机制，“能力择优”机制可以更加显著提高知识链的创新收益。本研究将企业、学研机构、中介组织三类创新种群间的连接方式定义为以个体具有的合作伙伴数量为评价标准的“度择优”机制与以个体的创新能力作为评价标准的“能力择优”机制，并发现后者对知识链创新收益的具有更大的正向影响。早期研究认为，个体所拥有的合作伙伴数量（节点度）与其在产业（网络）中的地位正相关，组织应优先与那些具有更多合作伙伴的个体建立合作，从而获得更多的资源与发展机会。然而，本研究基于知识链之间竞争关系的研究表明，个体的创新能力是超越合作伙伴数量以促进组织创新收益的更为重要的连接方式。一个可能的解释是，组织与产业（网络）中处于重要地位的个体合作存在被后者要挟、歧视的风险，与强大的合作伙伴建立连接将削弱组织的谈判与议价能力，使组织在资源投入、利益分配、权力划分等方面处于不利地位。因此，优先与创新能力强大的个体建立合作可作为组织在组建知识链时首选的关系建立机制。

6.4　本章小结

本章根据复杂系统、种群生态学与知识管理等理论，构建一个产业竞争环境下的复杂知识链系统，考察企业、学研机构、中介组织三个创新种群在系统中通过自由组合形成知识链开展链间竞争的过程。通过多主体建模与仿真分析，发现知识链与知识链之间的竞合关系促进了知识优势的形成，知识链知识优势随着产业规模的不断扩张经历了由递增到递减直至衰退的演化过程；由于知识的转移与扩散，产业竞争中知识链的知识创造在链与链的竞争中经历了先递增后递减的演化过程，呈现出倒 U 型特征；同时，相对于“度择优”机制，“能力择优”机制可以更加显著提高知识链的创新收益。

第 7 章　基于动态能力的知识链知识优势的维持机制

本章基于动态能力与关系治理理论，从动态能力视角对知识链知识优势的维持机制开展实证分析，考察知识链的联盟管理能力、资源整合与重构能力等对维持知识优势的作用机制，以动态能力为自变量，知识优势为因变量，关系治理为中介变量，从知识链成员间的相互信任、价值认同与行为规范等维度，分析知识链内部的关系治理如何影响动态能力对维持知识优势的作用效果。

7.1　知识链知识优势的丧失与维持分析

从第 5 章的分析来看，由于需求的变化，技术的变革以及政策环境的剧变，再加上知识的漏斗效应与知识外溢，知识链知识优势可能会很快变成知识劣势。对知识链而言，知识刚性是知识链知识优势的最大威胁，知识刚性会使知识链的知识创造活动停滞，阻碍知识链随外部知识环境变化而动态更新知识。因此，知识链通过打造动态能力克服知识刚性对知识优势的副作用，并借助关系治理的中介作用，维持已经形成的知识优势显得至关重要。

7.1.1　知识链知识优势丧失的原因：知识刚性

知识链知识优势是其核心知识能力的外化，它必然要通过某种产品或服务的形式在市场上体现出来，因此产品市场会对知识链知识优势产生巨大的影响。知识的漏斗效应与知识外溢使得知识链拥有的核心知识垄断地位丧失，竞争对手的模仿与超越会导致产品竞争力下降，行业中新发明的出现会使知识优势在短时间内被严重削弱，消费者偏好的改变也可能对知识优势产生冲击。

本质上看，知识链知识优势的丧失源于知识的固有特征——知识刚性。知识链刚性是知识链经过“知识获取→交互学习→知识创造”路径形成知识优势以后，由于存在报酬递增规律和惯例遵循现象，知识链就会对这种路径产生依赖，并在以后的发展中得到不断的自我强化。面对外部环境日新月异的剧变，知识链的运行仍被锁定在某种无效率的状态之下，知识链的知识优势逐渐丧失，进而使知识链面临解体的风险。

知识链知识刚性表现在知识存量刚性和知识流量刚性两个方面（黄健康，2012）。知识链在某一时点上的知识存量状态是其历史的产物，知识链知识活动一般并不会超出这个知识存量的边界。随着知识刚性逐渐形成，知识链知识存量的增长将沿着某一特定的知识轨道（Knowledge Trajectory）进行，但当知识存量的水平较高，知识链组织成员又存在“搭便车”（Free Rider）行为时，知识链知识创造活动陷入停滞，知识链知识存量增长缓慢乃至出现零增长。知识流量刚性是指知识链成员之间知识流动失去动力，知识流动缓慢甚至陷入停滞的状况。知识链成员之间知识流动的根本动力在于知识链内部各类企业之间知识的互补性和差异性，知识存量的刚性会导致成员间知识结构和知识分布趋同，知识链不再需要知识共享和知识创造，新知识没有被创造出来，原有的知识逐渐老化消散，同时，知识链与外部知识环境的交流也逐渐减少，整个知识流量的速率与幅度降低至零甚至出现负增长。

7.1.2　动态能力对知识链丧失知识优势的克服作用

一般认为，动态能力是在特定环境中组织对不同资源进行动态管理和使用的能力。是否存在一种最为核心的和普遍存在的资源，可以作为出发点来提炼出适用于不同组织、不同行业动态能力的构成要素呢？毫无疑问，在知识经济时代，知识成为最有价值的资产，经济增长正在从依靠物质人力的投入向依靠知识创造转变。知识链拥有了动态能力，作用于知识优势形成过程，可以克服知识刚性导致的知识优势路径依赖，使知识链更好地与外部知识环境互动。

知识链知识优势的维持本质上是其动态能力的维持。动态能力是组织维持优势的根源，组织通过特定的学习（知识）活动模式来不断获取并更新自身拥有的知识，以适应外部知识环境快速变化的能力，反映了知识链组织根据环境变化动态更新知识的能力。

7.1.3　关系治理的中介作用

恩古吉（Ngugi，2010）等学者认为，关系治理是提升企业动态能力的重要因素，因为它促进企业利用和激活嵌入于关系中的知识资源以获得竞争优势，提升组织绩效。在社会交换理论的视角下，企业间保持高水平的关系紧密度被视为长期关系导向的重要影响因素，同时也是知识共享和关系治理的必要条件（宋华和王岚，2008）。多数学者从动态能力、知识流动、资源整合等方面对关系治理的作用进行研究，提出关系治理是企业间资源整合、知识共享和相互协调影响对方的能力，其实质是通过组织间相互信任，增强组织间动态能力，协调知识资源，达成交互学习和新知识创造，促进知识优势更加贴近顾客，了解并满足顾客需求，进而创造连续性知识优势。关系治理是影响动态能力提升和知识优势成功的重要因素，也就是在关系成员所连带资源的相互作用中，关系治理有利于企业获得异质性的知识和能力，促进技术信息的流动和整合，形成新的解决方案并优化资源配置。在组织间维持长期关系的动机下，合作伙伴之间会投入专项资本以增强其动态能力，培育高度的信任和共享的系统，这都会促进知识共享，破除知识刚性，延续组织间知识优势。还有学者研究发现，与其他企业互动产生的关系能力可以促进核心企业知识获取和知识转移等动态能力，从而有效提高企业知识创新效率，达到维持知识优势的目的。这种关系治理的发展可以降低交易成本，优化治理行为选择，促进专业知识在组织网络中流动。核心企业关系治理越强意味着与网络成员沟通、接触等交互作用越频繁，越有利于彼此间隐性、复杂知识的转移和共享；并且可促进合作企业边界人员的交互作用，为彼此进行高水平的知识分享和创新创造必要条件；同时，高度的互惠意味着一方不会以对方的利益为代价来追求自身价值，可抑制知识链成员产生机会主义行为，能够培育知识链成员间知识共享机制，从而促进知识优势的产生与延续。因此，可以看出，核心企业通过采取联合规划行为，与知识链内其他成员间相互合作不仅能增强其动态能力，还能够快速响应多变的外部环境，提升知识创新水平，更好地维持知识链知识优势。另外，由于知识链成员间联合求解的实现依赖于知识链内更高水平的协调、参与和紧密沟通来解决经营关系中新出现的不合作行为。通过跨组织的协调和学习提升关系治理，促使知识链联盟整合及资源重构等动态能力的提升，产生新的知识并生成不断改进的知识链成员间沟通程序和操作模式，有利于降低风险，进而促进联合求解，实现知识优势的持续发展。由上述讨论可知，关系治理可强化知识链动态能力对知识优势的维持与发展，起到正向协调的作用。

7.2 概念模型构建

7.2.1 假设开发

(1) 动态能力。

动态能力的概念首先由蒂斯等（Teece et al.，1997）提出，其将动态能力定义为组织整合、建立与重新配置内外部能力以应对快速变化的环境的能力。在此之后，很多学者拓展了动态能力的概念内涵。例如，认为动态能力是利用资源去适应甚至创造市场变革的公司的流程，特别是整合、重新配置、获得和释放资源的流程；是通过学习以获得集体活动的一种稳定模式；是一个组织有目的地创造、延伸或修正它的资源基础的能力；是公司整合、重新配置、更新和再创造它的资源和能力的一贯的行为取向，升级和重构它的核心能力以回应变化的环境，从而获得和保持竞争优势；等等。

尽管不同的学者在动态能力定义上具有一定的共性，但是，这些共性并未得到统一的认识。如果把动态能力泛泛定义为资源、流程和能力，那么对"动态能力"的解释就会出现极大的混乱。因此，我们应该坚持动态能力概念的传统界定方法，即从抽象的组织和管理过程去界定动态能力，这样就能体现不同组织的动态能力共性；如果基于具体战略和组织过程的视角去界定动态能力，就容易导致概念混乱。本研究基于知识的角度定义动态能力，将资源限定为知识资源，将流程界定为知识链管理流程，并认为动态能力存在于对知识资源的获取、吸收、创造、整合、重构等一系列管理过程中，有助于我们界定清晰明确的动态能力概念，并且使所界定的概念更具可操作性。

在动态能力的划分上，蒂斯等（Teece et al.，1997）明确提出动态能力由整合能力、联盟能力和重构能力三个维度构成。有学者进一步将动态能力分为资源整合能力、资源再配置能力以及联盟管理能力（吴丽，2007)。贺小刚等（2006）认为，动态能力包含市场潜力、组织柔性、战略隔绝、组织学习以及联盟管理等5个维度。焦豪等（2008）认为，企业动态能力可以由环境洞察能力、变革更新能力、技术柔性能力、技术联盟能力4个维度组成。基于以上对动态能力维度的分析，本研究依据知识链面向能力提升所进行的内外部行为，将动态能力划分为联盟管理能力、资源整合能力和资源重构能力3个维度。

（2）关系治理。

在对关系治理定义之前，很多学者首先对治理的概念进行了界定。帕莱（Palay）于 1984 年将治理定义为开始、谈判、监督、修改和终止合同所发生的制度规则的一种简单的表述。治理的目的是选择一种合适的方式来减少或者消除由于权力的不平衡而引发的不和谐行为，以促进渠道管理成员间的合作。关系契约理论根据交易是分散交易还是关系交易将治理的形式分为合同治理和关系治理。从理论上来讲，关系治理本质上介于运用价格机制进行市场治理（Market）以及通过企业内部垂直一体化进行层级治理（Hierarchy）两种极端跨组织治理之间的治理模式，主要是指交易双方使用关系规范或者对关系连续性的预期来抑制投机行为。关系治理不完全依赖于市场力量及命令的权力等来协调交易关系，而更多的是依赖于双方的合作，也就意味着相互独立但密切相关的企业会运用关系减少他们的活动范围并关注少数核心竞争力。关系治理是建立在共同目标上的，渠道合作方通过信任、承诺、合作以及联合解决问题等关系规范和联合行动的机制来保护专有资产，维持合作关系的治理方式；它代表一个组织的积极和持续的意图，以及通过使用治理机制来管理的组织活动及长期意愿，涉及结构和过程的结合，能够更全面地描述关系的复杂性和动态性。彭正银（2002）认为，组织之间的关系治理是由社会关系嵌入的，有关企业或组织间的制度安排、环境变化与组织变迁的结构性反映。关系治理是运用相互依赖、合作等非正式机制来解决环境适应、协调与保证交易等问题，而不是靠权威、官僚规则、标准或法律力量。罗珉等（2010）从界面规则角度来研究组织间的关系治理，认为组织间关系治理就是处理组织间各结点关系，解决各结点企业在专业分工与协作需要之间的各种矛盾，实现组织间关系整体控制、协作与沟通的制度性规则。庄贵军等（2008）认为，关系治理就是利用关系规范机制进行的控制。作为一种介于企业内部控制（层级型治理）与通过市场交易而不控制（市场型治理）之间的控制，它更多地依赖彼此的默契、互信、承诺和感情等关系规范来防止渠道合作中可能会发生的投机行为。

在上述观点基础上，很多管理学者综合了社会学和早期管理学的研究成果，提出了不同的关系治理构成维度。一些学者认为关系治理仅由内在规则构成，而另一些学者认为关系治理仅由外在行为构成。事实上，在上述学者的研究中都同时出现了内在规则与外在行为这两类因素，不同的只是他们把哪些因素划入关系治理的范畴。其他学者则认为关系治理同时包含内在规则和外在行为两个维度，内在规则容易导致僵化，而通过不断调整外在行为可弥补内在规则的缺陷，进而保持交易治理的灵活性，因此，关系治理须同时包含内在规则和外在行为两方面，包含信任、承诺、协调和联合解决问题四个变量。珀波等（Poppo et al.，2008）在测度关系治理时，认为关系治理包含合作、分享目标与计划以及信任三方面，而芬克等（Fink et al.，2009）则认为，关系治理由冲突解决（conflict resolution）、关系聚焦（relational focus）、权力使用限制（restrain－ton power use）、团结（solidarity）、角色完整性（role integrity）、相互依存（mutuality）和灵活性（flexibility）7 个要素组成，然后采用 29 个测项来表述这 7 个要素。基于上述学者对关系治理内涵及维度的分析，本研究从内在规则和外在行为两个方面，将关系治理分为信任、承诺和关系规范 3 个要素，用这 3 个要素来合成总的关系治理变量。

（3）知识优势。

根据第 5 章对知识优势评价指标体系的分析，本章从形成过程这一本源角度，将知识优势划分为知识获取、交互学习和知识创造 3 个维度。

7.2.2　概念模型

从现有文献来看，虽然部分学者从不同角度针对不同组织类型对知识优势及其与动态能力、关系治理等要素的关联进行了少量研究，但还没有相关研究将动态能力、关系治理、知识优势放入一个框架模型进行研究，也很少深入知识优势的形成过程维度来研究前因变量的不同影响。综上，本研究从知识链视角出发，将 3 项动态能力、关系治理、知识链知识优势的 3 个形成节点放入一个框架模型进行研究，如图 7－1 所示。

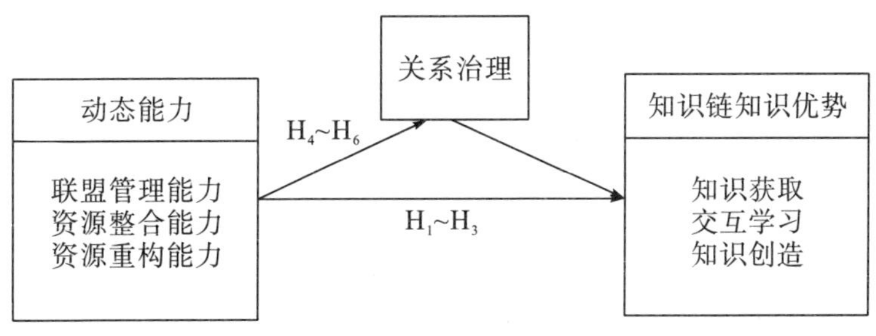

图 7－1　概念理论模型

7.2.3 研究假设提出

(1) 动态能力与知识优势。

① 联盟管理能力与知识优势。联盟管理能力是知识链核心企业实施和控制知识链，确保联盟成功的能力。联盟管理能力对于知识链的成功至关重要，是知识链知识优势维持的源泉。只有依靠知识链联盟管理能力的持续升级，才能确保知识链有效运转，从而促使知识链成员所形成的知识优势保持强劲发展动力，使知识链的知识优势更具生命力。具体来看，一方面知识链的联盟管理能够更好地促进对知识链内存量知识资源的获取和有效整合，促进知识链成员对核心知识的交互学习和知识的合作创新，这是知识链知识优势维持和发展的基础。如果知识链成员的核心能力都较强，但若不具备联盟管理能力，不能有效整合各成员的知识并加以交互学习，则难以维持知识链整体的知识优势。另一方面，知识链成员的联盟管理能力有助于将获取到的知识通过学习、融合和创造，进而打造新的知识，增强知识优势的延展性。知识优势是一个相对的、动态的概念，由联盟管理能力带来知识获取和交互学习的强化，因而在某一时点具有某一点位的知识优势，之后随着联盟管理能力的提升，确保某一点位的知识优势演变为一段时期内的持续知识优势，才能更好地实现知识链知识优势的积累和发展。张省等（2012）提出核心企业应通过联盟管理，建立联盟知识的获取机制、学习机制和正规的联盟程序，依靠通力合作，致力于联盟管理能力的培养和源源不断的知识创造。这对于知识链知识优势的成功维持具有重要而深远的意义（顾新，2008）。基于此，本研究提出以下假设：

H_{1-1} 联盟管理能力与知识获取正相关。

H_{1-2} 联盟管理能力与交互学习正相关。

H_{1-3} 联盟管理能力与知识创造正相关。

②资源整合能力与知识优势。其一，知识链的资源整合能力能够克服知识获取和保持的局限性，对知识链知识获取具有增强作用。它一方面促使知识链不断与外界知识源进行知识交流，将各种异质性知识进行二阶整合，突破原有知识的局限；另一方面能提高知识链的知识评估和保持能力，使知识链能够从获得的新知识中更加准确地评估筛选出那些适应环境发展要求的、对组织未来发展至关重要的知识，并将它们整合成为知识链新的知识存量，使知识积累数量增大，从而有效地克服知识刚性，促使知识链知识优势维持与发展。其二，资源整合能力能够增强知识链的交互学习意愿，克服知识传

播和共享的局限性，使知识链获取的新知识在成员企业之间快速流动并逐渐被明晰化，从而成为知识链内的显性知识，在链内更加有效地传播，促进知识链成员交互学习，使知识链有效地将这些新旧知识结合起来，共同整合到原有的知识体系中，使知识链的认识能力和学习能力不断提高，最终实现知识的充分共享，促进新知识的增加和知识流动的加快（曹兴，2008），促进知识优势的保持。其三，资源整合能力能够有效地促进知识链知识创造，通过推动知识链的新旧知识整合，产生大量新的、适应环境要求的突破性知识，进而改进组织常规能力，提高知识流动效率。组织成员资源整合能力使之能够更加清楚地认识到现有的学习机制和运作惯例不再适应知识环境的变化，同时知识链也能够从原有知识体系中辨别出那些不再适合知识环境变化的刚性知识，尤其是隐性知识，通过将这些知识明晰化，促进知识不断地更新迭代，知识创造的速率加快，效率加强（王建刚等，2012），实现知识优势的持续发展。由此，本研究提出以下假设：

H_{2-1}　资源整合能力与知识获取正相关。

H_{2-2}　资源整合能力与交互学习正相关。

H_{2-3}　资源整合能力与知识创造正相关。

③资源重构能力与知识优势。当知识链面对内外部环境的不确定性，资源重构能力发挥毁灭重建效应，推动知识链知识资源、惯例与知识获取、交互学习和知识创造能力按照一定的路径和频率整合、重构并释放能量，从而形成新的知识优势。在市场剧变的情况下，知识链通过对知识文化、技术的突破性管理，促进知识资源和运营惯例重构。知识链资源重构能力的演化是在组织学习的正向驱动作用下进行平台、跃升交替的积累和突破的过程，使知识优势形成的“知识获取→交互学习→知识创造”过程呈现螺旋式跃升态势，从而促进知识优势持续发展。同时，通过对外部环境的适应，资源重构能力又反作用于知识获取和交互学习，对知识链成员所获取知识的关键学习内容、运行机制及学习效果进行反馈，并积淀为宝贵的学习经验，不断调整学习既有过程，提高学习能力，实现知识获取、交互学习和知识创造的良性互动循环，在加工、吸收大量有益显性知识的基础上，结合管理实践进行再创新，创造新的知识，不断地提升知识链的知识创新水平和知识产品价值。知识链将基础工作与创造新知识结合起来，既不因系统僵化约束隐性知识创造，又不过分为追求隐性知识创造而忽视基础工作（张雪平，2012）。知识链成员的资源重构能力不仅是知识收集和整理的过程，更是知识共享和创新并产生大量原创性知识的过程。已有的知识只能代表过去，光靠学习别人的

知识也只能使自己处于模仿创新的地位。这里强调隐性知识对企业竞争力的重要作用，并不是要否定显性知识的价值。相反，企业应重视显性知识的管理，它是企业创造新知识的基础，没有扎实的显性知识管理的基础工作，便很难产生隐性知识的创造。隐性知识的产生既有灵感的成分、偶然的因素，又是扎实基础工作的必然。通过知识链资源重构能力所获得的隐性知识往往是难以编码和传递的，但它是竞争优势的主要来源，具有很高的模仿门槛和学习成本，从而使知识链在激烈动荡的环境变化中生存，在同行业中保持其知识优势。基于此，本研究提出以下假设：

H_{3-1} 资源重构能力与知识获取正相关。

H_{3-2} 资源重构能力与交互学习正相关。

H_{3-3} 资源重构能力与知识创造正相关。

（2）关系治理的中介作用。

①关系治理对联盟管理能力与知识优势之间关系的中介作用。组织间合作要形成合力、达到群体效率，必须使合作组织中的企业将自身效用目标纳入合作方的收益，但是这需要关系机制在协调合作中起作用。组织中要素或活动间的依赖关系是产生协调问题的根本原因，组织必须从这些基本依赖关系出发制定相应的协调机制。早期有学者提出关系协调的研究路径，强调在未来的组织间活动中应更多地关注基于结点行为协调的非正式机制的使用，认为关系治理是提升组织知识创新的关键因素，通过对组织间联盟管理能力的影响和知识获取、交互学习过程的干预而对组织知识创新产生正向作用。也有部分学者从知识链研究视角对关系治理的中介作用进行了研究，认为具有供应商、制造商和用户多方参与的、关系治理机制更优良的知识传递机制的知识链生产系统，由于具有更强的联盟管理能力，比低效知识传递机制的松散生产系统的知识创新能力更强，更能维持和发展知识链知识优势。知识供应链中维持较高的公平、允许在一定的信任程度之下更多的使用权力，会使整个知识供应链更好地实现知识获取、团队学习和创造运作，提高整个知识供应链的竞争力。高效联盟管理对隐性知识转移的影响与高度的信任密切相关，显性知识的转移则需要企业有较强的风险承受意愿，而知识联盟成员间的信任和风险承受意愿取决于联盟的关系治理水平。知识创新网络建立是基于对创新知识资源的需求，其核心是通过关系治理水平的提升，促进联盟管理能力以保证企业的核心知识优势竞争力。核心企业所拥有的知识存量和领先技术会导致知识链成员产生高预期，知识链内其他成员会乐于建立信任关系并保持同核心企业的联系，并产生试图与其维持交换关系的诉求，这种

诉求又进一步导致知识链成员联盟管理能力的增强，进而决定着核心企业在知识链中实现并保持知识优势。有着高知识优势的企业可以增强自己对知识链中其他成员的谈判能力，并对其知识链成员的行为产生高度影响，但是，知识拥有者为了回避风险、回收投资，对拥有的知识有意“垄断”。核心企业对知识的垄断性和知识本身要求的共享性形成冲突。此时，这些成员间的关系治理状况就会对知识链成员联盟管理效率及知识优势的维持具有重要影响。因此，企业可以通过对知识拥有的优势为自己提供便利，从而有效控制交易成本并实现其有效的关系治理，进而对知识联盟管理水平及知识获取、组织学习及知识创造起到一定的中介效应。基于此，本研究提出以下假设：

H_{4-1} 关系治理在联盟管理能力与知识获取之间具有中介作用。

H_{4-2} 关系治理在联盟管理能力与交互学习之间具有中介作用。

H_{4-3} 关系治理在联盟管理能力与知识创造之间具有中介作用。

②关系治理对资源整合能力与知识优势之间关系的中介作用。关系治理水平被认为是提升组织间知识整合能力的重要因素，因为它促进企业融合、利用和激活嵌入于关系中的知识资源以获得竞争优势，提升组织知识优势。在社会交换理论的视角下，企业间保持高水平的关系紧密度被视为强化知识转移和应用的重要影响因素，同时也是知识整合和知识竞争优势的必要条件(宋华和王岚，2008)。关系治理可以被视作企业间资源整合、知识共享和相互协调影响对方的一种竞争力（党兴华和王方，2012)，这种力量能够通过加强知识链成员对知识的整合能力，追求更高的整合效率和抓住学习机会，强化知识获取、交互学习和创造的过程，确保知识优势的可持续性，尤其是通过与那些合作伙伴企业之间的互动获取产生的新知识，与合作伙伴形成相互信任关系，从而降低成本，获取特定知识并创造新的知识，建立和强化知识竞争优势。还有学者发现，关系治理有利于企业获得异质性的知识，促进技术信息的流动和整合，形成新的解决方案，持续发展壮大知识优势。在组织间维持长期关系的动机下，合作伙伴之间会投入专项资本以增强其关系黏性，培育高度的信任和共享的系统，这都会促进知识整合与共享，促进合作伙伴之间的交互学习和知识创造，促进核心企业知识获取和转移，从而有效提高知识创新水平，降低交易成本，优化治理行为选择，带来稳定持续的知识优势。核心企业关系治理水平越强，意味着与知识链成员沟通、接触等交互作用越频繁，越有利于彼此间隐性、复杂知识的获取、转移和共享，促进合作企业人员的交互学习，为彼此进行高水平的知识创造提供了必要条件。同时，高度的互惠意味着一方不会以对方的利益为代价来追求自身价值，可

抑制知识链成员产生机会主义行为，有利于知识链系统快速响应多变的外部环境，实现知识链成员间更高水平的协调、参与和紧密沟通，解决经营关系中新出现的不合作行为，不断改进企业间沟通程序和操作模式，降低合作风险、促进联合求解，培育组织间知识优势维持机制。因此提出以下假设：

H_{5-1} 关系治理在资源整合能力与知识获取之间具有中介作用。

H_{5-2} 关系治理在资源整合能力与交互学习之间具有中介作用。

H_{5-3} 关系治理在资源整合能力与知识创造之间具有中介作用。

③关系治理对资源重构能力与知识优势之间关系的中介作用。知识链核心企业关系治理水平的差异会影响组织间相互依赖程度，带来相互依赖的不对称性，导致知识链中供需双方在不同依赖结构下对资源重构行为的选择策略，导致相应的重构能力差异，进而对知识优势能否持续造成影响。在知识链成员的关系网络中，通过特定关系（通常是指合作关系）的建立、管理及控制，能够促进知识链在资源重构过程中不断寻求联合求解方案或联合规划方案，解决知识链重构过程中新出现的冲突与争执的行为，明确相应的权责分配方式（姜翰等，2008），不断关注、协调和把控知识链成员合作成效，实现知识获取、交互学习和知识创造过程，从而促使知识链知识优势的不断发展。针对特定关系，知识链核心企业在重构行为模式选择及其对知识优势的保持上会受到两方面因素的显著影响：占有关键知识资源所拥有的控制力，知识链内其他成员可感受到的影响力。而这种控制力和影响力受到知识链关系治理水平的影响：当每位成员提供的知识资源是独特的、异质性的，如果知识链成员间关系治理水平越高，则知识链成员企业就越能够更加有效地获取和利用由不同成员提供的信息，从而降低信息不对称产生的交易成本；知识链成员间越相互信任，则知识链越能有效地督管成员行为，减少机会主义行为，提高合作企业行动的积极性，获得对关键资源的控制或使用，以减少交易的不确定性。由此可见，关系治理能够影响知识链成员对关键知识资源所拥有的控制力和产生的影响力水平，从而促进知识链成员的资源重构能力，通过协调最终得到使关系双方都满意的重构解决方案，让知识获取、交互学习和知识创造过程取得持续成功。综合上述结论与理论推导，本研究提出如下假设：

H_{6-1} 关系治理在资源重构能力与知识获取之间具有中介作用。

H_{6-2} 关系治理在资源重构能力与交互学习之间具有中介作用。

H_{6-3} 关系治理在资源重构能力与知识创造之间具有中介作用。

7.3　研究设计与数据收集

7.3.1　调查问卷设计

本研究参照阿肯和韦格曼（Aken and Weggeman，2000）的步骤开发与设计调查问卷：

（1）界定变量。本研究在第 3、4 章着重对研究中涉及的关键概念进行了明确，包括知识链知识优势的内涵、定义、形成过程的关键环节及其概念等。这些基本概念的界定，进一步明确了本研究的研究范围和对象；同时，在提出概念模型前，7.1 节针对模型可能涉及的动态能力、关系治理 2 个变量及其与知识链知识优势之间的关系进行了阐释。

（2）设计变量测量题项。目前针对知识链知识优势的实证研究不多，但国内外学者所涉及知识获取、交互学习、知识创造等同一或相似变量的设计题项内容，可为本研究提供有价值的借鉴。当前国内外学者针对动态能力和关系治理 2 个变量的实证研究较多，其中部分变量能够借鉴较为成熟的、具有良好信度和效度的量表进行测量。个别没有参考量表的变量，主要依据本研究前期访谈和变量定义自行设计题项。

（3）征求意见并修改。笔者就测量题项征求了成都市高新区企业高层管理者、政府部门负责人、相关学者等的意见和建议，并结合研究需要，对原有题项进行修改和完善，形成初步的调查问卷。

（4）问卷预测试后修改。为进一步确保问卷题项表达的准确性，本研究在小范围内选取了 15 家企业管理人员进行预测试。选取的这 15 家企业涵盖不同产业、不同规模、不同性质和不同成立年限，包括成都市锦江城乡发展投资有限公司、中铁二院集团建筑有限公司、成都壳牌石油发展有限公司、四川中科达石油天然气新技术有限公司、成都龙翔科技有限公司、成都莱克冶金机械设备制造有限公司、深圳宝能地产成都分公司、四川鸿腾建设集团有限公司、成都蓝贝斯特机电设备有限公司、恒大地产成都分公司、四川久远银海软件有限公司、四川逢春泰瑞制药有限公司、四川北能能源投资有限公司、重庆市三峡担保集团有限公司、成都万基电力设备制造有限公司。随后，根据受试者的反馈，笔者对相关题项作了进一步修正。

（5）确定调查问卷。经过预测试的修改后，本研究确定了最终调查问卷（见附录）。本研究调查问卷包括以下五个部分的基本内容：①被调查机构的基本情况，如机构性质、所属行业、成立年限、机构规模等；②动态能力的测度，即联盟管理能力、资源整合能力和资源重构能力观测变量的测度和描述；③关系治理的测度，涵盖信任、承诺和关系规范等3个要素的内容描述；④知识链知识优势所涉及形成过程的测度，即知识获取、交互学习和知识创造观测变量的测度和描述；⑤对前述问卷内容中关键术语的解释，包括知识链知识优势“知识获取→交互学习→知识创造”的内涵、动态能力中3个变量的定义、关系治理的概念解析等。

7.3.2 变量测量

根据本章提出的概念模型，本研究所涉及的潜在变量包括7个变量。每个变量都有1~3个观测变量测量。各变量测量题项主要来自三个方面：直接引用，结合需要修改，根据实地访谈和变量定义自行开发。

考虑到7个变量均难以通过获取商业数据来测量（因涉及隐私和商业机密而无法采集到真实数据），因此本研究采用Likert量表打分法，选取国际上较多采用的7级刻度量表，界定数字1~7依次表示从“非常低（小、差）”到“非常高（大、好）”过渡，其中4分为中性标准（一般）。例如，“1－非常低；2－低；3－较低；4－一般；5－较高；6－高；7－非常高”。此外，本研究问卷的填写采取匿名形式，减少问卷填写者的顾虑和心理负担，降低主观因素导致的偏差影响。

（1）自变量。

在理论模型中，动态能力为自变量，分为联盟管理能力、资源整合能力和资源重构能力。本研究基于知识的角度定义动态能力，将资源限定为知识资源，认为动态能力存在于知识资源的流动、整合、重构等一系列管理过程中，以使所界定的概念更具针对性和可操作性。

①联盟管理能力。

借鉴张省（2018）的分析，从战略、过程及关系三个层次，将联盟管理能力分别用联盟构想能力、关系组合能力和角色管理能力3个变量来表征。

A. 知识联盟构想能力。核心企业通过知识联盟建立知识合作关系，充分利用知识规模经济“1+1>2”推动自身的知识创造和技术创新。知识企业参与知识联盟、建立链式网络首先要解决的是合作伙伴的选择问题，这实际是一个多目标决策问题，需要对潜在的合作伙伴进行评价；知识联盟构想能力还表现为对当前知识状态的辨别和未来机会的判断，只有对知识潜在利益做出正确的预估，才能为今后知识创新实践活动提供指导方针和行动指南。因此，知识联盟构想能力越强，企业就越容易从整个知识联盟的构建、维持和运作的过程中获取有效的知识信息资源，从而提高联盟的知识创新效益，维持知识链的知识优势。本研究将知识联盟构想能力的测度设计为“知识链成员对外部合作关系的战略识别和知识发展规划的能力”。

B. 知识联盟关系组合能力。其包括关系能力组合、优化关系组合、组织学习3个维度。关系能力组合是指知识链通过契约进行连接，重组各个成员的能力，获得独特的联盟优势；优化关系组合是指通过财力、物力的投入对知识链成员关系进行优化，主要是确定合理的利益分配制度，实现理想的合作效果；组织学习是指联盟主动搭建成员间沟通、交流的平台，同时理顺知识外溢的外部效应。应该强调的是，知识链成员之间的关系既不能过于亲密，也不能过于疏远。关系强度过高会使整个联盟失去自治，陷入“内卷”黑洞和路径依赖，降低创新效率；关系强度过低则影响知识互动，尤其是隐性知识的传播，合作目的无法达成会使得知识链面临解体的风险。本研究将知识联盟关系组合能力的测度设计为“知识链成员管理、运用和开发与每个合作伙伴的关系，理顺知识外溢的外部效应的能力”。

C. 知识联盟角色管理能力。知识链的组建一般要完成明确角色、建立关系、协作运行、交换资源、分配利益等步骤，在共同承担知识创新任务中，合作的各个环节均需要联盟成员之间良好协调和充分沟通。在管理实践中，成员的角色和地位通常可以衡量其取得合作知识资源的难易程度、质量优劣和效率高低。越是居于中心地位（如核心企业），知识链成员越有利于从知识联盟中获取重要技术和知识。显然，企业与联盟中心的靠拢程度既依赖于其与组织的经营关系，也依托于发展过程中角色目标的管理和推进过程。知识联盟企业不仅要关注与联盟方的合作关系，还需对自身的角色地位予以正确审视和定位，以维系与联盟组织的关系，进行优势互补和信息共享，完成合作创新的任务（张公一等，2012）。由此可见，知识联盟角色管理能力正向影响知识链知识优势，角色管理能力越强，越有利于知识优势的形成和维持。本研究将知识联盟角色管理能力的测度设计为“知识链成员间根据角色定位，承担并完成相应任务，以确保自身在联盟中的有效地位，达到利益最大化目标的能力”。

②资源整合能力。资源整合是一个复杂的动态过程，是指知识链成员对不同来源、不同层次、不同结构、不同内容的知识资源进行选择、汲取、配置、激活和有机融合，使之具较强的柔性、条理性、系统性和价值性，对原有的知识资源体系进行重新组合，摒弃无价值的知识资源，形成新的核心知

识资源体系的过程。德鲁克指出，在新经济中，企业的创新能力取决于从外部组织获取知识并加以运用的能力。企业通过知识链系统的知识平台积极地获取外部知识资源，实现内部知识与外部知识的有机融合，才可能提升自身的知识创新能力，发展知识优势。许多学者研究并提出了各种资源整合的子过程。有国内外学者提出了企业的资源开发路径，即识别资源、吸引资源、将个人资源转化为组织资源并加以利用（贺小刚等，2006）。而马鸿佳等（2010）以企业自身为边界，区分了其在资源整合中的内外部行为，将资源整合分为资源识取（resources identification and acquisition）和资源配用（resources allocation and leverage）两大过程。借鉴上述观点，本研究也对知识资源的整合过程做出上述区分。

A. 资源识取能力。其主要指知识链成员面向外部的行为，包括识别、吸引和获得知识资源，将个人资源转化为组织资源等。知识资源识取是指为了实现技术创新的目标，通过知识链成员间的知识流动和非正式交流等方式在知识链中或知识链之外获取外部知识，并将不同种类和形式的知识以及复合资源加以融合的过程。由此，本研究将资源识取能力的测度设计为“知识链成员在知识链之外快速获取新的知识，并将不同种类和形式的外部知识以及复合资源加以交融结合的能力”。

B. 资源配用能力。其主要指知识链成员内在知识资源组合与使用的行为，包括资源的配置和使用。知识资源配用是指知识链成员在知识链中合理配置和使用现有知识，将现有知识进行综合和集成，实施再建构，使之融合成为具有新的基因结构和应用环境的新知识，并将之以适当的方式提供给知识链核心成员的创新活动，以实现知识创新的过程。由此，本研究将资源配用能力的测度设计为“知识链成员在知识链中综合和集成现有知识，再建构为新知识并加以创新使用的能力”。

③资源重构能力。对于知识链成员而言，知识的更新速度正在进一步加快，顾客对于企业的服务需求也在发生快速变化，多样化、个性化、专业化的市场需求，要求知识链系统必须主动出击，锻炼自身资源重构的能力，破旧立新，才能应对日新月异的竞争压力和各方面挑战。知识链的资源重构，尤其是知识资源的重构，来源于知识流程的再造重构和组织柔性所带来的合作伙伴的增加、退出、变更等动态重构。一方面，知识链系统通过对知识流程的彻底变革，使知识链管理发生显著改进和根本性变化，实现流程管理的重构，以获得效益的戏剧性飞跃。另一方面，面对外部知识环境的不断变化，为了保持知识资源流动的顺畅和效率，知识链需要通过组织的柔性，拥

有快速反应的能力，抓住稍纵即逝的市场机遇。知识链成员不是固定的，成员的退出和加入依据知识环境、市场的变化而变化。知识链内部的核心企业往往是该领域内具有较强创新能力和整合能力的企业，它根据知识的互补性组建知识链，可以增加、更换、选择合作伙伴，因此知识链是可重购、可重用和可扩充的，能够抓住机遇，应对竞争环境的挑战。此外，知识链成员之间在柔性-关系型合约的基础上，通过长期的、相对稳定的重复性交易，可提高成员企业间的资源重构能力，以更有效地获得知识优势。因此，本研究将知识资源的重构过程划分为流程再造和组织柔性两个维度。

A. 流程再造能力。流程再造是借助知识链组织知识资源，从根本上考虑和彻底地重新设计知识链知识流程，使其在成本、质量、服务和速度等关键指标上取得显著提高的工作设计模式。知识流程是为完成组织某一目标（或任务），将一系列知识活动按照一定逻辑顺序进行排列的过程，反映了完成一件工作的过程中所涉及的知识流动情况及其状态的变化。知识流程再造是一个比一般业务流程再造复杂得多的类似于管理流程再造的十分抽象的概念和过程，是对一系列知识活动按照一定逻辑顺序所构成的流程进行再造，以合理重构其中有价值的知识资源并规划知识的流动，从而促进组织间的知识学习，提高组织的知识应用及知识创新能力（樊治平等，2005）。对知识链的知识流程进行再造，可以实现知识存量和流量的增长，促进知识的增值，对于组织知识优势的获取与保持具有十分重要的意义。由此，本研究将流程再造能力的测度设计为“知识链成员通过对知识流程的梳理、精简，优化和重构知识资源，提高知识链成员知识应用和创新的能力”。

B. 组织柔性能力。知识链组织柔性的目标是提高成员企业在动态环境下的整体知识优势。组织柔性的基础是知识链成员内部及企业之间在知识获取、知识共享、知识创造等知识活动更大范围内的协调优化和有效重构。单个企业内部知识生产系统的优化组织柔性提高程度是有限的，受制于该企业内部管理水平和资源获取成本，而知识链组织成员之间的知识合作与知识资源配置在实现柔性提高的同时，能有效节约成本、分散风险和提高对市场需求的敏捷度，提高知识链整体的知识竞争优势。知识链的柔性在经营方面是指每天都要应对外界知识环境变化如新知识产品的问世，在战术方面是指知识链对偶发性变化如颠覆性创新出现的适应能力和资源重构能力，在战略性方面则是指在知识链构建之初对重要经营方向、契约设计、知识产品生产能力、信息技术平台等软硬基础设施长期变化的适应能力。由此，本研究将组织柔性能力的测度设计为“知识链成员根据知识的互补性，通过增加、更换、选择合作伙伴等方式强化组织柔性，重构知识链系统的资源组合，快速应对内外部环境的能力”。

动态能力 3 个变量测量题项汇总如表 7－1。

表 7－1　动态能力 3 个变量测量题项

	自变量	题项	测量题项内容
F_1 联盟管理能力	知识联盟构想能力	Q_1	知识链成员对外部合作关系的战略识别和知识发展规划的能力
	知识联盟关系组合能力	Q_2	知识链成员管理、运用和开发与每个合作伙伴的关系，理顺知识外溢的外部效应的能力
	知识联盟角色管理能力	Q_3	知识链成员间根据角色定位，承担并完成相应任务，以确保自身在联盟中的有效地位，达到利益最大化目标的能力
F_2 资源整合能力	资源识取能力	Q_4	知识链成员在知识链之外快速获取新的知识，并将不同种类和形式的外部知识以及复合资源加以交融结合的能力
	资源配用能力	Q_5	知识链成员在知识链中综合和集成现有知识，再建构为新知识并加以创新使用的能力
F_3 资源重构能力	流程再造能力	Q_6	知识链成员通过对知识流程的梳理、精简，优化和重构知识资源，提高知识链成员知识应用和创新的能力
	组织柔性能力	Q_7	知识链成员根据知识的互补性，通过增加、更换、选择合作伙伴等方式强化组织柔性，重构知识链系统的资源组合，快速应对内外部环境的能力

资料来源：本研究整理。

（2）中介变量。

在理论模型中，关系治理为中介变量。本研究从内在规则和外在行为两个方面，将关系治理分为信任、承诺和关系规范 3 个要素，用这 3 个要素来合成总的关系治理变量。

①信任。相互信任机制是知识链运作的治理机制之一，也是其良性运行的保障。知识链各主体之间的相互信任，可有效控制机会主义行为、提高系统知识创新运行效率：一方面，信任是成员合作的基础，信任度越高，知识流动越容易发生，知识共享效率越高；另一方面，培育成员间的相互信任可以制约逆向选择、败德行为的出现，治理并规范成员间知识共享与知识创造活动，保障知识链系统的运行（王涛，2011）。本研究借鉴陈建勋等（2008）的测量题项，用“知识链各成员间相互信任的程度”来测度关系治理的信任维度。

②承诺。其指知识链成员间通过统一承诺，达成共同遵守的制度、规则、文化及愿景，通过重新解构和整合模块化的网络价值链，带来更好的经济效益。承诺的形成，利于成员跨越沟通和交流以及认知上的障碍，向同一个目标努力，从而实现知识的良性传递，让新知识的学习取得更为积极的效

果（齐晓飞，2013）。本研究参考蓝英等（2013）对承诺的测度题项的设计，以“知识链成员间达成明晰统一的承诺的程度”这个题项来测度。

③关系规范。知识链成员间合作的密切程度是知识优势形成及创新绩效效果的重要因素，知识链成员的密切和广泛合作，可促进应用知识的转移，从而增强合作效果；合作各方的关系规范与绩效表现正相关，且初期的紧密合作比后期合作对绩效的作用效应更明显（鲁若愚等，2004）。紧密的合作关系能够增强凝聚力，加强知识链不同知识和技术背景成员间的相互沟通、知识碰撞和交互式学习，形成知识优势并提升整个组织的技术能力，提高知识链创新能力。本研究借鉴解学梅（2010）、董大壮和彭灿（2013）等的文献成果，用“知识链成员间合作关系的紧密程度和规范程度”来测度关系规范维度。

关系治理变量测量题项汇总如表 7－2。

表 7－2　关系治理变量测量题项

中介变量	题项	测量题项内容
R 关系治理	Q_8（信任）	知识链各成员间相互信任的程度
	Q_9（承诺）	知识链成员间达成明晰统一的承诺的程度
	Q_{10}（关系规范）	知识链成员间合作关系的紧密程度和规范程度

资料来源：本研究整理。

（3）因变量。

在理论模型中，知识链知识优势为因变量，根据第 3、5 章对知识优势的形成过程指标分析，分为知识获取、交互学习和知识创造。

①知识获取。本研究用质、量和速度三个要素对知识获取进行测评，即“知识获取的品质”“知识获取的数量”“知识获取的速度”。

②交互学习。本研究用知识共享能力、知识吸收能力、知识运用能力对交互学习进行测评。其中，知识共享能力指“知识链成员的知识扩散共享到其他知识链成员，丰富知识广度和深度，从而提高知识创新效率的能力”，知识吸收能力指“知识链成员通过交互式学习手段，将外部获取的知识进行内化，变成组织知识的能力”，知识运用能力指“知识链成员将内化后的知识在企业知识库中创新融合，运用于挖掘新的技术、工艺和方法，实现知识和技术创新的能力”。

③知识创造。本研究用内生动力和生动力两个方面对知识创造进行测评，即“知识链系统新知识的生成能力”和“知识链系统新技术产品的市场

试验效果”。

知识链知识优势 3 个变量测量题项汇总如表 7－3。

表 7－3 知识链知识优势 3 个变量测量题项

因变量	题项	测量题项内容
K_1 知识获取	Q_{11}	知识链成员知识获取的品质
	Q_{12}	知识链成员知识获取的数量
	Q_{13}	知识链成员知识获取的速度
K_2 交互学习	Q_{14}（知识共享）	知识链成员的知识扩散共享到其他知识链成员，丰富知识广度和深度，从而提高知识创新效率的能力
	Q_{15}（知识吸收）	知识链成员通过交互式学习手段，将外部获取的知识进行内化，变成组织知识的能力
	Q_{16}（知识运用）	知识链成员将内化后的知识在企业知识库中创新融合，运用于挖掘新的技术、工艺和方法，实现知识和技术创新的能力
K_3 知识创造	Q_{17}	知识链系统新知识的生成能力
	Q_{18}	知识链系统新技术产品的市场试验效果

资料来源：本研究整理。

（4）控制变量。

为增加本研究调查问卷的可靠性，提高文卷获得数据的完整性，考察研究变量的测量是否还受到其他因素的影响，本研究问卷还设计了一些其他变量作为补充，用以反映企业（单位）的背景情况。对这些控制变量进行描述性统计分析，可以使研究者对样本整体的特征分布有比较清楚的了解和把握，为实证分析提供基础性参考。本研究设置的控制变量包括所处行业、机构性质、机构规模、成立年限等（见表 7－4）。

表 7－4 控制变量

控制变量	题号	题项内容
所处行业	Ⅰ	软件、科技、电子、通信企业，机械、化工、制造企业，生物、医疗、新型农业企业，材料、能源企业，建筑、工程、房地产企业，投资、服务、文化企业，其他
机构性质	Ⅱ	国有、民营、合资
机构规模	Ⅲ	特大型、大型、中型、小型、小微
成立年限	Ⅳ	0～5 年，6～10 年，11～15 年，16～20 年，21～25 年，26～30 年，30 年以上

资料来源：本研究整理。

7.3.3　样本选择与数据收集

本研究的实证分析采用问卷调查的方式来获得所需数据，调查问卷的发放对象主要为成都市高新区、天府新区高新片区产业园成员单位，包括核心企业、科研院所、中介及金融服务机构、政府机构等。

（1）样本的选择。

本研究样本区域的选择主要有以下几个方面的原因：

①根据笔者对四川省内城市的关注和研究，成都市是中国西南地区重要的产业发展高地，下辖 11 个市辖区、4 个县，代管 5 个县级市。总体上看，成都市的经济商贸发展较四川省内其他城市更具优势和代表性。因此，本研究将成都市作为样本区域的选择地。

②成都市正在努力建设国家中心城市，2017 年更提出了“东进、南拓、北改、西控、中优”为核心的城市建设纲领，其中“南拓”涉及高新区、天府新区高新片区的进一步开发和建设。具体来看：

A. 成都市高新区由高新天府新城、新川创新科技园、天府软件园等知名产业园区，成都电子科技大学、成都中医药大学等高校，英特尔、戴尔、联想、德州仪器等制造基地，以及成都高新综合保税区等组成，构建了涵盖载体、平台、资金、技术、人才、国际化等各方面均较为完整的科技服务体系，建成了总面积达 130 万平方米的孵化器群体，以电子信息、生物医药、新经济为重点，聚集了一批高新技术新兴创新组织，先后建立起近 20 个产业技术创新联盟及创新型产业集群，着力打造具有全球竞争力的现代产业体系。根据成都市高新区 2018 年年报，2018 年成都市高新区实现地区生产总值 1877.8 亿元，增长 9.6%，聚集市场主体 17.5 万余家，其中企业 13.1 万余家，上市企业 35 家，新三板挂牌企业 104 家，经认定的高新技术企业 1514 家。区内集聚了包括英特尔、华为、京东方、戴尔等 123 家规上电子信息制造业企业，艾尔建、倍特、蓉生、地奥等超 2000 家生物医药企业，超过 8 万余家新经济企业，独角兽企业 3 家、潜在独角兽企业 37 家、瞪羚企业 60 家，建成各类创新创业孵化载体超过 100 家，聚集创新创业企业 4.7 万家，产业基础、体制机制、基础设施、科技创新、人才储备等方面形成较为显著的比较优势，其知识链系统的建设与发展较成都市其他区县更为迅速和领先。2018 年，成都市高新区的综合排名在国家高新区排名第 3 位（排名第 1、2 位的分别为北京中关村和上海张江）。因此，以该区域为研究对象之一，能够使研究结果更具代表性和现实意义。

B. 2014年2月获批成为国家级新区的四川天府新区，目标是建成国际现代商业新区。其中成都市的天府新区高新片区作为天府新区的“领跑”区域，发挥着核心示范作用，重点发展科技创新、软件外包、商务会展、文化旅游、金融、培训等高端现代服务产业。天府新区高新片区是成都市政府继高新区后又一重点发展区域，在形成知识链系统方面具有较大的发展潜力，以该区域作为调研对象之一，有助于增强研究的现实意义。

C. 成都市高新区、天府新区高新片区位于成都市区，交通便利，非常方便笔者开展走访调研、收集数据、就调查问卷征求意见等工作。

(2) 问卷的发放与数据的收集。

为更好地提高问卷数据的正确性和有效性，本研究从成都市高新区、天府新区高新片区注册企业中随机抽取了500家单位，在选择调研对象时，尽可能地覆盖成都市高新区、天府新区高新片区主要的高新技术产业类型，国有、民营和合资等3种性质，各种规模大小和经营年限。具体的调研对象定位在各样本企业（单位）的中层及以上管理人员，他们作为单位的管理人员，能够较为准确地理解调查问卷的内容，且对他所在的知识链成员的知识优势、动态能力和关系治理情况有一定了解，因此能够较为准确地填写调查问卷。

本研究主要通过3种方式发放和回收调查问卷：①因为笔者本身工作原因，能够直接或间接与该区域的部分企业（单位）接触，因此笔者通过对这部分企业（单位）的调研走访，请他们对问卷进行填写。②通过电话沟通，进行问卷调研的电话采访。有些企业（单位）明确表示可以电话沟通，不用笔者亲赴企业（单位）调研，因此对于这部分企业（单位），笔者在电话中与其管理人员就问卷调研的内容进行了详细沟通。③借助问卷星调研软件，通过微信邀请的形式发放电子版问卷。

笔者于2021年1月—2021年6月，向该区域18个行业、500家相关单位发出500份调查问卷，回收了447份问卷，回收率为89.40%。经过逐一审核，发现447份问卷中有36份无效问卷，无效的原因主要是大部分题项未填写或全部勾选一个选项等。最终有效问卷共411份，有效率82.20%。

(3) 共同方法偏差的控制。

本研究在调查问卷的设计与运用过程中，主要通过以下方法尽可能地控制共同方法偏差：一是通过对调查问卷的征求意见、预测试、反复修正和完善等过程，尽可能地避免调查问卷设计的不科学、不合理所带来的数据失真；二是通过走访和电话联系过程中的不断解释与沟通，增强调研对象对调查问卷目的与意义的理解，尽可能地确保调研数据的准确性；三是通过对已回收调查问卷的逐一审核，去掉其中无效的调研数据，尽可能地保证纳入实证分析的调研数据真实有效；四是在电脑上录入调研数据时，反复核对三遍，确保数据无误；五是采用已成熟运用的 SPSS 和 AMOS 分析软件，严格按照规范性步骤、方法对调研数据进行统计检验操作，避免人为计算造成误差。

7.4　实证分析与统计检验

7.4.1　描述性统计分析

（1）行业分布。

行业类型有软件、科技、电子、通信企业，机械、化工、制造企业，生物、医疗、新型农业企业，材料、能源企业，建筑、工程、房地产企业，投资、服务、文化企业，其他。整理后的样本企业（单位）所属行业类型分布情况如表 7−5 所示。样本中软件、科技、电子、通信企业的数量最多，有 159 家，所占比例为 39%；机械、化工、制造企业与建筑、工程、房地产企业数量较为接近，分别为 56 家和 60 家，所占比例分别为 14%、15%；投资、服务、文化企业数量 78 家，占比 19%；生物、医疗、新型农业企业和材料、能源企业数量接近，分别为 30 家和 25 家，占比分别为 7%、6%；其他单位 3 家。

表 7−5　样本企业（单位）的行业分布

行业	样本数量	百分比
软件、科技、电子、通信企业	159	39%
机械、化工、制造企业	56	14%
生物、医疗、新型农业企业	30	7%
材料、能源企业	25	6%
建筑、工程、房地产企业	60	15%
投资、服务、文化企业	78	19%
其他	3	0%
合计	411	100%

资料来源：本研究整理。

（2）企业性质分布。

机构性质有国有、民营、合资等3种类型。整理后的样本企业（单位）所属机构性质分布情况如表7－6所示。样本中民营企业（单位）的数量最多，有273家，所占比例为66%；其次为国有企业（单位），为75家，所占比例为18%；合资企业（单位）总共63家，占比为15%。

表7－6 样本企业（单位）的性质分布

企业性质	样本数量	百分比
国有	75	18%
民营	273	66%
合资	63	15%
合计	411	100%

资料来源：本研究整理。

（3）企业规模分布。

机构规模有特大型、大型、中型、小型、小微等5种类型。整理后的样本企业（单位）所属机构规模分布情况如表7－7所示。其中，小型企业（单位）的数量最多，有233家，所占比例为57%；中型企业（单位）数量次之，为114家，占比28%；大型企业（单位）数量33家，所占比例为8%；特大型企业（单位）和小微企业数量较少，分别有10和21家，分别占比2%、5%。

表7－7 样本企业（单位）的规模分布

企业规模	样本数量	百分比
特大型	10	2%
大型	33	8%
中型	114	28%
小型	233	57%
小微	21	5%
合计	411	100%

资料来源：本研究整理。

（4）成立年限分布。

机构成立年限有0～5年、6～10年、11～15年、16～20年、21～25年、

26～30年、30年以上7种类型。经汇总和整理，调查问卷中样本企业（单位）成立年限情况如表7－8所示。其中，数量最多的是成立年限在6～10年和11～15年的企业（单位），各有159家，所占比例为39%；成立年限在16～20年的企业（单位）数量次之，为49家，占比12%；成立年限在21～25年的企业（单位）数量21家，所占比例为5%；成立年限在0～5年的企业（单位）有19家，占比5%；成立年限在26～30年、30年以上的企业（单位）较少，数量分别为1家和3家。

表7－8　样本企业（单位）的成立年限分布

成立年限	样本数量	百分比
0～5年	19	5%
6～10年	159	39%
11～15年	159	39%
16～20年	49	12%
21～25年	21	5%
26～30年	1	0%
30年以上	3	1%
合计	411	100%

资料来源：本研究整理。

7.4.2　信度与效度检验

本研究通过Cronbach's α值及变量所有题项的相关系数（CITC）情况对研究模型中各变量测度进行信度检验，通过探索性因子分析和验证性因子分析法对研究模型中各变量测度进行效度分析。

（1）信度分析。

较高的Cronbach's α值及较高的变量所有题项的相关系数（CITC），代表变量测度具有较高的内部一致性，从而满足信度的要求。一般测量题项对变量所有题项的相关系数应当大于0.35，Cronbach's α值应当大于0.7。

①动态能力变量测量的信度检验。

本研究对动态能力变量相应测量题项的信度检验结果见表7－9。

表 7—9　动态能力变量测量的信度检验结果

<table>
<tr><th colspan="2">变量名称</th><th>测量题项</th><th>删除该题项后的分量表均值</th><th>删除该量表后分量表的方差</th><th>CITC</th><th>删除该题项后的α系数</th><th>Cronbach's α</th></tr>
<tr><td rowspan="3">F_1 联盟管理能力</td><td>知识联盟构想能力</td><td>Q_1</td><td>7.93</td><td>3.600</td><td>0.894</td><td>0.787</td><td rowspan="3">0.905</td></tr>
<tr><td>知识联盟关系组合能力</td><td>Q_2</td><td>8.03</td><td>3.970</td><td>0.704</td><td>0.901</td></tr>
<tr><td>知识联盟角色管理能力</td><td>Q_3</td><td>7.83</td><td>3.781</td><td>0.835</td><td>0.839</td></tr>
<tr><td rowspan="2">F_2 资源整合能力</td><td>资源识取能力</td><td>Q_4</td><td>5.12</td><td>1.696</td><td>0.726</td><td>0.644</td><td rowspan="2">0.870</td></tr>
<tr><td>资源配用能力</td><td>Q_5</td><td>5.12</td><td>1.505</td><td>0.626</td><td>0.773</td></tr>
<tr><td rowspan="2">F_3 资源重构能力</td><td>流程再造能力</td><td>Q_6</td><td>5.06</td><td>1.340</td><td>0.712</td><td>0.831</td><td rowspan="2">0.839</td></tr>
<tr><td>组织柔性能力</td><td>Q_7</td><td>5.32</td><td>1.363</td><td>0.692</td><td>0.791</td></tr>
</table>

资料来源：本研究整理。

从检验结果来看，各潜变量 Cronbach's α 系数均大于 0.8，测量题项对变量所有题项的相关系数（CITC）均大于 0.35，说明测量量表的信度满足要求。

②关系治理的信度检验。

本研究对关系治理测量题项的信度检验结果具体见表 7—10。

表 7—10　关系治理变量测量的信度检验结果

<table>
<tr><th>变量名称</th><th>测量题项</th><th>删除该题项后的分量表均值</th><th>删除该量表后分量表的方差</th><th>CITC</th><th>删除该题项后的α系数</th><th>Cronbach's α</th></tr>
<tr><td rowspan="3">R 关系治理</td><td>Q_8</td><td>9.46</td><td>1.249</td><td>0.639</td><td>0.639</td><td rowspan="3">0.866</td></tr>
<tr><td>Q_9</td><td>9.24</td><td>1.321</td><td>0.614</td><td>0.669</td></tr>
<tr><td>Q_{10}</td><td>9.25</td><td>1.403</td><td>0.545</td><td>0.744</td></tr>
</table>

资料来源：本研究整理。

从检验结果来看，创新绩效量表 Cronbach's α 系数大于 0.8，测量题项对变量所有题项的相关系数（CITC）均大于 0.35，说明量表信度满足要求。

③知识链知识优势的信度检验。

本研究对知识链知识优势各个测量题项的信度检验结果见表 7—11。

表 7－11　知识链知识优势变量测量的信度检验结果

变量名称	测量题项	删除该题项后的分量表均值	删除该量表后分量表的方差	CITC	删除该题项后的 α 系数	Cronbach's α
K_1 知识获取	Q_{11}	9.56	2.344	0.862	0.836	0.910
	Q_{12}	9.54	2.473	0.733	0.902	
	Q_{13}	9.49	2.119	0.869	0.826	
K_2 交互学习	Q_{14}	9.62	1.754	0.874	0.798	0.901
	Q_{15}	9.64	1.870	0.798	0.865	
	Q_{16}	9.51	1.997	0.745	0.897	
K_3 知识创造	Q_{17}	4.98	0.565	0.887	0.891	0.944
	Q_{18}	4.89	0.559	0.893	0.779	

资料来源：本研究整理。

从检验结果来看，各潜变量 Cronbach's α 系数均大于 0.9，测量题项对变量所有题项的相关系数（CITC）均大于 0.35，说明量表信度满足要求。

（2）效度分析。

①动态能力变量测量的效度检验。

从动态能力变量的探索性因子分析结果来看，KMO 统计量值为 0.819，大于 0.6；Bartlett 检验的卡方显著性概率<0.01，见表 7－12。

表 7－12　动态能力变量的 KMO 和 Bartlett 检验

取样足够度的 Kaiser－Meyer－Olkin（KMO）	度量	0.819
Bartlett 的球形度检验	近似卡方	1580.068
	df	21
	Sig.	0.000

资料来源：本研究整理。

从表 7－13 可以看出，经 Kaiser 标准化正交旋转法，总方差分解得到 3 个因子，解释了数据中 84.435%的变异。

表 7—13　动态能力变量量表解释的总方差

成分	初始特征值			提取平方和载入			旋转平方和载入		
	合计	方差的（%）	累积（%）	合计	方差的（%）	累积（%）	合计	方差的（%）	累积（%）
1	2.785	39.784	39.784	2.785	39.784	39.784	2.522	36.025	36.025
2	1.703	24.329	64.113	1.703	24.329	64.113	1.728	24.687	60.712
3	1.423	20.322	84.435	1.423	20.322	84.435	1.661	23.723	84.435
4	0.403	5.761	90.196						
5	0.341	4.877	95.073						
6	0.260	3.708	98.781						
7	0.085	1.219	100.000						

资料来源：本研究整理。

表 7—14 展示了动态能力因子分析得出的旋转矩阵结果。经 5 次迭代后收敛，根据旋转成分矩阵提出 3 个关键因子：

K_1 因子包含 Q_1～Q_3 等 3 个题项指标，主要描述知识链成员对外部合作关系的战略识别和知识发展规划水平，管理、运用和开发与每个合作伙伴关系的情况，以及根据角色定位承担并完成相应任务从而达到利益最大化目标的状况，代表知识链成员知识联盟构想、关系组合和角色管理等方面的能力，因此将 K_1 定义为“联盟管理能力”。

K_2 因子包含 Q_4～Q_5 等 2 个题项指标，集中反映知识链成员快速获取外部知识并加以交融结合的情况，以及综合和集成现有知识再建构为新知识并加以创新使用的水平，代表知识链成员外部资源识取和内部资源配用的能力，因此将 K_2 定义为“资源整合能力”。

K_3 因子包含 Q_6～Q_7 等 2 个题项指标，主要呈现知识链成员通过对知识流程的梳理、精简，优化和重构知识资源，提高知识链成员知识应用和创新的情况，以及强化组织柔性，重构资源组合以快速应对内外部环境的状况，代表知识链成员流程再造和组织柔性方面的能力，因此将 K_3 定义为“资源重构能力”。

表 7－14 动态能力因子分析结果

因子类型		成分		
		1	2	3
F_1 联盟管理能力	Q_1	0.960	−0.043	−0.054
	Q_2	0.830	−0.074	−0.208
	Q_3	0.939	−0.014	−0.031
F_2 资源整合能力	Q_4	−0.072	0.101	0.893
	Q_5	−0.136	0.002	0.892
F_3 资源重构能力	Q_6	−0.055	0.918	0.143
	Q_7	−0.042	0.932	−0.033

注：旋转在5次迭代后收敛。

资料来源：本研究整理。

为了进一步确定各题项对共同因子的从属关系有否错位或交叉等现象，本研究用AMOS17.0软件构建了验证性因子分析模型，进一步开展对动态能力的验证性因子分析。

由表7－15模型拟合优度评价结果可知，在对动态能力进行验证性因子分析时，得到的拟合参数各项拟合指标均比较理想，卡方与自由度之比（χ^2/df）1.514，相对拟合指数（NFI）为0.976，比较拟合指数（CFI）为0.982，均大于0.9；拟合优度指数（GFI）为0.975，大于0.9。各拟合优度评价指标良好，本研究所构建的测量模型可用性较高。

表 7－15 动态能力模型的拟合指标

拟合度指标	χ^2/df	RMSEA	RMR	GFI	TLI	NFI	PNFI	IFI	CFI
测量值	1.514	0.078	0.042	0.975	0.965	0.976	0.611	0.982	0.982
判断标准	1.0～2.0	<0.08	<0.05	>0.9	>0.9	>0.9	>0.5	>0.9	>0.9

资料来源：本研究整理。

动态能力模型及各个潜变量标准化因子载荷见图7－2。由图7－2可知，在 $p<0.001$ 的显著性水平下，Q_1（0.948）、Q_2（0.723）、Q_3（0.906）能够较好地体现潜在变量“联盟管理能力（F_1）”；Q_4（0.884）、Q_5（0.708）能够较好地体现潜在变量“资源整合能力（F_2）”；Q_6（0.809）、Q_7（0.749）能够较好地体现潜在变量“资源重构能力（F_3）”。

从探索性和验证性因子分析结果来看，动态能力量表效度良好。

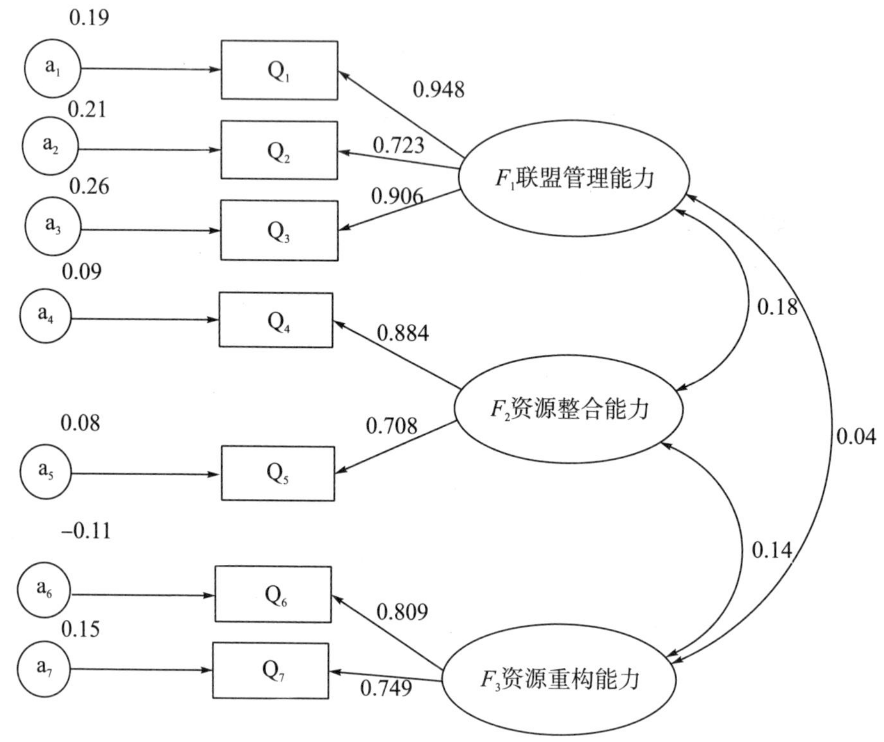

图 7－2　动态能力验证性因子分析模型图

②关系治理的效度检验。

从关系治理的探索性因子分析结果来看，KMO 统计量值为 0.785（>0.6），Bartlett 检验的卡方显著性概率为 0.000（<0.01），适合做因子分析，见表 7－16。

表 7－16　关系治理的 KMO 和 Bartlett 检验

取样足够度的 Kaiser－Meyer－Olkin（KMO）	度量	0.785
Bartlett 的球形度检验	近似卡方	321.122
	df	3
	Sig.	0.000

资料来源：本研究整理。

通过主成分分析得到 1 个因子，解释了数据中 68.166％的变异（只提取了 1 个因子，无法旋转），如表 7－17 所示。

表 7－17　关系治理量表解释的总方差

成分	初始特征值			提取平方和载入			旋转平方和载入		
	合计	方差的（%）	累积（%）	合计	方差的（%）	累积（%）	合计	方差的（%）	累积（%）
1	2.045	68.166	68.166	2.045	68.166	68.166	—	—	—
2	0.551	18.358	86.524						
3	0.404	13.476	100.000						

资料来源：本研究整理。

表 7－18 展示了关系治理因子分析得出的成分矩阵结果。

表 7－18　关系治理因子分析结果

因子类型		成分
		1
R 关系治理	Q_8	0.853
	Q_9	0.837
	Q_{10}	0.786

资料来源：本研究整理。

以 AMOS17.0 为分析软件，构建关系治理的验证性因子分析模型。由表 7－19 模型拟合优度评价结果可知，关系治理模型的拟合参数比较理想，χ^2/df 为 1.411，NFI 为 0.987，CFI 为 0.982，TLI 为 0.964，IFI 为 0.982，GFI 为 0.977，全部大于 0.9，关系治理变量模型拟合程度较好。

表 7－19　关系治理模型的拟合指标

拟合度指标	χ^2/df	RMSEA	RMR	GFI	TLI	NFI	PNFI	IFI	CFI
测量值	1.411	0.051	0.010	0.977	0.964	0.987	0.695	0.982	0.982
判断标准	1.0～2.0	<0.08	<0.05	>0.9	>0.9	>0.9	>0.5	>0.9	>0.9

资料来源：本研究整理。

关系治理模型及各个潜变量标准化因子载荷见图 7－3。在 $p<0.001$ 的显著性水平下，Q_8（0.797）、Q_9（0.744）、Q_{10}（0.631）能够较好地体现潜在变量“关系治理（R）”。

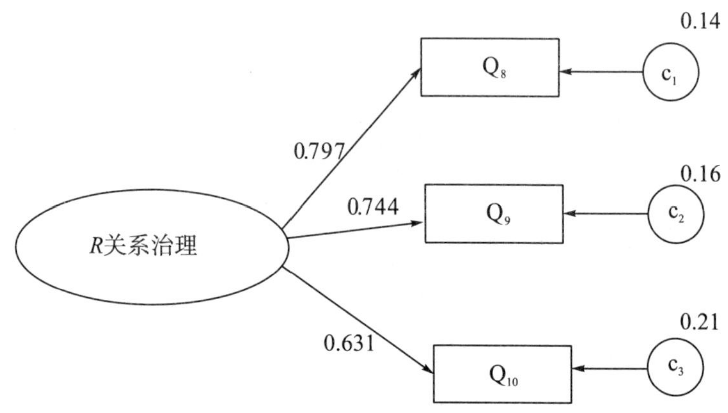

图 7—3　关系治理验证性因子分析模型图

综上，从因子分析结果来看，关系治理量表具有较好的效度。

③知识链知识优势的效度检验。

从知识链知识优势的探索性因子分析结果来看，KMO 统计量值为 0.758（>0.6），Bartlett 检验的卡方显著性概率<0.01，见表 7—20。

表 7—20　知识链知识优势的 KMO 和 Bartlett 检验

取样足够度的 Kaiser—Meyer—Olkin（KMO）	度量	0.758
Bartlett 的球形度检验	近似卡方	2594.902
	df	28
	Sig.	0.000

资料来源：本研究整理。

从表 7—21 可以看出，经 Kaiser 标准化正交旋转法，总方差分解得到 3 个因子，解释了数据中 87.213%的变异。

表 7—21　知识链知识优势量表解释的总方差

成分	初始特征值			提取平方和载入			旋转平方和载入		
	合计	方差的（%）	累积（%）	合计	方差的（%）	累积（%）	合计	方差的（%）	累积（%）
1	3.614	45.180	45.180	3.614	45.180	45.180	2.564	32.044	32.044
2	2.011	25.137	70.317	2.011	25.137	70.317	2.520	31.494	63.538
3	1.352	16.896	87.213	1.352	16.896	87.213	1.894	23.674	87.213
4	0.351	4.392	91.605						

续表7－21

成分	初始特征值			提取平方和载入			旋转平方和载入		
	合计	方差的（%）	累积（%）	合计	方差的（%）	累积（%）	合计	方差的（%）	累积（%）
5	0.326	4.074	95.679						
6	0.132	1.654	97.333						
7	0.113	1.409	98.742						
8	0.101	1.258	100.000						

资料来源：本研究整理。

表 7－22 展示了知识链知识优势因子分析得出的旋转矩阵结果。经 4 次迭代后收敛，根据旋转成分矩阵提出 3 个关键因子：

K_1 因子包含 Q_{11}～Q_{13} 3 个题项指标，主要描述知识链成员知识获取的品质、数量和速度，代表知识链能否高效获取内外知识并加以整理，因此将 K_1 定义为“知识获取”。

K_2 因子包含 Q_{14}～Q_{16} 3 个题项指标，集中反映了知识链成员通过知识扩散与共享，运用交互式学习手段，将外部知识内化为组织知识，同时将内化后的知识在企业知识库中创新融合，实现知识和技术创新的情况，代表了知识链成员之间交互式学习的效果，因此将 K_2 定义为“交互学习”。

K_3 因子包含 Q_{17}～Q_{18} 2 个题项指标，主要呈现知识链系统新知识的生成状况，以及新技术产品的市场试验效果，代表知识链成员在知识市场化应用过程中知识创造的效果，因此将 K_3 定义为“知识创造”。

表 7－22 知识链知识优势因子分析结果

因子类型		成分		
		1	2	3
K_1 知识获取	Q_{11}	0.935	0.069	0.119
	Q_{12}	0.840	0.180	0.155
	Q_{13}	0.933	0.044	0.173
K_2 交互学习	Q_{14}	−0.013	0.952	0.085
	Q_{15}	0.139	0.895	0.109
	Q_{16}	0.161	0.862	0.105

续表7－22

因子类型		成分		
		1	2	3
K_3 知识创造	Q_{17}	0.210	0.129	0.941
	Q_{18}	0.155	0.119	0.954

注：旋转在4次迭代后收敛。

资料来源：本研究整理。

为了进一步确定各题项对共同因子的从属关系有否错位或交叉等现象，本研究用AMOS17.0软件构建了验证性因子分析模型，进一步开展对知识链知识优势的验证性因子分析。

由表7－23模型拟合优度评价结果可知，在对知识链知识优势进行验证性因子分析时，得到的拟合参数各项拟合指标均比较理想，卡方与自由度之比（χ^2/df）为1.053，相对拟合指数（NFI）为0.967，比较拟合指数（CFI）为0.973，均大于0.9；拟合优度指数（GFI）为0.955，大于0.9。各拟合优度评价指标良好，本研究所构建的测量模型可用性较高。

表7－23　**知识链知识优势模型的拟合指标**

拟合度指标	χ^2/df	RMSEA	RMR	GFI	TLI	NFI	PNFI	IFI	CFI
测量值	1.053	0.069	0.039	0.955	0.956	0.967	0.687	0.973	0.973
判断标准	1.0～2.0	＜0.08	＜0.05	＞0.9	＞0.9	＞0.9	＞0.5	＞0.9	＞0.9

资料来源：本研究整理。

知识链知识优势模型及各个潜变量标准化因子载荷见图7－4。由图7－4可知，在$p<0.001$的显著性水平下，Q_{11}（0.929）、Q_{12}（0.756）、Q_{13}（0.956）能够较好地体现潜在变量“知识获取（K_1）”，Q_{14}（0.965）、Q_{15}（0.860）、Q_{16}（0.788）能够较好地体现潜在变量“交互学习（K_2）”，Q_{17}（0.911）、Q_{18}（0.884）能够较好地体现潜在变量“知识创造（K_3）”。

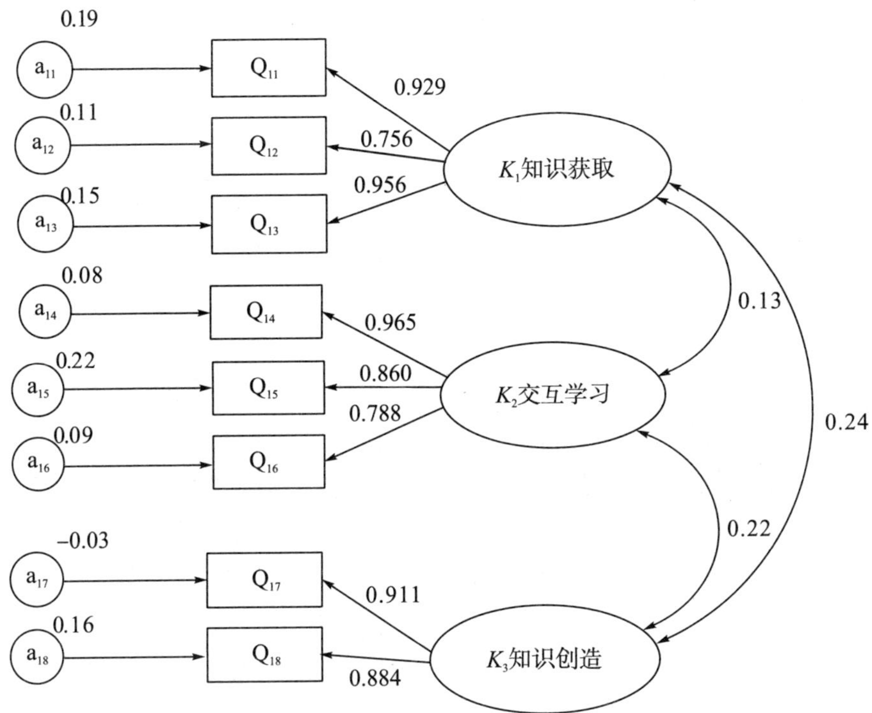

图 7−4　知识链知识优势验证性因子分析模型图

从探索性和验证性因子分析结果来看，知识链知识优势量表效度良好，且非常符合本研究关于知识链知识优势 3 个维度的结构构思。

7.4.3　Pearson 相关分析

本研究使用 SPSS 统计软件进行了测量变量的 Pearson 相关性分析，分析结果如表 7−24 所示。

表 7—24　各测量变量的 Pearson 相关矩阵

	Q_1	Q_2	Q_3	Q_4	Q_5	Q_6	Q_7	Q_8	Q_9	Q_{10}	Q_{11}	Q_{12}	Q_{13}	Q_{14}	Q_{15}	Q_{16}	Q_{17}	Q_{18}
Q_1	1																	
Q_2	0.705***	1																
Q_3	0.601***	0.638***	1															
Q_4	0.201*	0.258**	0.181*	1														
Q_5	0.145**	0.229***	0.122**	0.340***	1													
Q_6	0.120*	0.198**	0.105*	0.735***	0.480***	1												
Q_7	0.197**	0.127**	0.117**	0.144**	0.166*	0.129*	1											
Q_8	0.165*	0.122**	0.392**	0.130**	0.324*	0.262**	0.742***	1										
Q_9	0.616**	0.770*	0.226**	0.389**	0.681**	0.530*	0.599***	0.731***	1									
Q_{10}	0.223*	0.111**	0.586*	0.231***	0.249***	0.181**	0.178**	0.169**	0.534*	1								
Q_{11}	0.760*	0.507**	0.113**	0.318***	0.324***	0.201**	0.273***	0.313**	0.265**	0.503***	1							
Q_{12}	0.617*	0.355*	0.635**	0.373***	0.331***	0.278***	0.221***	0.193**	0.276**	0.635***	0.609***	1						
Q_{13}	0.413**	0.312**	0.263**	0.232*	0.622**	0.426**	0.540**	0.345**	0.521**	0.632**	0.422**	0.474**	1					
Q_{14}	0.341**	0.209**	0.140**	0.751**	0.785**	0.625**	0.276**	0.346*	0.144**	0.123**	0.192**	0.425**	0.731***	1				
Q_{15}	0.143**	0.309*	0.124**	0.626*	0.540*	0.253**	0.111**	0.404**	0.358*	0.454**	0.446*	0.515*	0.776***	0.685***	1			
Q_{16}	0.279*	0.183***	0.190**	0.217***	0.235***	0.197***	0.228**	0.561**	0.334**	0.236***	0.207**	0.201**	0.400***	0.440***	0.370***	1		
Q_{17}	0.554***	0.346**	0.791**	0.211***	0.224***	0.152**	0.166**	0.398*	0.549**	0.270***	0.294***	0.312***	0.278***	0.320***	0.243***	0.695***	1	
Q_{18}	0.272**	0.250**	0.175**	0.211***	0.247***	0.176**	0.159**	0.239**	0.691**	0299***	0.253***	0.264***	0.368***	0.393***	0.319***	0.788***	0.709***	1

注：*** 代表 $p<0.001$；** 代表 $p<0.01$；* 代表 $p<0.05$。

资料来源：本研究整理。

从变量间的 Pearson 相关矩阵可以看出，动态能力变量与关系治理、知识链知识优势之间均有显著的相关关系，与本研究假设初步对应。同时，各变量相关系数均未超过临界值（0.9），可以认为各变量间的多重共线性问题基本不存在。

7.4.4　理论模型检验

根据本研究提出的关系治理对动态能力与知识链知识优势的关系假设，采用 AMOS17.0 软件进行结构方程模型分析，并通过分析结果，对前述假设进行验证。

（1）理论模型的拟合情况。

基于前文对动态能力、关系治理、知识链知识优势作用的探讨，本研究的整体理论模型的示意图如图 7－5 所示。

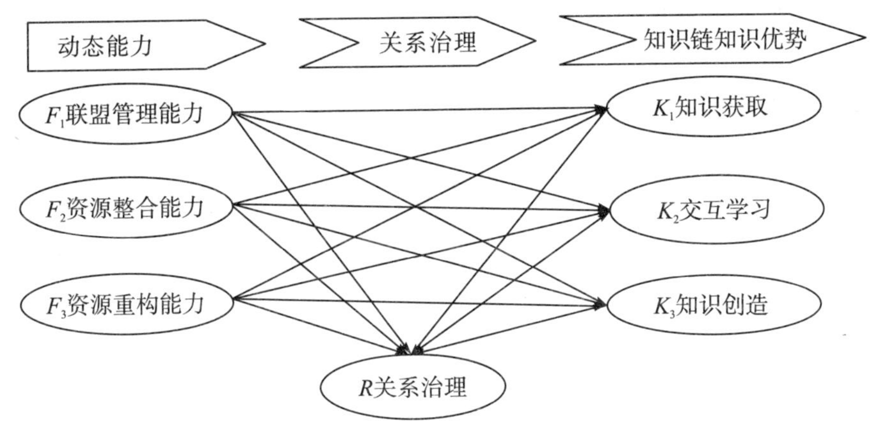

图 7－5　动态能力、关系治理、知识链知识优势理论模型图

运用 AMOS17.0 软件检验理论模型，拟合度指标如表 7－25 所示。

表 7－25　动态能力－关系治理－知识链知识优势模型的拟合指标

拟合度指标	χ^2/df	RMSEA	RMR	GFI	TLI	NFI	PNFI	PGFI	CFI
测量值	1.262	0.055	0.032	0.936	0.961	0.950	0.708	0.624	0.971
判断标准	1.0～2.0	＜0.08	＜0.05	＞0.9	＞0.9	＞0.9	＞0.5	＞0.5	＞0.9

资料来源：本研究整理。

从整体模型拟合度来看：①绝对拟合指标之中，整体模型的卡方值为 143.868，自由度 df 为 114，χ^2/df 值为 1.262，小于 2，表明拟合较好；

GFI 的值为 0.936，大于 0.9，表明模型拟合度较好；RMR 的值为 0.032，小于 0.05，也表明整体拟合度较好。②相对拟合指标（NFI 和 CFI）之中，NFI 和 CFI 值分别是 0.950 和 0.971，大于 0.9，表明本研究模型拟合较好；③节俭拟合指标（PNFI 和 PGFI）之中，该整体模型的 PNFI 和 PGFI 值分别为 0.708 和 0.624，大于 0.5，表明本研究模型节省。因此，从绝对、相对和节俭拟合指标综合来看，本研究模型的各项指标均达到可接受水平。

整体理论模型的假设检验结果如表 7-26 所示。

表 7-26 整体模型的路径系数与假设检验

假设	变量间的关系			未标准化路径系数	S. E.	C. R.	p	标准化路径系数	检验结果
H_{1-1}	K_1 知识获取	←	F_1 联盟管理能力	0.413	0.036	3.371	***	0.549	支持
H_{1-2}	K_2 交互学习	←	F_1 联盟管理能力	0.513	0.026	3.494	***	0.618	支持
H_{1-3}	K_3 知识创造	←	F_1 联盟管理能力	0.614	0.034	2.418	***	0.719	支持
H_{2-1}	K_1 知识获取	←	F_2 资源整合能力	0.638	0.075	1.838	***	0.714	支持
H_{2-2}	K_2 交互学习	←	F_2 资源整合能力	0.567	0.054	2.223	***	0.574	支持
H_{2-3}	K_3 知识创造	←	F_2 资源整合能力	0.549	0.076	4.574	***	0.678	支持
H_{3-1}	K_1 知识获取	←	F_3 资源重构能力	0.736	0.038	1.966	***	0.841	支持
H_{3-2}	K_2 交互学习	←	F_3 资源重构能力	0.533	0.026	1.275	***	0.636	支持
H_{3-3}	K_3 知识创造	←	F_3 资源重构能力	1.209	0.050	2.989	***	0.853	支持
$H_{4-1/2/3}$	R 关系治理	←	F_1 联盟管理能力	0.423	0.027	1.846	***	0.535	支持
$H_{5-1/2/3}$	R 关系治理	←	F_2 资源整合能力	0.653	0.029	1.866	***	0.706	支持
$H_{6-1/2/3}$	R 关系治理	←	F_3 资源重构能力	0.720	0.060	3.670	***	0.751	支持
$H_{4/5/6-1}$	K_1 知识获取	←	R 关系治理	0.635	0.084	3.971	***	0.670	支持
$H_{4/5/6-2}$	K_2 交互学习	←	R 关系治理	1.237	0.079	15.739	***	0.872	支持
$H_{4/5/6-3}$	K_3 知识创造	←	R 关系治理	0.685	0.080	6.031	***	0.636	支持

注：*** 代表 $p<0.001$。

资料来源：本研究整理。

从表 7-26 可以看出，上述 15 个假设均获得支持。

整体模型的运算结果如图 7-6 所示。

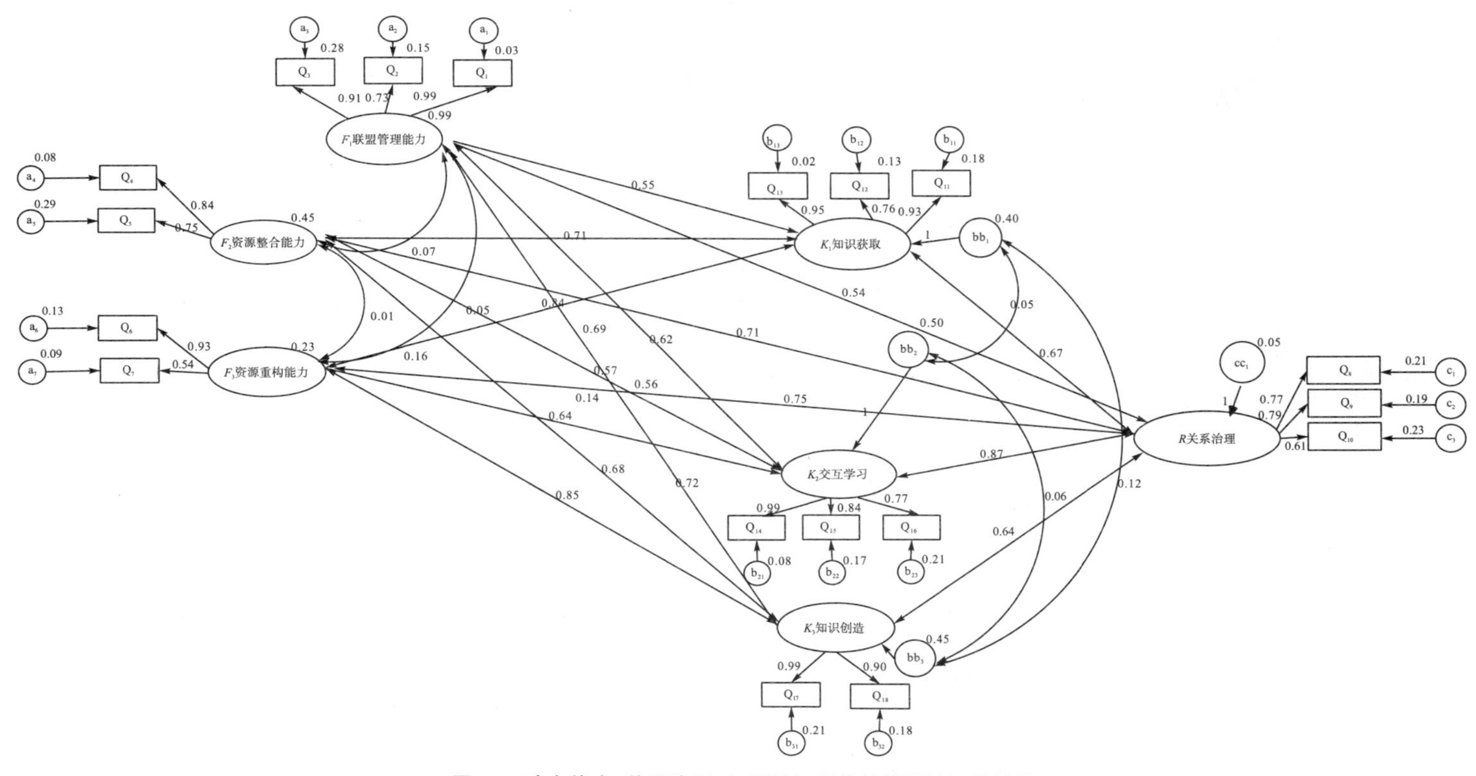

图7-6　动态能力-关系治理-知识链知识优势模型的运算结果

从表 7-26 的验证结果看：

①联盟管理能力、资源整合能力、资源重构能力对知识获取均具有显著的正向影响，其中资源重构能力对知识获取的影响最大，其次是资源整合能力，假设 H_{1-1}、H_{2-1}、H_{3-1} 均获得支持。

②联盟管理能力、资源整合能力、资源重构能力对交互学习具有显著的正向影响，其中资源重构能力对交互学习的影响最大，其次是联盟管理能力，假设 H_{1-2}、H_{2-2}、H_{3-2} 获得支持。

③联盟管理能力、资源整合能力、资源重构能力对知识创造均具有显著的正向影响，其中资源重构能力对知识创造的影响最大，其次是联盟管理能力，假设 H_{1-3}、H_{2-3}、H_{3-3} 获得支持。

④联盟管理能力、资源整合能力、资源重构能力均与关系治理显著正相关，其中资源重构能力对关系治理的影响最大，假设 $H_{4-1/2/3}$、$H_{5-1/2/3}$、$H_{6-1/2/3}$ 获得支持。

⑤关系治理与知识获取、交互学习、知识创造均显著正相关，其中关系治理对交互学习的影响最大，假设 $H_{4/5/6-1}$、$H_{4/5/6-2}$、$H_{4/5/6-3}$ 均获得支持。

（2）模型的影响效应分析。

每条路径都包括直接和间接影响效应，其中间接影响效应指自变量通过中介效应对因变量产生的间接影响，其影响路径的效应值应该是这条路径上全部路径系数的乘积。表 7-27 展示了模型各变量间的直接影响效应和间接影响效应值。

表 7-27　模型变量之间的影响效应分析

	影响因素	知识链知识优势			R 关系治理		
		K_1 知识获取	K_2 交互学习	K_3 知识创造	对 $F_{1/2/3}$→K_1 的中介效应	对 $F_{1/2/3}$→K_2 的中介效应	对 $F_{1/2/3}$→K_3 的中介效应
动态能力	F_1 联盟管理能力	0.55	0.62	0.72	0.36	0.47	0.34
	F_2 资源整合能力	0.71	0.57	0.68	0.47	0.62	0.45
	F_3 资源重构能力	0.84	0.64	0.85	0.50	0.65	0.48
R 关系治理		0.67	0.87	0.64	—	—	—

资料来源：本研究整理。

从表 7-27 来看，联盟管理能力、资源整合能力和资源重构能力对“知识获取→交互学习→知识创造”一系列过程的知识链知识优势都有显著的直接影响效应，并通过关系治理对动态能力与知识链知识优势之间关系产生间接中介效应。其中：

①关系治理对联盟管理能力与知识链知识优势之间关系有三条影响路径：第一条是联盟管理能力→关系治理→知识获取，该条路径上的效应值是 0.54×0.67=0.36；第二条是联盟管理能力→关系治理→交互学习，该条路径上的效应值是 0.54×0.87=0.47；第三条是联盟管理能力→关系治理→知识创造，该条路径上的效应值是 0.54×0.64=0.34。

②关系治理对资源整合能力与知识链知识优势之间关系的影响路径分别为资源整合能力→关系治理→知识获取、资源整合能力→关系治理→交互学习、资源整合能力→关系治理→知识创造，3 条路径效应值分别为 0.71×0.67=0.47、0.71×0.87=0.62 和 0.71×0.64=0.45。

③关系治理对资源重构能力与知识链知识优势之间关系的影响路径分别为资源重构能力→关系治理→知识获取、资源重构能力→关系治理→交互学习、资源重构能力→关系治理→知识创造，3 条路径效应值分别为 0.75×0.67=0.50、0.75×0.87=0.65 和 0.75×0.64=0.48。

7.5　研究结果讨论

7.5.1　假设检验结果的讨论

本研究提出的 15 条假设均得到验证（见表 7－28）。

表 7－28　假设检验结果汇总

序号	假设	验证结果
H_{1-1}	联盟管理能力对知识获取有显著性正向影响	通过
H_{1-2}	联盟管理能力对交互学习有显著性正向影响	通过
H_{1-3}	联盟管理能力对知识创造有显著性正向影响	通过
H_{2-1}	资源整合能力对知识获取有显著性正向影响	通过
H_{2-2}	资源整合能力对交互学习有显著性正向影响	通过
H_{2-3}	资源整合能力对知识创造有显著性正向影响	通过
H_{3-1}	资源重构能力对知识获取有显著性正向影响	通过
H_{3-2}	资源重构能力对交互学习有显著性正向影响	通过
H_{3-3}	资源重构能力对知识创造有显著性正向影响	通过

续表7-28

序号	假设	验证结果
H_{4-1}	关系治理对联盟管理能力与知识获取之间的关系有正向中介作用	通过
H_{4-2}	关系治理对联盟管理能力与交互学习之间的关系有正向中介作用	通过
H_{4-3}	关系治理对联盟管理能力与知识创造之间的关系有正向中介作用	通过
H_{5-1}	关系治理对资源整合能力与知识获取之间的关系有正向中介作用	通过
H_{5-2}	关系治理对资源整合能力与交互学习之间的关系有正向中介作用	通过
H_{5-3}	关系治理对资源整合能力与知识创造之间的关系有正向中介作用	通过
H_{6-1}	关系治理对资源重构能力与知识获取之间的关系有正向中介作用	通过
H_{6-2}	关系治理对资源重构能力与交互学习之间的关系有正向中介作用	通过
H_{6-3}	关系治理对资源重构能力与知识创造之间的关系有正向中介作用	通过

资料来源：本研究整理。

实证结果表明，动态能力 3 个维度、关系治理对知识链知识优势 3 个维度的回归路径各有不同：

(1) 联盟管理能力、关系治理与知识链知识优势。知识链知识联盟的构想能力、关系组合能力和角色管理能力，是知识链能否形成和维持知识优势的重要基础，而关系治理水平对知识链联盟管理能力与知识优势之间的关系具有重要促进作用。如图 7-7 所示，联盟管理能力能够促进知识优势的 3 大关键形成过程环节，并通过正向影响关系治理而显著地作用于知识链知识优势。其中，构想能力是最重要因子，其次是角色管理能力。由此可见，知识企业参与知识联盟、建立链式网络、形成并维持知识优势，首先要解决的是合作伙伴的选择问题，通过正确辨别知识判断未来机会，对知识潜在利益做出正确的预估，挑选合适的合作伙伴，建立知识联盟，以充分利用知识规模经济“1+1>2”推动自身的知识创造和技术创新。其次，应重点审视和明确各自角色，依托于发展过程中角色目标的管理和推进过程，建立关系、协作运行、交换资源、分配利益，维系与联盟组织的关系，实现优势互补和信息共享，在共同承担知识创新任务中，合作的各个环节均需要联盟成员之间良好协调和充分沟通。当然，关系能力组合、优化关系组合、安排组织学习等联盟关系组合能力，一方面可促进知识获取效率，另一方面可增强系统内知识流动速率，加快知识融合与知识协同，促进知识创造产生，从而对知识优势的维系产生正向作用。从实证结果看，关系治理对联盟管理能力与知识优势维持效应具有显著作用，可见知识链成员间的相互信任、统一承诺和规范合作，在保障知识链系统良性运行过程中，能够提高知识链知识创新运行效率，进一步强化联盟管理能力对知识优势的维持作用，且关系治理水平对知识优势 3 个关键环节均具有重要促进效应。从影响效应来看，关系治理对“联盟管理能力→交互学习”这一路径的促进作用更大，综合影响效应达 0.47；其次为“联盟管理能力→知识获取”，综合影响效应为 0.36。

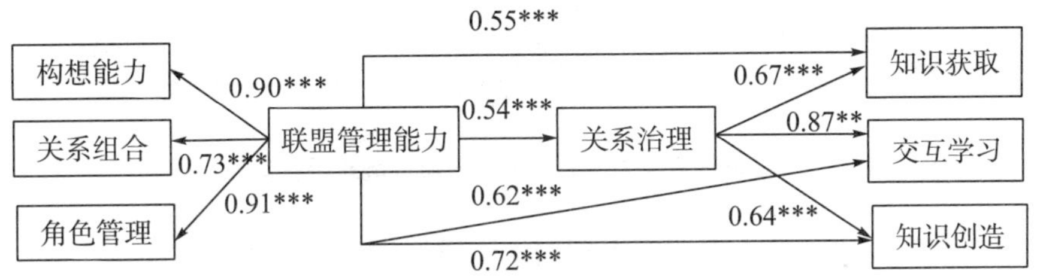

注：*** 代表 $p<0.001$，** 代表 $p<0.01$。下同。

图 7－7　联盟管理能力－关系治理－知识链知识优势作用机制

（2）资源整合能力、关系治理与知识链知识优势。知识链的资源识取能力和配用能力，是形成和维持知识优势的内在动力，而关系治理水平对知识链资源整合能力与知识优势之间的关系具有重要促进作用。如图 7－8 所示，资源整合能力能够促进知识优势的 3 大关键形成过程环节，并通过正向作用于关系治理而显著作用于知识链知识优势，这与本研究最初的设想一致。其中，识取能力是更重要因子，配用能力次之。因此，在动态变化的外部环境作用下，首先要依靠知识链成员间的知识流动和非正式交流等方式，在知识链中或知识链之外识别、吸引和获取外部知识，并将不同种类和形式的知识以及复合资源加以融合，使之从个人资源转化为组织资源，进而更好地维持知识链知识优势。其次，为更好地支持知识优势的建立和可持续发展，系统内成员应探索良性的知识配置和使用机制，加强自身知识吸收、转移、应用、转化等能力，保持畅通的知识传递和高效的知识接收度，将现有知识进行综合和集成，实施再建构，使之融合成为具有新的基因结构和应用环境的新知识，以实现知识创新。此外，良好的关系治理水平，能够建立互信互利的合作伙伴关系，减少和控制机会主义行为，加快外部知识获取进程，提高内部知识流动效率，治理并规范成员间知识共享与知识创造活动，增强知识链成员间知识能量库的力量，更好地完成知识获取、交互学习、知识创造等知识优势形成的一系列程序，对知识优势的维持与发展提供强劲动力。从综合影响作用大小来看，关系治理对“资源整合能力→交互学习”这一路径的促进作用最大，综合影响效应达 0.62；其次为“资源整合能力→知识获取”路径，综合影响效应为 0.47；再次为“资源整合能力→知识创造”，综合影响效应为 0.45。

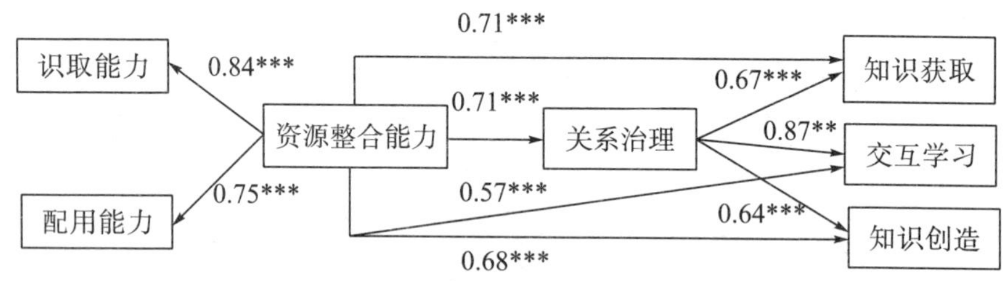

图 7-8　资源整合能力—关系治理—知识链知识优势作用机制

（3）资源重构能力、关系治理与知识链知识优势。研究显示，知识链的流程再造能力和组织柔性，对知识获取、交互学习和知识创造具有正向效应，有效促进知识链知识优势的形成和维持，而关系治理水平对知识链资源重构能力与知识优势之间的关系具有显著“润滑剂”作用。如图 7-9 所示，资源重构能力能够促进知识优势的三大关键形成过程环节，并通过正向影响关系治理水平，进而促进知识链知识优势的发展。其中，流程再造是更重要的因子，组织柔性次之。为有效维持知识优势，知识链成员应注重知识流程再造，在合作过程中设计一套成本降低，质量、服务和速度等关键指标上取得显著提高的工作模式，合理重构其中有价值的知识资源并规划知识的流动，从而促进知识链成员间的知识学习，实现知识存量和流量的增长，促进知识的增值，提高组织的知识应用及知识创新水平。知识链成员还应努力提高自身在动态环境下在知识获取、知识共享、知识创造等知识活动更大范围内的协调优化和有效重构能力，实现成本节约、风险分散和对市场需求的敏捷反应，锻炼自身对重要经营方向、契约设计、知识产品生产能力、信息技术平台等软硬基础设施长期变化的适应能力。此外，实证显示，关系治理状况能够显著影响资源重构能力对知识优势持续发展的作用效应，因此知识链成员应积极主动地与合作伙伴建立良性互信机制，明确统一目标，形成紧密联系，通过提高合作者对合作关系的信心和持续合作的意愿，降低成员间风险感知，提高合作方解决知识优势形成过程中各种问题的能力，激励参与方共同应对获取知识优势过程中的障碍，从而提高新知识产生的速率，促进知识共享、扩散和协同，有效推动知识成果转化和符合市场需求的新产品生产或新工艺改进。从综合影响效应来看，关系治理对“资源重构能力→交互学习”这一路径的促进作用最大，综合影响效应达 0.65；其次为“资源重构能力→知识获取”路径，综合影响效应为 0.50；再次为“资源重构能力→知识创造”，综合影响效应为 0.48。

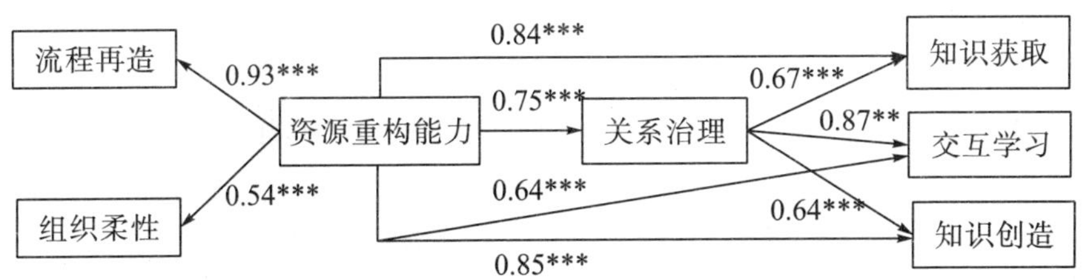

图 7-9　资源重构能力—关系治理—知识链知识优势作用机制

7.5.2　研究结论

本研究对动态能力、关系治理、知识链知识优势三者的关系进行系统探讨，通过实证验证了联盟管理能力、资源整合能力、资源重构能力 3 个动态能力因子分别与知识链知识优势的“知识获取→交互学习→知识创造”过程全部显著正相关，且关系治理在动态能力与知识链知识优势之间的关系具有中介作用。

研究主要结论如下：

(1) 联盟管理能力与知识获取、交互学习和知识创造均显著正相关，其相关性大小排序为：知识创造>交互学习>知识获取。知识链在塑造和提高联盟构想能力、角色管理能力和关系组合能力过程中，首先对知识创造产生重要影响，其次将会不断强化知识链成员间的交互学习，并在一定程度上支撑知识获取过程，从而较好地支撑知识优势的形成与发展，提升知识链整体的核心竞争力。

(2) 资源整合能力与知识获取、交互学习和知识创造均显著正相关，其相关性大小排序为：知识获取>知识创造>交互学习。知识链在对外部知识进行识取、吸收和对内部知识进行科学配用过程中，首先对知识获取产生重要影响，其次将会增强知识链知识创造的动力基础，并在一定程度上促进知识链成员的交互式学习，提高知识链内知识流动效率和知识转化能力，从而较好地支持知识优势的形成，维持其可持续发展，增强知识链知识优势的市场竞争力。

(3) 资源重构能力与知识获取、交互学习和知识创造均显著正相关，其相关性大小排序为：知识创造>知识获取>交互学习。知识链在强化流程再造和构建组织柔性过程中，首先对知识创造产生重要影响，其次将会促进知识资源在知识链系统中的汲取、流动和吸收，并在一定程度上对知识链成员的交互式学习产生正向促进，有利于知识链更为合理地配置知识资源、科学分配经济利益并确立良好的核心知识竞争力，从而较好地支撑知识优势持续发展。

(4) 3个动态能力因子与关系治理显著正相关，其相关性大小排序为：资源重构能力>资源整合能力>联盟管理能力。知识链系统要提高其关系治理水平，形成更为融洽的合作伙伴关系，建立互信互利的合作模式，构建统一的承诺和规范化的合作范式，首要是关注知识的流程再造、强化组织柔性程度，其次是不断提升各成员知识吸收、转移、共享、整合等一系列能力，提高知识链核心企业知识识别和配用效率；同时，还应关注知识链知识联盟的构想能力、角色管理能力和关系组合能力，强化知识链成员合作效应。

(5) 关系治理与知识获取、交互学习、知识创造均显著正相关，相关性大小排序为：交互学习>知识获取>知识创造。可见关系治理水平对知识链成员间交互式学习的推动作用最为明显；成员间良好的信任关系、统一的承诺和紧密的合作强度，可促进知识链上下游形成高效的知识协同，进而促进知识链核心企业的研发成功率、提高研发速度，有利于改进和完善工艺、操作技术和流程；良好的关系治理水平，能够推动知识链成员对外部知识的获取和吸收，提高知识流动效率和运作质效，促进高价值知识成果的转化。此外，关系治理水平也在一定程度上对知识链成员的知识创造产生促进效应，有利于新知识的产生、新的技术改造和更新换代等。

(6) 整体来看，关系治理对“动态能力→知识优势”之间关系具有中介作用。实证结果显示，关系治理对“资源重构能力→知识优势”的中介效应最强，对“资源整合能力→知识优势”的中介效应次之，对“联盟管理能力→知识优势”的中介效应最小。这一排名说明在同样的关系治理水平下，资源重构能力能够对知识优势的维持与发展贡献更大的力量，同时也说明联盟管理能力的作用还存在较大的提升空间，未来知识链还可对联盟构想、角色管理与关系组合等方面加强知识管理实践、促使联盟管理能力发挥更大潜能。

7.6 本章小结

本章建立了动态能力、关系治理、知识链知识优势三者关系的概念模型，提出了 15 条研究假设，通过结构方程模型法对研究模型进行实证分析，结果显示 15 条假设均获得验证：一是验证了联盟管理能力、资源整合能力和资源重构能力分别与知识链知识优势的知识获取、交互学习、知识创造三个过程环节全部显著正相关；二是证实了关系治理对动态能力与知识链知识优势之间的关系具有正向中介作用；三是实证发现关系治理在联盟管理能力、资源整合能力和资源重构能力分别对知识获取、交互学习、知识创造正相关作用，起到不同强度的中介作用，分析探讨了知识链知识优势的维持机理。

第 8 章 知识链知识优势向竞争优势的转化

选择有效的商业模式将是知识链知识优势向竞争优势转化的关键。本章在厘清知识优势维持机理的基础上，从产业竞争层面进一步探讨知识链知识优势向竞争优势转化的作用机制。在借鉴已有研究的基础上，本章以知识优势为自变量、商业模式为中介变量、竞争优势为因变量设计了概念模型，通过实证分析，甄别在知识优势向商业模式转化的价值实现过程中多种组合形式的价值转移路径，并从知识链的战略决策层面和创新政策体系的制度建设层面提出相关对策建议。

8.1 概念模型构建

在产业竞争层面，知识链知识优势的形成与维持过程依赖于知识链的动态能力与跨组织合作的关系质量。然而，知识优势只有转化为竞争优势才能使知识链在激烈的市场竞争中获得可持续发展。选择有效的商业模式将是知识链知识优势向竞争优势转化的关键步骤。从知识到知识优势、竞争优势是知识流动过程中产生的裂变，三者的关系是：知识是源泉，知识优势是基础，竞争优势是结果。要实现知识链知识优势到竞争优势的转化，离不开知识链成员在市场竞争环境下不断摸索适合自身发展的商业模式，在这一转化过程中，商业模式是桥梁，是关键步骤，同时也是起到关键作用的催化剂。要研究知识优势如何成功转化为竞争优势，就要研究知识链如何将知识优势嫁接到成功的商业模式中，不断加强商业模式适应性培育和变革性发展，为竞争优势的最终形成提供支持。从上述分析可知，商业模式是影响知识优势转化为竞争优势的主要因素，要形成知识链的竞争优势，必须在知识优势的基础上，充分发挥商业模式在市场竞争中的“桥梁”作用；企业在组建知识链时，必须注重商业模式的识别和培育，把握知识优势向竞争优势转化的关键。因此，本章通过建立“知识链知识优势→商业模式→竞争优势”理论模型，采用结构方程模型方法，实证探讨知识链知识优势向竞争优势转化的作用机制和有效路径。

8.1.1　假设开发

针对知识链知识优势、商业模式和竞争优势分别进行分析。

（1）知识链知识优势。

根据第 3、5、7 章对知识链知识优势的分析，本章仍从形成过程这一本源角度，将知识优势划分为知识获取、交互学习和知识创造 3 个维度。

（2）商业模式。

关于商业模式定义，理论界尚未形成共识。阿米特和卓德（Amit and Zott，2001）认为，商业模式是企业围绕利益相关者所构造的跨界交易系统，包括交易内容、交易结构与交易治理三种组成要素。卓德和阿米特（Zott and Amit，2007）进一步指出，商业模式创新就是指企业与利益相关者采用新方式开展交易，而两位学者在该研究中所开发的新颖型主题商业模式测量量表被诸多学者借鉴用来测量商业模式创新。在商业模式创新研究领域，长久以来学者们多默认“商业模式创新有益”，能够为企业带来竞争优势，也有大量实证研究商业模式与竞争优势之间的关联，但很少有学者深入探索“商业模式创新如何发挥作用”这一问题（迟考勋和邵月婷，2020），更少学者将商业模式与知识优势等方面联系起来。以乔治和博克（George and Bock，2011）为代表的诸多学者认为，商业模式创新之所以能为企业带来竞争优势，最本质的原因在于企业构建了稀缺、有价值、难以模仿、不可替代的资源结构来支持该模式，如果企业家只关注“商业模式创新的独特价值逻辑”，忽视“独特价值逻辑背后的资源支持”，则容易导致商业模式创新成为“空中楼阁”。知识经济时代，商业模式背后的资源支持主要来源于知识资源的支持，对知识链而言，就是知识链成员通过知识获取、共享、学习和创造等过程，实现知识资源的整合与重构，从而获得知识优势，并在市场竞争环境下选择合适的商业模式，最终将知识优势转化为知识链的整体竞争优势。

万物互联时代，无论是产业组织还是知识链组织，都面临着商业模式变迁带来的挑战。对于知识链主体来说，价值创造的焦点已经从行业定位和核心资源转变为企业创造和获取价值的方式（魏泽龙等，2019）。知识链作为以组织（商业世界中的有机体）的相互作用为基础的经济联合体，是供应商、生产商、销售商、市场中介、投资商、政府、消费者等以生产商品和提供服务为中心组成的群体。知识链各成员构成价值链，多个价值链又构成价值网。知识链核心企业需要从系统层面重新设计商业模式来把知识链知识优势进一步打造为竞争优势。卓德和阿米特（Zott and Amit，2007）认为，商业模式是跨边界的创造和获取价值的活动系统。从行业竞争角度，商业模式设计是对行业所存在的假设和运行规则的改变。商业模式设计是基于价值主张的系统设计，同时包含了资源、流程、成本和收入等要素的运营模式和盈利模式。企业需要遵循新的行为逻辑，对利益相关者创造和获取价值的价值网络进行重新设计。以卓德和阿米特为代表的价值创造学派提出商业模式设计包含设计主题和活动要素。借鉴前述学者观点，本研究认为，知识链设计商业模式存在效率型和新颖型两种选择，要么模仿现有的商业模式，以提高效率为主对现有商业模式进行改进设计；要么设计全新的商业模式来开发市场机会。基于上述分析，本研究依据不同的交易主题，把商业模式划分为新颖型商业模式和效率型商业模式 2 个维度。

（3）竞争优势。

竞争优势（Competitive Advantage）相对于竞争对手拥有的可持续性优势，目的是利用多种多样的商业经营工具去获得更低的成本、更高的利润。学界认为，竞争优势包括优势资源、先进的运作模式、更适合市场需求的产品和服务，通过上述某个领域或者是多个领域相互作用形成优于对手的核心竞争力。其中，优势资源包括社会资源、人力资源、自然资源、财力资源等，运作模式包括管理、商业模式、创新力等，产品和服务包括高价值、优势价格、独特性等。一般来说，竞争优势包括以下一些基本要素：①先前或已获得的资源。这里的资源，是独特的、竞争对手不具备的资源，并且竞争对手难以复制这种资源。②革新能力。一些公司在革新方面比其他公司有更强的能力，这些公司理所当然具备竞争优势。革新能力是非常重要的，通过它常常能够找到获取竞争优势的真正突破点，而使竞争者在长期的竞争中处于不利地位。③比较优势。实际上，任何资源相对于竞争者来说，都存在真正的优势。仅仅强调识别出存在真正强势的资源是不够的，还必须比对手的更具竞争力。比如，仅仅拥有“低成本，高质量”是不够的，还必须使成本比竞争者的更低，质量比竞争者的更高。④不可替代性。如果资源不能被替代，那么它通常就拥有更大的竞争力。有时独特的资源能够被全新发明的资源代替，这种情形一旦出现，竞争优势就会消失。⑤适配性。任何一种资源，都必须能够把它本身的优势传递给公司，而且尽量不能让竞争对手及他人获得。资源具备优势，并不意味着它的所有者将会获得这一优势，这就是合适性问题，拥有不是最重要的，最重要的是拥有而且合适。⑥经久力。有用的资源以及其他竞争优势，必须能够持续一定的时期。不具备可持续性的资源是没有意义的。而且在未来时期内，具有竞争力的优势通常是不可再生的竞争优势。⑦模仿壁垒。资源如果具备竞争优势，就不易被模仿，包括不限于有形的特色，如商标、特殊的地理位置、专利的保护等；因果关系的模糊性，不让竞争者了解是哪种资源创造了竞争力；以及投资障碍，即当市场很有限或增长前景不明朗时，如果公司实施的新战略进行了大规模投资，就能够很好地阻止竞争者进入该市场，尤其是当推出新产品和新服务需要大量资本或重大的营销活动时（魏炜等，2017）。根据竞争战略类型，通常将竞争优势分为成本优势、差异优势及聚焦优势（高湘一和李志伟，2002）。成本领先（低成本优势），意味着企业成为行业内的低成本制造者，往往通过经济规模来实现。差异化，意味着企业在行业内占据独一无二、无人取代的地位，并且广泛地被顾客接受和欣赏，可以实现差异化的领域包括产品、渠道、销售、市场、服务、企业形象等。在现实情况中，差异化竞争优势通常与低成本策略联合起来实施，即领域的差异化不可长期以高成本或高价格为代价，否则可能反而不利于市场竞争。聚焦集中，则意味着企业成为某一细分市场或行业中的最佳企业，它可能不是大范围或大区域内最强或最大的企业，但在某个细分领域或细分市场具有一定优势，主要适用于广大中小企业，采取力争中游的策略（李浩和戴大双，2002）。基于上述分析，本研究依据不同的竞争优势类别，用成本领先、差异化和聚集集中等 3 个要素来勾勒竞争优势的整体维度。

8.1.2　概念模型

从现有文献来看，虽然部分学者从不同角度、针对不同组织类型对知识优势与竞争优势、商业模式与竞争优势的关系进行了少量研究，但还没有相关研究将知识优势、商业模式、竞争优势放入一个框架模型进行研究，也很少深入知识链系统来研究前因变量的不同影响。综上，本研究从知识链视角出发，将知识优势、商业模式与竞争优势放入一个框架模型进行研究，力求揭开知识优势向竞争优势转化路径的“黑箱”，如图 8-1 所示。

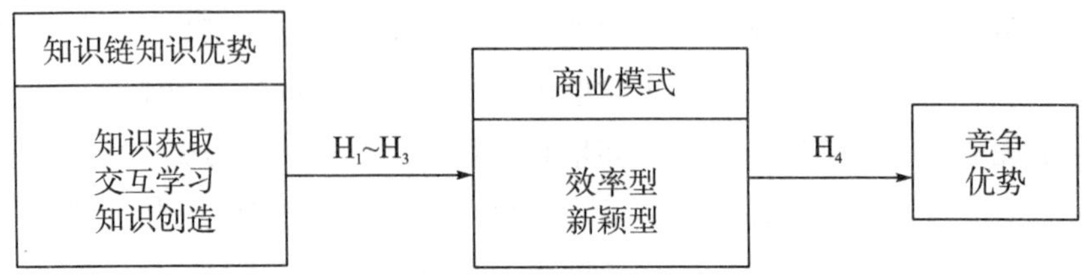

图 8－1　概念理论模型图

8.1.3　研究假设提出

（1）知识链知识优势对商业模式的正向作用。

在知识链管理中，学术界与实业界普遍认识到知识优势对于知识链获得市场竞争力并取得卓越绩效具有重要影响，继资本、土地、劳动力之后，技术与知识创新成为知识链组织发展最为核心的驱动要素，知识优势是组织绩效、核心竞争力与竞争优势核心源泉这一观点已在学界形成共识。但是，在中国蓬勃发展的新经济环境中，对于知识链组织而言仅有知识优势是不够的，实现竞争优势需要将知识优势与商业模式战略整合（李浩和戴大双，2002)。切斯伯勒（Chesborough，2010）认为，知识优势要想转换为真实的经济效益，需要在有效的竞争战略安排下，与好的商业模式配合才能实现转化。商业模式指导企业的盈利机制，引导企业通过提供更好的产品和服务创造盈利空间。知识优势能为知识链积累起核心竞争力提供动力和来源，但能否在市场上发挥作用并转化为竞争优势，依赖于商业模式的成功应用。本研究将知识链知识优势划分为知识获取、交互学习、知识创造 3 个维度，下面进一步分析这 3 个维度对商业模式的促进作用：

①知识获取与商业模式。知识获取包括知识识别和内化等过程，首先以先前的知识为基础，对与生产经营活动相关的外部知识进行定位及获取，对外部环境中的知识进行调查与收集，以寻找到适合于自身的有价值的知识，接着将已识别、编码的知识和已有知识进行整合，转化为符合组织本身特性的自有知识。在知识链商业模式设计和选择的过程中，知识链成员对知识的识别和内化过程非常重要，它有利于知识链获得对商业模式发展至关重要的知识，进而传播给各成员，将获取的知识转化为自有知识，并将知识加以运用，实现技术创新，促成商业模式的更新迭代。阿米特和卓德（Amit and Zott，2001）认为，知识链成员知识获取过程所带来的边际效应，可以使企业不断创造附加价值，提高创新能力，研究开发适合自身实际的商业模式，

包括为商业活动设计的交易内容、结构与治理模式，通过充分利用市场机会创造经济价值，在市场竞争环境中立足。在知识链系统中，各成员与其利益相关者通过内外知识获取过程，强化知识链成员边界内外资源的流动和交换（王雎和曾涛，2011），有利于实现经济价值交换并构建为所有利益相关者创造价值的组织关系与行为活动——商业模式创新。知识链通过建立知识获取联动机制，可降低获取异质性资源的难度和成本，为商业模式创新提供外溢资源支撑，有利于资源要素和结构的配置与重构，进而有效地提升商业模式设计的成效。细分来看，知识获取对 2 种典型的商业模式创新（效率导向与创意导向）均具有促进作用：一方面，知识链成员在知识获取过程中，通过持续知识识别和内化整合，构建稠密的知识获取通道，有利于知识链企业间搭建较多相互联系和信息共享的渠道，加深知识链组织间合作，重构产业链上下游合作伙伴、内部员工和外部利益相关者之间的关系，加快知识链内资源信息流动，有利于商业模式创新决策和行动效率的提升，对资源要素和结构的配置与重构产生协同效应，降低企业运营、交易成本和资源管理成本，促进效率型商业模式的生成与发展。另一方面，则强调知识链系统透过知识获取过程，让核心企业更为准确地选择优秀的新的合作伙伴，进而从新的合作伙伴中获取商业模式创新的关键资源（高展军等，2012）。通过联系新的合作者、创新交易渠道、设计新的交易形式等方式，为全部创新利益相关者提供创新交易和价值创造新模式，提供更好的顾客体验价值，实现新的价值传递和创造，有效刺激顾客再次购买的欲望，提升企业美誉度，促进知识链组织结构、管理模式等多方面的变革和调整，使得竞争对手难以在短时间内实现简单的模仿与跟进，促进新颖型商业模式的形成。因此，本研究提出以下假设：

H_{1-1}　知识获取与效率型商业模式正相关。

H_{1-2}　知识获取与新颖型商业模式正相关。

②交互学习与商业模式。在知识链中，企业作为中心要素，是一个具有较强专业知识的组织。但不同的企业拥有各自专业化而不全面的知识，分散在知识链系统中。企业通过跨组织的成员间交互式学习，能够获得更多的技术诀窍信息，也能够在创新过程中从企业外部获得更多的专业知识，以实现知识链成员间知识共享，整合外部资源和内部资源，推动自身和整个知识链系统内的知识螺旋上升，进而推动商业模式创新。交互式学习能帮助知识链获得与自身资源互补的外部资源，获取有用的知识资源，不断弥补自身知识缺口，并在此过程中，促进企业与相关的合作伙伴表达共同价值观，形成商

业模式创新。在推进商业模式创新的过程中，组织间交互学习成为调节利益冲突的润滑剂，并不断降低组织间沟通与学习的成本。组织间信息共享和交互学习是实现商业模式创新的有效途径，知识链企业可以通过积极搜寻获取组织边界之外的创新资源，通过整合供应商、顾客以及其他合作企业或个人的技术、发明、创意、知识等，提炼出客户尚未被满足的价值需求，为商业模式创新提供外溢性的知识支撑（易加斌等，2015）；企业间相互学习，还能提高知识链组织共同解决问题的合作性沟通效率，较大限度地降低相应的机会成本，促进效率型商业模式的开发与有序运转。另外，注重可持续发展的企业家通常依靠内外知识交互学习，以此推动新颖型商业模式创新、重塑商业逻辑，实现社会价值与企业理想。姚明明（2014）研究认为，对于后发企业而言，重视交互式学习，促进知识创新战略与商业模式设计相匹配，对企业技术追赶具有显著正向影响；对于高科技创业型组织而言，可持续增长的核心在于通过交互学习，实现对内部和外部创新资源的有效整合，而这有助于新颖型商业模式生成。胡保亮（2012）实证研究发现，在我国创业板上市公司中，交互式学习对商业模式创新及企业绩效有着差异化影响。更进一步，李志强和赵卫军（2012）运用耗散结构理论和熵增原理，诠释了企业间交互学习对技术创新与商业模式创新的协同作用，认为不同企业对交互学习与新颖型商业模式创新的依赖程度不同，组织应根据自身情形对内部熵变进行合理分析，选择合适的新颖型商业模式创新路径。由此，提出以下假设：

H_{2-1}　交互学习与效率型商业模式正相关。

H_{2-2}　交互学习与新颖型商业模式正相关。

③知识创造与商业模式。德鲁克指出，在新经济中，组织的知识创造能力取决于从外部组织获取知识并加以运用的能力。企业通过知识链的知识平台积极地获取外部知识资源，实现内部知识与外部知识的有机融合，一方面降低知识运用成本，有助于形成效率型商业模式；另一方面通过知识创造促进技术创新，带来更加适应市场竞争的新产品或服务，有利于实现新颖型商业模式创新。知道如何利用所拥有的知识和快速获取新的知识，是一个组织推动商业模式创新的原生动能。知识创造过程是一个将获取的外部知识和内部知识分别送到能够帮助知识链成员实现技术创新的任何地方的过程。为了实现效率型商业模式创新的目标，知识链通过低成本获取外部知识，并将所获取的外部知识与链内已有知识进行综合和集成，实施再建构，用较低的成本使之融合，并以适当的方式提供给需要这些知识的企业，开展具有新的基因结构和应用环境的知识创造活动，提高知识运用的效率，较低成本融合不

同种类和形式的知识及复合资源，促进效率型商业模式的形成。此外，对知识链而言，知识创造过程的影响不仅不局限于成本和技术层面，还能改变公司经营战略和商业活动，催生全新商业模式，促进新颖型商业模式的产生。尤其对于大型、跨国企业为主导的知识链系统，知识创造的延伸，往往意味着市场、客户、商业模式的延伸与转变，使商业模式在国际化与本土化交融中发生变迁，驱动新颖型商业模式创新发展。例如软件行业，在现实环境快速变化的刺激下，软件开发企业不得不积极实施知识创造和革新，自我推动软件产品快速更新换代，孵化出更具创意的新颖型商业模式（戚耀元等，2016）。因此，知识创造与商业模式创新之间存在正向促进关系，二者互为因果，共同建构为完整的知识链组织创新系统。但是需要强调的是，知识创造的驱动作用往往需要知识资本投入达到一定门槛才会显著体现（韩先锋和董明放，2017）。大数据时代的到来，显著改变了当前的商业环境，降低了新颖型商业模式创新门槛，使得众多中小企业组建的知识链联盟也能够较为容易地实现个性化的商业模式创新，催生了我国当前蓬勃发展的、以商业型中小企业为主体的新经济模式。通过实践总结可知，以资本投入为基础，知识创造对效率型和新颖型商业模式创新均具有驱动作用，通过知识链知识创造过程，能够促进商业模式创新成功并实现预期效能。因此，本研究提出如下假设：

H_{3-1}　知识创造与效率型商业模式正相关。

H_{3-2}　知识创造与新颖型商业模式正相关。

（2）商业模式对竞争优势的驱动作用。

商业模式创新是一个可以被内部创业者利用的高度有力的工具。在商业模式方面寻求创新是实现可持续竞争优势的最佳途径（孙永波，2011）。竞争优势是某种不同于别的竞争对手的独特品质，这种品质难以观察和测量。在稳定、宽松的竞争环境中，支撑知识链可持续竞争优势的是那些使价值创造得以实现的内外知识资源，而这些知识资源带来的优势决定了知识链成员独特的商业模式和相关组织行为系统，进而形成特定的竞争优势。在知识经济高度竞争时代，只有做好商业模式才可以让知识链系统在竞争上保持优势。通过构建高效率或新型的商业模式，打破现有的产业竞争规则、价值规则，获取超额收益。在知识链知识优势与竞争优势关系中，商业模式更像是一个连接的桥梁，合理的商业模式能够保证组织知识优势顺利转换为在市场竞争中的优势，同时市场上的竞争优势带来知识链组织战略目标的实现，组织的发展反过来通过商业模式的调整会进一步加快知识链知识优势的形成和壮大。商业模式作为连接知识优势和竞争优势的纽带，在三者关系中处于核心地位。在企业竞争的过程中，许多新的竞争方法被发明与创造出来，使新建企业获得极大的竞争优势，这些方法经过系统化的表述与完善，成了特定行业的竞争规则，这些规则就是新的商业模式。商业模式的创新贯穿于企业经营整个过程中，贯穿于企业资源开发、研发模式、制造方式、营销体系、流通体系等各个环节。每个环节的创新都可能塑造一种崭新的、成功的商业模式。商业模式创新既基于传统创新又超越传统创新，从而建立起一种新的生产函数，将知识链系统各种资源重新进行组合，把各项生产要素和资源引向新用途，将生产引向新的方向，形成独特的知识优势，从而创造新商业、新技术、新供应源和新的商业模式，最终达成竞争优势，以获取“熊彼特租金”（Sehumpeter Rent）（李浩和戴大双，2002）。它源于企业家在不确定性很高的复杂环境中承担风险的创新精神，有意识地“创造性破坏”过程，重构知识链的资源和能力，形成效率型或新颖型商业模式，并以此为知识链核心企业带来持续的竞争优势。面对新经济的发展，商业模式创新将为知识链在复杂环境中培养自身的知识优势、降低成本、获得持续竞争力提供强有力的支持。总之，商业模式创新的最终目的是通过改善知识链的长期知识优势来提高知识链组织的长期获利能力和优势竞争力。因此，商业模式的创新应以顾客为中心，来调整、优化配置知识链各种资源，以合作共赢的观念来建立各种联系，不断地对自身的商业模式进行系统的思考，采用合适的创新途径来调整商业模式，以便获得持续的竞争优势。

①效率型商业模式对竞争优势的驱动作用。

效率型商业模式设计的实质是以一种更高效的方式创造价值。例如，知识链通过流程标准化、信息共享、资源共享和低成本等降低交易复杂性、信息不对称性和不确定性，从而提高交易效率。同时，知识链通过重新分配节省的资源（包括数据录入的成本），为客户提供更多的增值服务。另外，效率型商业模式的知识链核心企业也具有较高的价值攫取能力。首先，效率型商业模式设计的目的是为所有的交易参与者减少交易成本、提高交易效率，简化交易流程、聚焦客户需求，加深与利益相关者之间的联系等，该模式依赖利益相关者与知识链核心企业交易界面的标准化、流程化和规范化，这种惯例系统有较强的绑定效应，提高了合作伙伴的背离成本，而这些成本优化，能够比竞争对手节约更多的支出，从而在市场竞争中占据优势地位。其次，知识链核心企业为整个交易伙伴体系降低交易成本，可提高核心企业在市场竞争中的讨价还价能力。再次，效率型商业模式注重资源共享和信息共享，通过加强利益相关者之间的信息流动，减少各利益相关者间的信息不对称，限制利益相关者对信息的掌控，从而降低信息传递的成本，提高传递效率和顺畅性。最后，在交易效率相对较高的情况下，知识链内各利益相关者与核心企业的行动方略可能更加统一，从而促进知识链系统形成优于对手的协同效应，提高价值攫取能力，在市场竞争中具有更强的优势。因此，提出如下假设：

H_{4-1}　效率型商业模式对竞争优势具有促进作用。

②新颖型商业模式对竞争优势的驱动作用。

新颖型商业模式设计强调知识链核心企业通过重新设计活动系统开发新机会来创造价值，比如设计新的交易内容、采用新的交易方式、扩大交易主体的类型、采用新的交易治理机制等。因此，新颖型商业模式需要重新组织内外部资源组合，以模仿改进为基础，通过提高整个活动系统的效率来创造更多优于竞争对手的价值，创造熊彼特租金，从而在市场竞争中占据优势。一方面，新颖型商业模式通过开发机会创造新价值，力求占领市场高地。该模式往往打破既定的活动系统，帮助知识链重新组织利益相关者的交易内容、交易结构和交易治理方式，采用全新的方式开发市场机会，赢取市场竞争力。另一方面，采用新颖型商业模式能够提高知识链核心企业的价值攫取能力。知识链企业的价值攫取能力取决于其他利益相关者变更合作伙伴的转换成本、其他利益相关者的替代成本、中心企业控制信息的能力、其他利益相关者采取统一行动的可能性。首先，商业模式设计的新颖型程度越高，利益相关者的转换成本就越高，较高的转换成本降低了利益相关者背离中心企业的可能性，为获取竞争优势创造良好基础条件。其次，嵌入在新颖型商业模式中的利益相关者很难将新颖型资源运用到别的商业网络中，提高了利益相关者的替代成本，有利于知识链赢得竞争优势。再次，新颖型商业模式有利于增强知识链核心企业控制信息的能力，同时，由于利益相关者网络建立在新的价值主张基础上，利益相关者一致退出交易网络的可能性比较小，因此新颖型商业模式不仅能够为整个交易系统的利益相关者创造新的价值，还能够在新的价值中拥有优于竞争对手的攫取权，从而促成竞争优势的形成。因此，提出如下假设：

H_{4-2}　新颖型商业模式设计对竞争优势具有促进作用。

8.2 研究设计与数据收集

8.2.1 调查问卷设计

本研究参照阿肯和韦格曼（Aken and Weggeman，2000）的步骤开发与设计调查问卷：

（1）界定变量。本研究在第3章至第5章着重对研究中涉及的关键概念进行了明确，包括知识链知识优势的内涵、定义、形成过程的关键环节及其概念等。这些基本概念的界定，进一步明确了本研究的研究范围和对象；同时，在提出概念模型前，本章第1节针对模型可能涉及的商业模式、竞争优势2个变量及其与知识链知识优势之间的关系进行了阐释。

（2）设计变量测量题项。目前针对知识链知识优势的实证研究不多，但国内外学者所涉及知识获取、交互学习、知识创造等同一或相似变量的设计题项内容，可为本研究提供有价值的借鉴。当前国内外学者针对商业模式和竞争优势2个变量的实证研究较多，其中部分变量能够借鉴较为成熟的、具有良好信度和效度的量表进行测量。个别没有参考量表的变量，主要依据本研究前期访谈和变量定义自行设计题项。

（3）征求意见并修改、问卷预测试后修改。参照第7章相关程序进行。

（4）确定调查问卷。经过预测试的修改后，本研究确定了最终调查问卷（见附录）。本研究调查问卷包括以下五个部分的基本内容：①被调查机构的基本情况，如机构性质、所属行业、成立年限、机构规模等；②知识链知识优势的测度，即知识获取、交互学习和知识创造观测变量的测度和描述；③商业模式的测度，即效率型、新颖型；④对竞争优势的测度；⑤对前述问卷内容中关键术语的解释，包括知识链知识优势的内涵、商业模式2种类型的区别、竞争优势的概念定位等。

8.2.2 变量测量

根据本章提出的概念模型，本研究所涉及的潜在变量包括6个变量。每个变量都有多个观测变量测量。各变量测量题项主要来自三个方面：直接引用，结合需要修改，根据实地访谈和变量定义自行开发。考虑到6个变量均难以通过获取商业数据来测量（包括竞争优势，因涉及隐私和商业机密而无法采集到真实数据），因此本研究采用Likert量表打分法，选取国际上较多采用的 7 级刻度量表，界定数字 1～7 依次表示从“非常低（小、差）”到“非常高（大、好）”过渡，其中 4 分为中性标准（一般）。例如，“1－非常低；2－低；3－较低；4－一般；5－较高；6－高；7－非常高”。此外，本研究问卷的填写采取匿名形式，减少问卷填写者的顾虑和心理负担，降低主观因素导致的偏差影响。

（1）自变量。

在研究假设基础上建立来的理论模型中，知识链知识优势为自变量，根据第 5 章对知识优势的形成过程指标分析，分为知识获取、交互学习和知识创造。本章沿用第 7 章对知识链知识优势的测度题项，见表 7－3。

（2）中介变量。

围绕知识链知识优势向竞争优势转化这一主要研究问题，本研究认为，商业模式是形成知识优势→竞争优势变化的重要原因。为进一步解释商业模式对知识优势与竞争优势之间的作用，本研究选取商业模式作为研究模型中的中介变量。经过前述研究和讨论，将商业模式分为效率型和新颖型 2 种类型。

①效率型商业模式：效率型商业模式设计试图通过效率更高的活动系统来实现价值主张。资源是行为的基础。知识链需要构筑知识优势来帮助其成员建立更有效率的资源组合，使之在不同用途间灵活转换，并以较低成本和较高速度应用在新的商业模式中，达成效率型商业模式的设计实施。效率型商业模式设计注重活动系统内各类资源间的紧密协调，通过知识链跨企业的流程标准化、信息共享等手段提高资源对接的精度和速度、降低资源对接的差错，提高整个活动系统的资源整合效率和配置能力。同时，效率型商业模式往往还能加快资源共享和信息共享，降低对接差错，使业务运行更通畅。本研究在卓德和阿米特（Zott and Amit，2007）研究的基础上，将效率型商业模式分别用降低交易成本、利于信息共享和提高交易效率 3 个变量来表征。其中，降低交易成本用“知识链的商业模式简化了交易流程，降低了交易成本、交易差错及营销、交易费用及沟通成本”来测度，利于信息共享用“知识链的商业模式有利于所有合作伙伴之间共享信息，有利于聚集分散的需求，降低了交易过程中的信息不对称，使交易信息更透明”来测度，提高交易效率用“知识链的商业模式加快了交易速度，提高了交易效率”来测度。

②新颖型商业模式：与效率型商业模式设计不同，新颖型商业模式设计强调在不同的参与者间设计全新的交易内容、结构和治理方式，需要采用新

的方式进行资源组合。蒂斯等（Teece et al.，1997）提出，企业商业模式的强弱直接影响资源的整合效率以及企业资源与外部环境的匹配程度，使现有资源能够快速与新颖型商业模式设计引入的新资源整合，提高现有资源和新资源的匹配效率。新颖型商业模式设计通过设计全新活动系统来创造价值。全新活动系统往往需要全新资源组合来实现，需要对内外部资源进行大幅度重构，从而促进知识链成员建立与新颖型商业模式相匹配的资源体系，促使新颖型商业模式设计成功实施。本研究在卓德和阿米特（Zott and Amit，2007）研究的基础上，将新颖型商业模式分别用引入新方法、加入新合作和创造新点位 3 个变量来表征。其中，引入新方法用“知识链的商业模式代表了产品、服务和信息的新组合，引入了新的思想、方法、商品或新的运作流程、惯例和规范”来测度，加入新合作用“知识链的商业模式采用新的方式激励合作伙伴，引入大量的、全新的、多样化合作伙伴，用新方式将各种参与者紧密联系起来”来测度，创造新点位用“知识链的商业模式采用了新的交易方式，创造了新的盈利方式或新的盈利点位”来测度。

2 类商业模式的测量题项汇总如表 8－1。

表 8－1　商业模式 2 个变量测量题项

中介变量		题项	测量题项内容
B_1 效率型商业模式	降低交易成本	Q_9	知识链的商业模式简化了交易流程，降低了交易成本、交易差错及营销、交易费用及沟通成本
	利于信息共享	Q_{10}	知识链的商业模式有利于所有合作伙伴之间共享信息，有利于聚集分散的需求，降低了交易过程中的信息不对称，使交易信息更透明
	提高交易效率	Q_{11}	知识链的商业模式加快了交易速度，提高了交易效率
B_2 新颖型商业模式	引入新方法	Q_{12}	知识链的商业模式代表了产品、服务和信息的新组合，引入了新的思想、方法、商品或新的运作流程、惯例和规范
	加入新合作	Q_{13}	知识链的商业模式采用新的方式激励合作伙伴，引入大量的、全新的、多样化合作伙伴，用新方式将各种参与者紧密联系起来
	创造新点位	Q_{14}	知识链的商业模式采用了新的交易方式，创造了新的盈利方式或新的盈利点位

资料来源：本研究整理。

（3）因变量。

在研究假设中，竞争优势是研究的因变量。知识链的知识优势，最终要转化为竞争优势才能更有价值。竞争优势是某种不同于别的竞争对手的独特品质，是对知识链效率和效果的最终评价。知识链成员间相互关系连接成一种动态、有机的价值创造体系，这种相互关系基于双赢思想的紧密合作，实现核心能力优势互补，共担风险和成本，共享市场和收益，从而在开放经济环境下赢得市场竞争。竞争不仅在知识链相应层面的企业之间展开，而且更重要的是知识链整体层面的对抗。任何一个知识链成员的竞争力会最终影响这一整体竞争力。一直以来，竞争优势都是应用经济学和管理学领域的重点议题之一。目前学术界对竞争优势的测量并未形成统一公认的指标体系，已有研究中有关竞争优势的实证研究，大多从与竞争对手比较的角度入手，选取指标来对竞争优势进行测量。本研究沿用主流观点，借鉴孟迪云等（2016）的研究，采用多维度指标体系来测量竞争优势，总共测量 5 个题项，包括“与竞争对手相比，知识链成员以较低的成本为客户提供产品或服务”“与竞争对手相比，知识链成员重视客户的需求，为客户提供更多功能、更高性能的产品或服务”“与竞争对手相比，知识链成员以更加快速、有效的方式执行操作流程”“与竞争对手相比，知识链成员能灵活地适应快速变化的市场，并更快地做出反应”“与竞争对手相比，知识链成员市场份额增长更快”等，以此来对知识链成员竞争优势进行综合的评价。

竞争优势的测量题项汇总如表 8－2。

表 8－2　竞争优势测量题项

因变量	题项	测量题项内容
C 竞争优势	Q_{15}	与竞争对手相比，知识链成员以较低的成本为客户提供产品或服务
	Q_{16}	与竞争对手相比，知识链成员重视客户的需求，为客户提供更多功能、更高性能的产品或服务
	Q_{17}	与竞争对手相比，知识链成员以更加快速、有效的方式执行操作流程
	Q_{18}	与竞争对手相比，知识链成员能灵活地适应快速变化的市场，并更快地做出反应
	Q_{19}	与竞争对手相比，知识链成员市场份额增长更快

资料来源：本研究整理。

（4）控制变量。

为增加本研究调查问卷的可靠性，提高文卷获得数据的完整性，考察研究变量的测量是否还受到其他因素的影响，本研究问卷还设计了一些其他变量作为补充，用以反映企业（单位）的背景情况。对这些控制变量进行描述性统计分析，可以使研究者对样本整体的特征分布有比较清楚的了解和把握，为实证分析提供基础性参考。本研究设置的控制变量包括所处行业、机构性质、机构规模、成立年限等（见表 8−3）。

表 8−3　控制变量

控制变量	题号	题项内容
所处行业	Ⅰ	软件、科技、电子、通信企业，机械、化工、制造企业，生物、医疗、新型农业企业，材料、能源企业，建筑、工程、房地产企业，投资、服务、文化企业，其他
机构性质	Ⅱ	国有、民营、合资
机构规模	Ⅲ	特大型、大型、中型、小型、小微
成立年限	Ⅳ	0～5 年，6～10 年，11～15 年，16～20 年，21～25 年，26～30 年，30 年以上

资料来源：本研究整理。

8.2.3　样本选择与数据收集

本研究的实证分析采用问卷调查的方式来获得所需数据，调查问卷的发放对象主要为成都市高新区、天府新区高新片区产业园成员单位，包括核心企业、科研院所、中介及金融服务机构、政府机构等。样本选择、数据收集过程及对共同方法偏差的控制等与第 7 章同步进行，在此不再赘述。

8.3　实证分析与统计检验

8.3.1　描述性统计分析

分析主要包括行业分布、性质分布、规模分布、成立年限分布等，具体内容同第 7 章 7.4.1 相关内容，在此不再重复。

8.3.2　信度与效度检验

本研究通过 Cronbach's α 值及变量所有题项的相关系数（CITC）情况对研究模型中各变量测度进行信度检验，通过探索性因子分析和验证性因子分析法对研究模型中各变量测度进行效度分析。

（1）信度分析。

较高的Cronbach's α值及较高的变量所有题项的相关系数（CITC），代表变量测度具有较高的内部一致性，从而满足信度的要求。一般测量题项对变量所有题项的相关系数应当大于0.35，Cronbach's α值应当>0.7。

①知识链知识优势测量的信度检验。

本研究对知识链知识优势3个维度相应测量题项的信度检验结果见7.4.2节相应内容，在此不再重复。

②商业模式测量的信度检验。

本研究对商业模式2个维度测量题项的信度检验结果见表8-4。

表8-4 商业模式2个维度测量的信度检验结果

变量名称		测量题项	删除该题项后的分量表均值	删除该量表后分量表的方差	CITC	删除该题项后的α系数	Cronbach's α
B_1效率型商业模式	降低交易成本	Q_9	10.14	2.108	0.643	0.858	0.862
	利于信息共享	Q_{10}	10.15	2.071	0.735	0.810	
	提高交易效率	Q_{11}	10.17	1.943	0.850	0.704	
B_2新颖型商业模式	引入新方法	Q_{12}	10.55	1.623	0.872	0.785	0.897
	加入新合作	Q_{13}	10.45	1.760	0.801	0.850	
	创造新点位	Q_{14}	10.60	2.032	0.728	0.811	

资料来源：本研究整理。

从检验结果来看，各潜变量Cronbach's α系数均大于0.8，测量题项对变量所有题项的相关系数（CITC）均大于0.35，说明测量量表的信度满足要求。

③竞争优势的信度检验。

本研究对竞争优势测量题项的信度检验结果具体见表8-5。

表 8-5 竞争优势的信度检验结果

变量名称	测量题项	删除该题项后的分量表均值	删除该量表后分量表的方差	CITC	删除该题项后的α系数	Cronbach's α
C 竞争优势	Q_{15}	18.98	3.797	0.693	0.770	0.826
	Q_{16}	18.76	3.878	0.689	0.772	
	Q_{17}	18.77	4.143	0.569	0.807	
	Q_{18}	18.70	4.395	0.548	0.812	
	Q_{19}	18.77	4.071	0.613	0.794	

资料来源：本研究整理。

从检验结果来看，竞争优势量表 Cronbach's α 系数大于 0.8，测量题项对变量所有题项的相关系数（CITC）均大于 0.35，说明量表信度满足要求。

（2）效度分析。

①知识链知识优势的效度检验

对知识链知识优势测量变量的探索性因子分析结果详见 7.4.2 节相关内容，在此不再重复。

②商业模式的效度检验。

从商业模式的探索性因子分析结果来看，KMO 统计量值为 0.758（>0.6），Bartlett 检验的卡方显著性概率<0.01，见表 8-6。

表 8-6 商业模式的 KMO 和 Bartlett 检验

取样足够度的 Kaiser-Meyer-Olkin（KMO）	度量	0.758
Bartlett 的球形度检验	近似卡方	1558.147
	df	15
	Sig.	0.000

资料来源：本研究整理。

从表 8-7 可以看出，经 Kaiser 标准化正交旋转法，总方差分解得到 2 个因子，解释了数据中 81.175%的变异。

表 8—7　商业模式量表解释的总方差

成分	初始特征值			提取平方和载入			旋转平方和载入		
	合计	方差的（%）	累积（%）	合计	方差的（%）	累积（%）	合计	方差的（%）	累积（%）
1	2.501	41.676	41.676	2.501	41.676	41.676	2.494	41.574	41.574
2	2.370	39.499	81.175	2.370	39.499	81.175	2.376	39.602	81.175
3	0.478	7.960	89.136						
4	0.357	5.944	95.080						
5	0.162	2.702	97.783						
6	0.133	2.217	100.000						

资料来源：本研究整理。

表 8—8 展示了商业模式因子分析得出的旋转矩阵结果。经 3 次迭代后收敛，根据旋转成分矩阵提出 2 个关键因子：

B_1 因子包含 Q_9～Q_{11} 等 3 个题项指标，主要描述知识链的商业模式降低交易成本、增强合作伙伴信息共享、提高交易速度和效率等，代表知识链商业模式降低成本、提高整体效率的效果，因此将 B_1 定义为"效率型商业模式"。

B_2 因子包含 Q_{12}～Q_{14} 等 3 个题项指标，集中反映引入新思维、新商品、新流程，引入新的合作伙伴，提高合作伙伴参与度、创造新的盈利方式或盈利点的情况，代表知识链商业模式创新创造的效果，因此将 B_2 定义为"新颖型商业模式"。

表 8—8　商业模式因子分析结果

因子类型		成分	
		1	2
B_1 效率型商业模式	Q_9	0.070	0.826
	Q_{10}	−0.014	0.892
	Q_{11}	−0.044	0.943
B_2 新颖型商业模式	Q_{12}	0.946	0.017
	Q_{13}	0.912	0.074
	Q_{14}	0.872	−0.068

注：旋转在 3 次迭代后收敛。

资料来源：本研究整理。

为了进一步确定各题项对共同因子的从属关系有否错位或交叉等现象，本研究用 AMOS17.0 软件构建了验证性因子分析模型，进一步开展对商业模式的验证性因子分析。

由表 8−9 模型拟合优度评价结果可知，在对商业模式进行验证性因子分析时，得到的拟合参数各项拟合指标均比较理想，卡方与自由度之比（χ^2/df）为 1.664，相对拟合指数（NFI）为 0.976，比较拟合指数（CFI）为 0.981，均大于 0.9；拟合优度指数（GFI）为 0.971，大于 0.9。各拟合优度评价指标良好，本研究所构建的测量模型可用性较高。

表 8−9　商业模式模型的拟合指标

拟合度指标	χ^2/df	RMSEA	RMR	GFI	TLI	NFI	PNFI	IFI	CFI
测量值	1.664	0.065	0.024	0.971	0.965	0.976	0.621	0.981	0.981
判断标准	1.0～2.0	<0.08	<0.05	>0.9	>0.9	>0.9	>0.5	>0.9	>0.9

资料来源：本研究整理。

商业模式模型及各个潜变量标准化因子载荷见图 8−2。由图 8−2 可知，在 $p<0.001$ 的显著性水平下，Q_9（0.979）、Q_{10}（0.854）、Q_{11}（0.760）能够较好地体现潜在变量“效率型商业模式（B_1）”，Q_{12}（0.913）、Q_{13}（0.806）、Q_{14}（0.674）能够较好地体现潜在变量“新颖型商业模式（B_2）”。

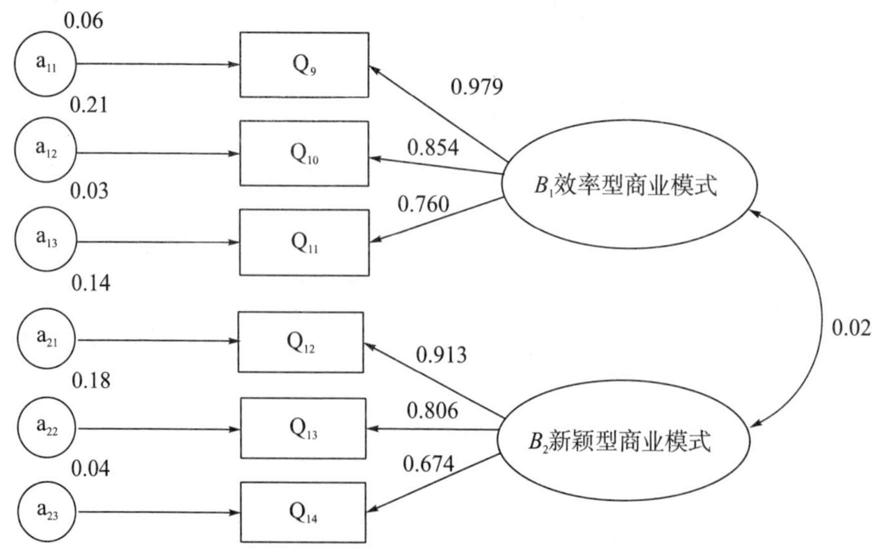

图 8−2　商业模式验证性因子分析模型图

从探索性和验证性因子分析结果来看，商业模式量表效度良好。

③竞争优势的效度检验。

从竞争优势的探索性因子分析结果来看，KMO 统计量值为 0.833（＞0.6），Bartlett 检验的卡方显著性概率为 0.000（＜0.01），适合做因子分析，见表 8−10。

表 8−10　商业模式的 KMO 和 Bartlett 检验

取样足够度的 Kaiser−Meyer−Olkin（KMO）	度量	0.833
Bartlett 的球形度检验	近似卡方	699.377
	df	10
	Sig.	0.000

资料来源：本研究整理。

通过主成分分析得到 1 个因子，解释了数据中 65.108%的变异（只提取了 1 个因子，无法旋转），如表 8−11 所示。

表 8−11　商业模式量表解释的总方差

成分	初始特征值			提取平方和载入			旋转平方和载入		
	合计	方差的（%）	累积（%）	合计	方差的（%）	累积（%）	合计	方差的（%）	累积（%）
1	2.955	65.108	65.108	2.955	65.108	65.108	—	—	—
2	0.674	11.488	76.596						
3	0.579	9.576	86.172						
4	0.424	7.470	93.642						
5	0.368	6.358	100.000						

资料来源：本研究整理。

表 8−12 展示了创新绩效因子分析得出的成分矩阵结果。

表 8－12　商业模式因子分析结果

因子类型		成分
		1
C 竞争优势	Q_{15}	0.825
	Q_{16}	0.822
	Q_{17}	0.723
	Q_{18}	0.704
	Q_{19}	0.763

资料来源：本研究整理。

以 AMOS17.0 为分析软件，构建竞争优势的验证性因子分析模型。由表 8－13 模型拟合优度评价结果可知，竞争优势模型的拟合参数比较理想，χ^2/df 为 1.172，NFI 为 0.970，CFI 为 0.977，TLI 为 0.954，IFI 为 0.977，GFI 为 0.978，全部大于 0.9，竞争优势变量模型拟合程度较好。

表 8－13　商业模式模型的拟合指标

拟合度指标	χ^2/df	RMSEA	RMR	GFI	TLI	NFI	PNFI	IFI	CFI
测量值	1.172	0.078	0.012	0.978	0.954	0.970	0.685	0.977	0.977
判断标准	1.0～2.0	<0.08	<0.05	>0.9	>0.9	>0.9	>0.5	>0.9	>0.9

资料来源：本研究整理。

竞争优势模型及各个潜变量标准化因子载荷见图 8－3。在 $p<0.001$ 的显著性水平下，Q_{15}（0.775）、Q_{16}（0.785）、Q_{17}（0.625）、Q_{18}（0.605）、Q_{19}（0.702）能够较好地体现潜在变量“竞争优势（C）”。

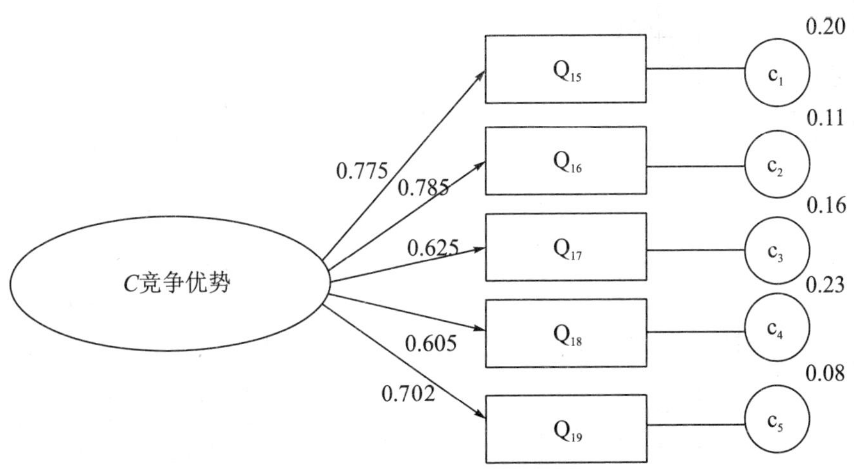

图 8－3　竞争优势验证性因子分析模型图

综上，从因子分析结果来看，竞争优势量表具有较好的效度。

8.3.3　Pearson 相关分析

相关性分析的目的是对变量之间的关系是否存在相互影响而进行的初步检查，以便为后面使用结构方程模型验证本研究模型做好相关准备。本研究使用 SPSS 统计软件进行了测量变量的 Pearson 相关性分析，分析结果如表 8－14 所示。

表 8－15　各测量变量的 Pearson 相关矩阵

	Q_1	Q_2	Q_3	Q_4	Q_5	Q_6	Q_7	Q_8	Q_9	Q_{10}	Q_{11}	Q_{12}	Q_{13}	Q_{14}	Q_{15}	Q_{16}	Q_{17}	Q_{18}	Q_{19}
Q_1	1																		
Q_2	0.605***	1																	
Q_3	0.501***	0.608***	1																
Q_4	0.203*	0.248**	0.177*	1															
Q_5	0.115**	0.298***	0.223**	0.304***	1														
Q_6	0.127*	0.218**	0.135*	0.332***	0.490***	1													
Q_7	0.107**	0.227**	0.117**	0.144**	0.166*	0.129*	1												
Q_8	0.185*	0.122**	0.368**	0.131**	0.224*	0.257**	0.442***	1											
Q_9	0.516**	0.730*	0.226**	0.389**	0.681**	0.530*	0.599***	0.731***	1										
Q_{10}	0.280*	0.118**	0.586*	0.231***	0.249***	0.111**	0.278**	0.169**	0.534*	1									
Q_{11}	0.726*	0.507**	0.133**	0.218***	0.324***	0.201**	0.273***	0.413**	0.265**	0.503***	1								
Q_{12}	0.619*	0.355*	0.635**	0.373***	0.331***	0.278***	0.281***	0.293**	0.276**	0.635***	0.609***	1							
Q_{13}	0.413**	0.312**	0.263**	0.232*	0.522**	0.426**	0.520**	0.345**	0.523**	0.632**	0.422**	0.474**	1						
Q_{14}	0.384**	0.209**	0.140**	0.751**	0.785**	0.625**	0.276**	0.326*	0.144**	0.122**	0.193**	0.425**	0.731***	1					
Q_{15}	0.243**	0.309*	0.124**	0.626*	0.540*	0.253**	0.111**	0.404**	0.358*	0.454**	0.446*	0.563*	0.376***	0.685***	1				
Q_{16}	0.279*	0.183***	0.190**	0.217***	0.235***	0.197***	0.228**	0.561**	0.334**	0.286***	0.207**	0.201**	0.400***	0.470***	0.363***	1			
Q_{17}	0.584***	0.346**	0.791**	0.219***	0.224***	0.152**	0.166**	0.398*	0.549**	0.270***	0.284***	0.312***	0.278***	0.320***	0.243***	0.644***	1		
Q_{18}	0.172**	0.250**	0.175**	0.201***	0.247***	0.176**	0.159**	0.239**	0.691**	0.299***	0.253***	0.264***	0.369***	0.393***	0.311***	0.768***	0.724***	1	
Q_{19}	0.435**	0.171**	0.136**	0.177**	0.161**	0.157**	0.360**	0.517**	0.688**	0.547*	0.208*	0.193**	0.245**	0.274**	0.296**	0.138**	0.176**	0.197**	1

注：*** 代表 $p<0.001$；** 代表 $p<0.01$；* 代表 $p<0.05$。

资料来源：本研究整理。

从变量间的 Pearson 相关矩阵可以看出，知识链知识优势变量与商业模式、竞争优势之间均有显著的相关关系，与本研究假设初步对应。同时，各变量相关系数均未超过临界值（0.9），可以认为各变量间不存在多重共线性问题。

8.3.4　理论模型检验

根据本研究提出的商业模式对知识链知识优势与竞争优势之间的关系假设，采用 AMOS17.0 软件进行结构方程模型分析，并通过分析结果，对前述假设进行验证。

（1）结构方程模型的构建。

基于前文对知识链知识优势－商业模式－竞争优势作用的探讨，本研究的整体理论模型的示意图如图 8－4 所示。

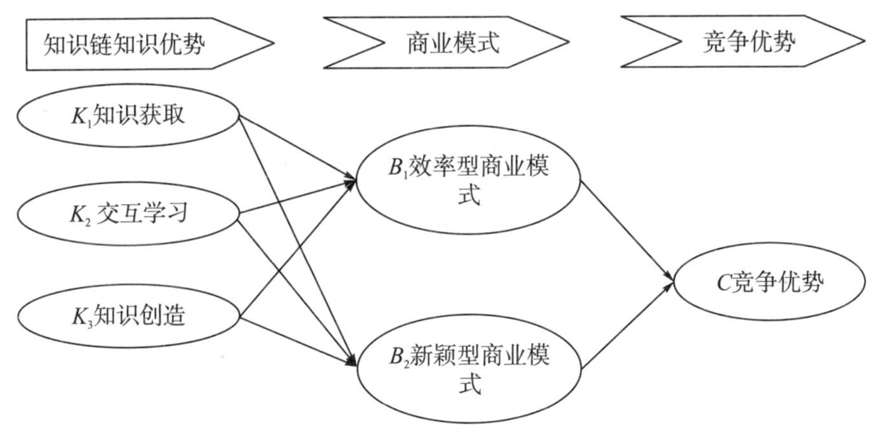

图 8－4　知识链知识优势、商业模式、竞争优势理论模型图

运用 AMOS17.0 软件检验理论模型，拟合度指标如表 8－15 所示。

表 8－15　知识链知识优势－商业模式－竞争优势整体模型的拟合指标

拟合度指标	χ^2/df	RMSEA	RMR	GFI	TLI	NFI	PNFI	PGFI	CFI
测量值	1.190	0.054	0.027	0.929	0.962	0.946	0.768	0.758	0.970
判断标准	1.0～2.0	<0.08	<0.05	>0.9	>0.9	>0.9	>0.5	>0.5	>0.9

资料来源：本研究整理。

从整体模型拟合度来看：①绝对拟合指标之中，整体模型的卡方值为 163.030，自由度 df 为 137，χ^2/df 值为 1.190，小于 2，表明拟合较好；

GFI 的值为 0.929，大于 0.9，表明模型拟合较好；RMR 的值为 0.027，小于 0.05，也表明整体拟合度较好。②相对拟合指标（NFI 和 CFI）之中，NFI 和 CFI 值分别是 0.946 和 0.970，大于 0.9，表明本研究模型拟合较好；③节俭拟合指标（PNFI 和 PGFI）之中，该整体模型的 PNFI 和 PGFI 值分别为 0.768 和 0.758，大于 0.5，表明本研究模型节省。因此，从绝对、相对和节俭拟合指标综合来看，本研究模型的各项指标均达到可接受水平。

整体理论模型的假设检验结果如表 8-17 所示。

表 8-17　整体模型的路径系数与假设检验

假设	变量间的关系			未标准化路径系数	S. E.	C. R.	p	标准化路径系数	检验结果
H_{1-1}	B_1 效率型	←	K_1 知识获取	0.317	0.064	2.411	***	0.567	支持
H_{1-2}	B_2 新颖型	←	K_1 知识获取	0.283	0.049	5.736	***	0.487	支持
H_{2-1}	B_1 效率型	←	K_2 交互学习	0.511	0.065	1.690	***	0.684	支持
H_{2-2}	B_2 新颖型	←	K_2 交互学习	0.586	0.051	1.489	***	0.776	支持
H_{3-1}	B_1 效率型	←	K_3 知识创造	0.441	0.067	3.622	***	0.580	支持
H_{3-2}	B_2 新颖型	←	K_3 知识创造	0.760	0.051	2.386	***	0.819	支持
H_{4-1}	C 竞争优势	←	B_1 效率型	0.574	0.033	3.159	***	0.709	支持
H_{4-2}	C 竞争优势	←	B_2 新颖型	0.719	0.026	4.580	***	0.845	支持

注：*** 代表 $p<0.001$。

资料来源：本研究整理。

从表 8-17 可以看出，上述 8 个假设均获得验证支持。模型的运算结果如图 8-5 所示。

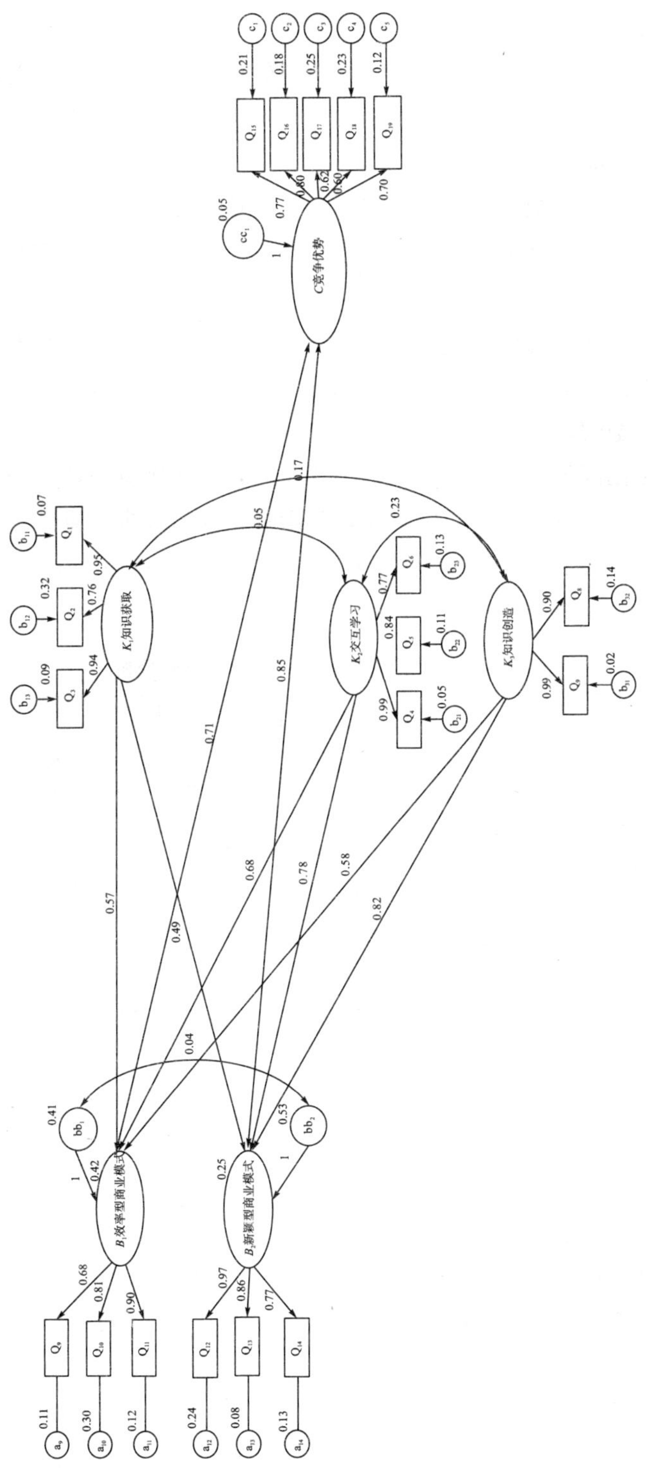
C竞争优势
K_1知识获取
K_2交互学习
K_3知识创造
B_1效率型商业模式
B_2新颖型商业模式

从验证结果看：

①知识获取、交互学习和知识创造与效率型商业模式均显著正相关，其中交互学习与效率型商业模式的相关性最大，其次是知识创造，假设 H_{1-1}、H_{2-1}、H_{3-1}均获得支持。

②知识获取、交互学习和知识创造与新颖型商业模式均显著正相关，其中知识创造与新颖型商业模式的相关性最大，其次是交互学习，假设 H_{1-2}、H_{2-2}、H_{3-2}获得支持。

③效率型和新颖型商业模式均与竞争优势显著正相关，其中新颖型商业模式对竞争优势的影响较大，假设 H_{4-1}、H_{4-2}均获得支持。

（2）模型的影响效应分析。

每条路径都包括直接和间接影响效应，其中间接影响效应指自变量通过中介效应对因变量产生的间接影响，其影响路径的效应值应该是这条路径上全部路径系数的乘积。表 8－17 展示了修正后模型各变量间的直接影响效应和间接影响效应值。

表 8－17　模型变量之间的影响效应分析

知识链知识优势		商业模式		C 竞争优势	
		B_1 效率型	B_2 新颖型	经 B_1 的中介效应	经 B_2 的中介效应
知识优势	K_1 知识获取	0.57	0.49	0.40	0.48
	K_2 交互学习	0.68	0.78	0.48	0.66
	K_3 知识创造	0.58	0.82	0.41	0.70
C 竞争优势	0.71	0.85	—	—	—

资料来源：本研究整理。

从表 8－17 来看，知识获取、交互学习、知识创造对全部类型的商业模式都有显著的直接影响效应，并通过商业模式对竞争优势产生间接中介效应。其中：

①知识获取对竞争优势有两条影响路径：一条是知识获取→效率型商业模式→竞争优势，该条路径上的效应值是 0.57×0.71＝0.40；另一条是知识获取→新颖型商业模式→竞争优势，该条路径上的效应值是 0.49×0.85＝0.48。

②交互学习对竞争优势的影响路径分别为交互学习→效率型商业模式→竞争优势、交互学习→新颖性商业模式→竞争优势，2 条路径效应值分别为

0.68×0.71=0.48、0.78×0.85=0.66。

③知识创造对竞争优势的影响路径分别为知识创造→效率型商业模式→竞争优势、知识创造→新颖型商业模式→竞争优势，2条路径效应值分别为0.58×0.71=0.41、0.82×0.85=0.70。

8.4 研究结果讨论

8.4.1 假设检验结果的讨论

本研究提出的8条假设全部得到验证（见表8-18）。

表8-18 假设检验结果汇总

序号	假设	验证结果
H_{1-1}	知识获取对效率型商业模式有显著性正向影响	通过
H_{1-2}	知识获取对新颖型商业模式有显著性正向影响	通过
H_{2-1}	交互学习对效率型商业模式有显著性正向影响	通过
H_{2-2}	交互学习对新颖型商业模式有显著性正向影响	通过
H_{3-1}	知识创造对效率型商业模式有显著性正向影响	通过
H_{3-2}	知识创造对新颖型商业模式有显著性正向影响	通过
H_{4-1}	效率型商业模式对竞争优势有正向促进作用	通过
H_{4-2}	新颖型商业模式对竞争优势有正向促进作用	通过

资料来源：本研究整理。

实证结果表明，知识链知识优势、商业模式与竞争优势的回归路径各有不同：

（1）知识获取、商业模式与竞争优势。在效率型和新颖型商业模式的引导下，知识链的知识获取品质、数量和获取速度是知识优势向竞争优势转化的重要基础。如图8-6所示，知识获取通过正向影响效率型和新颖型商业模式而显著促进竞争优势的提升。其中，知识获取的品质是最重要因子，其次是知识获取的速度。由此可见，为更好地实现知识优势向竞争优势的转化，知识链核心企业在寻求合适的商业模式过程中，应首先关注合作相关知识品质的高低，如参与的产学研单位是否具有较强的科研和成果转化实力，能否解决国家或地区产业发展的重大问题等；其次还应充分评估知识链合作伙伴的知识基础、知识的差异度及编码度，重点考虑合作成员之间能否形成良好合作联盟，以更快更好地获取到有用的知识，提高系统知识运转速率，降低关联风险。当然，知识获取的数量也在一定程度上对商业模式的选取产生影响。实证显示，较高品质的知识资产、较完善的知识获取速度、大量外部知识的汲取，一方面可增强系统内知识流动速率，加快知识融合与知识协同；另一方面可促进效率型和新颖型商业模式的产生，从而有效提升知识链竞争优势。从影响效应来看，知识获取对效率型商业模式的促进作用更大，通过效率型商业模式对竞争优势的综合影响效应为 0.40；不过，由于新颖型商业模式对竞争优势的影响作用效应显著大于效率型商业模式，因此“知识获取→新颖型商业模式→竞争优势”这一路径的综合影响效应反而更大，达到 0.48。

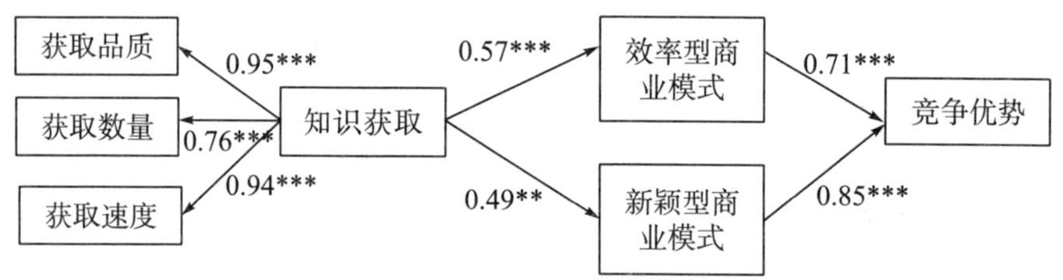

注：*** 代表 $p<0.001$，** 代表 $p<0.01$。下同。

图 8-6　知识获取—商业模式—竞争优势作用机制

（2）交互学习、商业模式与竞争优势。知识链的知识共享能力、知识吸收能力和知识运用能力，在效率型和新颖型商业模式的带领下，是知识优势向竞争优势转化的内在动力。如图 8-7 所示，交互学习通过正向作用于效率型和新颖型商业模式而显著作用于竞争优势，这与本研究最初的设想一致。其中，知识共享是最重要因子，其次是知识吸收。为更好地促进知识优势转化为竞争优势，知识链成员首先应探索良性的知识共享机制，加强双边或多边的交互式学习，形成相互依存的复式学习关系，实现知识从组织到组织、组织到知识链以及从知识链到组织的交互过程，助力知识链选择更优的商业模式。其次，知识链成员还应加强自身知识吸收、转移、应用等能力，通过交互式学习手段，如技术许可、技术转让、技术交流等，保持畅通的知识传递和高效的知识接收度，并通过市场机会的持续搜寻，建立高效的、创新引领的商业模式，结合自身原有知识储备，最大限度运用于挖掘新的技术、工艺和方法，实现系统内知识的商业化应用。在“创新 3.0”系统下，仅仅依靠单个成员是远远不够的，必须依靠搭建内部成员知识共享体系和借助外部资源的吸收，才能更好地完成知识扩散、转移、技术创新及知识成果的转化，进而促使知识优势向竞争优势转化。知识链核心企业须具备较强的知识共享能力、吸收能力、利用能力及较高的知识转移效率，才能促使知识链选择合适的商业模式，进而促进知识优势发生质的转变——形成竞争优势。从综合影响作用大小来看，交互学习对新颖型商业模式的促进作用最大，通过新颖型商业模式对竞争优势的综合影响效应达 0.66；效率型商业模式稍次之，综合影响效应为 0.48。

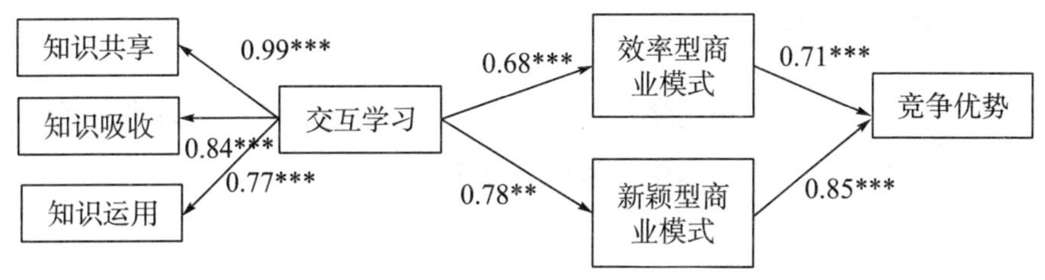

图 8-7　交互学习-商业模式-竞争优势作用机制

（3）知识创造、商业模式与竞争优势。研究显示，在效率型和新颖型商业模式的引领下，新知识的生成和新技术产品的市场试验，能够更好地占领市场，提高市场份额和竞争力，是促进知识优势转化为竞争优势的关键。如图 8-8 所示，知识创造通过正向影响效率型和新颖型商业模式，进而促进竞争优势的获取。其中，新知识的生成是重要因子，新产品的市场试验次之。由此可见，为有效实现知识优势向竞争优势转化，切实提高市场竞争力，知识链成员之间首先应在互相学习技能、分享感觉、交流经验的基础上，从内生动力出发，促进知识共享、扩散和协同，逐渐产生新知识的萌芽，然后将其加以明晰、筛选、修改、丰富，最终建立知识原型，促进新知识的产生。其次，知识链还须对原型化的产品放到市场中加以试用、检验，放入激烈的市场竞争中，观察和评判消费者的反馈和改善建议，观测该产品与竞争对手之间的差异，研究竞争对手产品的优劣势，调研消费者对新产品的接受程度，以及对新产品与竞争品的对比评价，从实践中获知新知识的不足和缺陷，使之不断完善，从而形成源源不断的外生动力，有效推动知识成果转化和符合市场需求的新产品生产或新工艺改进，力求新的技术创新或产品改进能够具有或保持行业知识领先地位和市场竞争优势地位。从综合影响效应来看，知识创造对新颖型商业模式的促进作用更大，通过新颖型商业模式对竞争优势的综合影响效应达 0.70；其次为效率型商业模式，综合影响效应为 0.41。

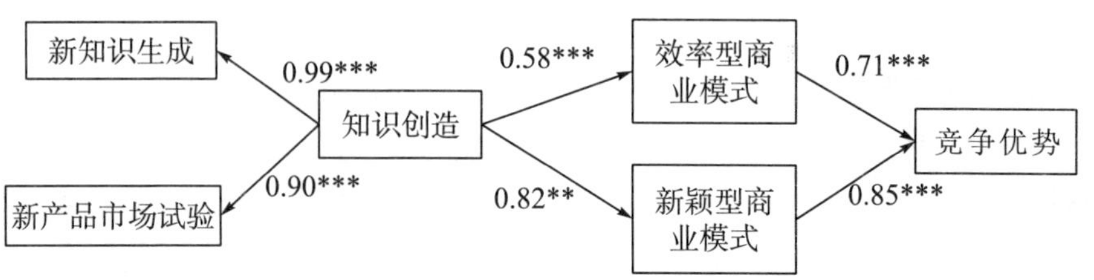

图 8－8　知识创造－商业模式－竞争优势作用机制

8.4.2　研究结论

本研究对知识链知识优势、商业模式、竞争优势三者的关系进行系统探讨，通过实证验证了知识获取、交互学习和知识创造分别与 2 类商业模式显著正相关，2 类商业模式与竞争优势全部显著正相关。

研究主要结论如下：

（1）知识链的发展离不开知识、知识优势和竞争优势。其中，知识是源泉，知识优势是基础，竞争优势是结果。选择有效的商业模式是知识链知识优势向竞争优势转化的关键。知识优势－商业模式－竞争优势三者之间是相辅相成、共生共荣的关系。

（2）“知识获取→交互学习→知识创造”过程分别对 2 类商业模式全部产生正向作用，促进 2 类商业模式共同发展。其中：

①3 个关键环节均与效率型商业模式显著正相关，其相关性大小排序为：交互学习＞知识创造＞知识获取。为实现效率型商业模式，提高资源对接的精度和速度、降低资源对接的差错，提高整个活动系统的资源整合效率和配置能力，知识链首先须不断强化成员间知识共享能力、知识吸收能力和知识运用能力，丰富内部知识广度和深度，同时将外部获取的知识进行内化，变成组织知识，并将内化后的知识在知识库中创新融合，运用于挖掘新的技术、工艺和方法，实现知识和技术创新；其次须从内生动力和外生动力两方面促进知识创造，达成新知识原型的生成，并在市场竞争中不断试验、反馈与纠错。当然，知识获取的品质、数量和获取速度也是效率型商业模式设计过程中应当重要关注的点位。

②3 个关键环节与新颖型商业模式显著正相关，其相关性大小排序为：知识创造＞交互学习＞知识获取。知识链系统为形成和维持新颖型商业模式，首先是不断提升系统知识创造效能，一方面在原有的知识领域内，增加知识链拥有知识的广度、强度和深度，整合出不同于原有知识的新知识，用

以指导新产品和新服务的开发和市场试验；另一方面通过对新知识领域的探索和挖掘，知识链首次向市场引入能对经济产生重大影响的知识产品或技术，促进新知识生成和市场试验成功。其次须不断提高知识产业链上下游企业知识流动效率，增强知识链成员间知识自由流动、匹配到知识需求方的效率，减少系统内知识传递的内耗成本，促进显性知识和隐性知识的转化，将知识变为知识链可用、好用的资源，并将新知识投入产品服务中，提高知识利用效率，在市场上实现更高价值。此外，还应关注成员间获取外部实体性的“知”和动态能力的“识”，通过知识辨识、知识收集、知识转化、知识储存等一系列过程，将自己辨识的知识改造到组织内部，以尽可能提高知识获取数量、速度和品质。

（3）2 类商业模式均对竞争优势具有显著促进作用，作用大小排序为：新颖型>效率型。可见独创性知识成果对知识链最终形成竞争优势的推动作用更为明显。对知识链系统来说，为达成知识优势向竞争优势的成功转化，首先须在资源开发、研发模式、制造方式、营销体系、流通体系等各个环节与竞争对手相较，力求塑造生产函数的更优解，突破传统模式，推动新产品/服务快速抢占市场“高地”，创造新商业、新技术、新供应源等新颖型商业模式。其次，也需重视现有资源的重新组合，将各项生产要素和资源更加高效率地引向新用途，降低新产品新技术革新的各方协同成本，促进研发成功率、提高研发速度，带来工艺、操作技术活流程的改进，创造效率型商业模式，最终将知识链已有的知识优势顺利转化为竞争优势。

8.5　本章小结

本章建立了知识链视角下知识优势、商业模式、竞争优势三者关系的概念模型，提出了 8 条研究假设，通过结构方程模型法对研究模型进行实证分析，结果显示 8 条假设均获得验证：一是验证了知识获取、交互学习和知识创造分别与效率型或新颖型商业模式全部显著正相关，二是证实了效率型和新颖型 2 类商业模式与竞争优势全部显著正相关。由此，本研究从定量分析的角度，从商业模式入手，打开了知识链知识优势向竞争优势转化的路径“黑箱”，可为中国产业知识链系统的发展和壮大提供具体思路。

第 9 章　结论与展望

9.1　主要结论

本研究针对知识链知识优势形成与演化过程中的关键问题，按照“优势形成→优势维持→优势转化”的逻辑主线，构建了由企业、学研机构、中介组织等组成的知识链知识优势的形成、维持及其向竞争优势转化的理论体系，解析了知识链知识优势的概念与内涵，阐释了知识链知识优势“知识获取→交互学习→知识创造”的形成过程及形成机理，从微观、中观、宏观三个层面剖析了知识链知识优势的关键影响因素，建构了知识优势的二维指标评价体系，探讨了知识链知识优势的演化过程，并从动态能力视角探索了知识链知识优势的维持机制，最后讨论了知识链知识优势如何通过不同的商业模式最终转化为竞争优势。主要结论如下：

(1) 知识链知识优势是知识链在“获取→学习→创造”过程中形成的知识价值增值，是知识链合作的集中决策成果和综合能力表现。它不同于一般性的知识优势，基于组织间多重协同和知识流动，超越了传统知识优势的认知边界，且具有多样性、动态性、进化性和自组织性等独有特征。知识链知识优势形成的过程一般包括知识获取阶段、交互学习阶段和知识创造阶段。这三个阶段按照知识链管理的基本逻辑依次演进，知识获取是起点，交互学习是关键，知识创造是成果。

(2) 知识链是由多个创新主体间的知识流动而形成的链式组织结构，组织间的知识获取、共享与合作互动对知识链合作创新效率具有促进作用。研究发现，知识链采用集中决策时的知识获取、交互学习、知识创造水平与效率最优，此时创新主体的知识创造水平均高于其他的合作模式，而且组织的知识创造效率与合作伙伴创新能力呈正相关关系，有利于促进知识优势的形成。从知识链知识优势的形成机理来看，集中决策下的知识获取、交互学习与知识创造在知识优势的形成过程中十分重要，是知识链能否形成知识优势、实现高效合作创新的关键。

(3) 运用因子分析法，从微观、中观和宏观三个层面的动因分析，提炼了知识链在“知识获取→交互学习→知识创造”过程中形成知识优势的5大要素15项子指标的关键影响因素，即知识特性、知识协同能力、社会资本、经济利益和外部环境，并验证了其内部要素间的逻辑关联。其中，知识势差、外化与互补组成了知识特性因素（微观因子1），知识转移、整合与创新组成了知识协同能力因素（微观因子2），网络关系、相互信任、共同愿景组成了社会资本因素（中观因子1），交易费用节约、规模经济性、范围经济性组成了经济利益因素（中观因子2），政府政策环境、产业环境和市场环境组成了外部环境因素（宏观因子）。此外，实证结果还发现，基于现有样本，R&D吸收、网络结构、联结经济性对形成知识优势的影响不够显著，这可能与现阶段中国企业研发投入不足、知识链成员间开拓新的网络较为困难，以及多重共有因素的使用与共享的壁垒较高有关。

(4) 从“内涵+外延”两个层面，以形成过程和影响因素两个维度，构建了知识链知识优势的评价指标体系，提出了基于主客观组合赋权的K－CFM模糊综合评价模型。其中，主观赋权采用基于G1法、G2法和层次分析法（AHP）的几何平均赋权法，客观赋权运用因子分析法。K－CFM模型的作用是评价知识链整体知识优势水平及各企业知识优势在知识链中所处的位置。为进一步验证该评价指标体系及评价模型的适用性和有效性，本研究以成都市高新区科技产业园为例，采用K－CFM模型进行了实证运算，验证了评价指标体系的适用性与有效性，为比较不同知识链间的知识优势差距提供测评标准。研究发现，实证运算结果符合现实情况，能够从中找出知识优势评价等级较低的企业，帮助它们发现“短板”、有的放矢地改善知识运作效率、不断提升其知识优势水平，最终促进知识链整体知识优势水平的提升。

(5) 构建了企业、学研机构、中介组织三类创新种群组成的产业竞争知识链系统模型，采用多主体建模与仿真方法，分析知识链知识优势的发展与演化规律。研究发现，知识链与知识链之间的竞争与合作关系是知识优势形成并不断递增的实践基础，这种竞合关系促进了组织间的知识创造与产业技术的扩散与更新，知识链知识优势随着产业规模的不断扩张经历了由递增到递减直至衰退的演化过程；在链与链的竞争中，产业竞争中知识链的知识创造经历了先递增后递减的演化过程，具有倒U型特征；此外，相对于以个体具有的合作伙伴数量为评价标准的“度择优”机制，以个体的创新能力作为评价标准的“能力择优”可以更加显著提高知识链的创新收益，可见个体的创新能力是超越合作伙伴数量以促进组织创新收益的更为重要的连接方式，因此，优先与创新能力强大的个体建立合作可作为组织在组建知识链时首选的关系建立机制。

（6）构建了知识链视角下“动态能力、关系治理、知识优势”三者关系模型，基于动态能力与关系治理理论，从动态能力视角对知识链知识优势的维持机制进行了实证分析，考察了知识链的联盟管理能力、资源整合与重构能力等对知识优势维持的作用机制，从知识链成员间的相互信任、价值认同与行为规范等维度，分析了知识链内部的关系治理如何影响动态能力对维持知识优势的作用效果。实证发现，联盟管理能力、资源整合能力、资源重构能力 3 个动态能力因子分别与知识链知识优势的“知识获取→交互学习→知识创造”过程全部或部分显著正相关，且关系治理对动态能力与知识链知识优势之间的关系有显著正向中介作用，能够促进知识优势维持与发展，其作用方式既非简单线性关系，也非单一链条，而是一个系统化的生态链。

（7）通过实证，证实了 3 种不同动态能力在显著影响知识优势 3 大关键环节中作用效应各有不同：联盟管理能力对知识优势形成过程的作用大小排序为：知识创造＞交互学习＞知识获取。资源整合能力对知识优势形成过程的作用大小排序为：知识获取＞知识创造＞交互学习。资源重构能力对知识优势形成过程的作用大小排序为：知识创造＞知识获取＞交互学习。本研究进一步证实了关系治理对“动态能力→知识优势”之间关系具有中介作用。其中，3 个动态能力因子对关系治理具有显著性影响，作用大小排序为：资源重构能力＞资源整合能力＞联盟管理能力。关系治理对知识获取、交互学习、知识创造均具有正向作用，影响大小排名为：交互学习＞知识获取＞知识创造。

实证结果显示，关系治理对“资源重构能力→知识优势”的中介效应最强，对“资源整合能力→知识优势”的中介效应次之，对“联盟管理能力→知识优势”的中介效应最小。这一排名说明在同样的关系治理水平下，资源重构能力能够对知识优势的维持与发展贡献更大的力量，而同时也说明联盟管理能力的作用还存在较大的提升空间，未来知识链还可就联盟构想、角色管理与关系组合等方面加强知识管理实践，促使联盟管理能力发挥更大潜能。

（8）从定量分析的角度，从商业模式入手，打开了知识链知识优势向竞争优势转化的路径“黑箱”。从产业竞争层面，构建了“知识优势→商业模式→竞争优势”转化机制模型，通过实证分析，证实了知识链的发展，离不开知识优势向竞争优势的不断转化，离不开商业模式的引导和支持，知识优势、商业模式、竞争优势三者之间是相辅相成、共生共荣的关系。研究发现：知识获取、交互学习和知识创造分别与效率型或新颖型商业模式全部显著正相关。其中，3 个维度均对效率型商业模式具有显著性影响，其作用大小排序为：交互学习＞知识创造＞知识获取。3 个维度对新颖型商业模式具有显著性影响，其作用大小排序为：知识创造＞交互学习＞知识获取。效率型和新颖型 2 类商业模式与竞争优势全部显著正相关，且新颖型商业模式＞效率型商业模式。

9.2　管理启示与政策建议

9.2.1　知识链知识优势持续发展的管理启示

与工业经济时代大企业通常借助垂直一体化的组织形态来获取超额利润不同，信息经济时代要求产业组织形态由垂直一体化向链式化转变。知识优势既是战略管理映射到知识经济时代的新要求，也是知识链管理的具体内容，而知识链成员动态能力的水平与大小，对知识链能否维持和发展知识优势具有重要作用；同时，关系治理状况对动态能力与知识优势的维持作用也具有重要正向影响。从知识管理角度对中国各产业知识链系统知识优势的构建及其持续发展提出以下管理启示：

（1）深化动态能力是维持知识优势的内在要求。

核心刚性是知识链保持原有状态、抗拒变化的一种现象。知识链自身的核心刚性源于知识链的根植性，表现为知识链成员间的联系是源于其自主性和相互依赖的结合，知识链内的交流规则抑制了知识的交流，从而影响能力的发展。基于惯例、规则、文化、地域等因素而形成的根植性过强的知识链呈现封闭性特征，企业习惯性地在知识链中寻找知识伙伴而排斥新的外部知识资源，缺乏对知识链的更新与优化，无法补充已有知识或更新新的知识，从而限制了知识链获取、学习和利用知识资源的范围，其知识优势也难有发展。因此，维持知识链知识优势首先要求知识链通过提升其动态能力，不断克服核心刚性，不断否定现有成功路径，不断适应环境变化，探寻新的成功路径。

知识获取、交互学习和知识创造是形成知识优势的关键核心过程，但由于核心刚性的存在，仅仅依靠这三个环节，并不能为知识链带来持续知识优势，给知识链带来持续知识优势的是知识链的动态能力，是能够随知识网络环境的变化而不断做出动态调整和改变的一系列能力，包括联盟管理能力、资源整合能力和资源重构能力。实证研究表明，动态能力对知识链知识优势形成过程的关键环节有很大的促进作用，在识别市场机会和建网环节起着重要的作用。因此，知识链成员必须扎实构建联盟管理能力、资源整合能力和资源重构能力，围绕这三方面的动态能力不断加强培养，才能适应环境的变化，同时结合自身资源整合外部资源、知识与能力，为知识链带来持续的知识优势。

（2）战略性提升整体动态能力是发展知识优势的核心动力。

动态能力是一种改变能力的能力，除具备价值性、协同性、开放性和开拓性等典型特征外，还具备动态性、学习性、创新性等特征，知识链从构建之初就要从战略上注重对动态能力的培育，以此促进并推动知识优势的形成、维持和发展。动态能力的培育过程是知识链组织动态的内部管理、资源整合和重构的过程，在这个过程中，知识链成员要注重知识获取、交互学习和知识创造机制的建立，形成有利于知识共享的学习、整合和重构环境，重视联盟管理能力、资源整合能力和资源重构能力的培养，在动态的环境中，建立一种开拓性战略管理能力。开拓性战略管理能力是一种战略层次的、侧重于变革的创新，是组织提升动态能力的核心。它强调知识链团队创新，侧重于变革的资源整合与重构，是一种改变组织思维范式的创新，能改变组织的思维方式，改变组织的心智模式，提高组织的应变能力，因此能够促成持续有效的知识优势，是培育和发展知识优势的战略选择。由于动态能力在知识优势维持发展过程中的关键作用，知识链系统需要加强动态能力的培育，实现知识优势的持续转化，使整个知识链和单个组织均能从知识链知识优势的构建中获益，在动态能力提升过程中不断提供知识优势储备。

（3）开发动态能力各项子能力是维持知识优势有序运转的关键。

知识链中的各种知识，无论是存在于各网络节点还是各网络节点基于知识流动而形成的知识链上，都只能称为知识资源，只有通过知识创新才能将各种知识资源形成知识优势。联盟管理能力、资源整合能力和资源重构能力是知识优势保持和发展的关键能力。这些能力作为动态能力的各项子能力，是动态能力得以发展的基础，其发展过程，既是知识链根据环境变化融合内外部资源与能力的过程，也是知识链不断吸收、不断学习、不断创造知识优势的过程。

①以修炼内功为根本，发挥联盟管理能力的基础引领作用。增强联盟管理能力是培育和发展知识链知识优势的前端环节，必须完善以企业为主体、市场为导向、产学研相结合的知识链体系，发挥联盟管理能力的核心引领作用，从修炼内功角度，在知识链成员间确立良好的战略识别和知识发展规划，管理、运用和开发与每个合作伙伴的关系，理顺知识外溢的外部效应，同时各个成员根据各自的角色定位，承担并完成相应任务，以确保自身在联盟中的有效地位，达到利益最大化目标，不断强化成员间知识获取、交互学习和知识创造过程，推动知识链知识优势持续发展。一是实施知识链联盟管理示范工程，建立健全知识链中科研机构、高校、企业、政府机构等成员的伙伴关系，明确各自角色定位，积极推进处于产业规模化、社会效益显著、市场需求广大的重大技术和产品在知识链系统中的综合应用，完善知识链科技成果孵化机制和创新成果的开发、传导机制，重视知识链知识优势在链式成员间的技术联盟管理，促进优势知识技术的转移和扩散，加速知识优势转化为持续的科技成果。二是充分发挥联盟管理能力的基础性作用，不断增强知识链成员联盟管理构想、关系组合和角色意识，推动知识链系统持续开展市场拓展和研究商业模式创新，大力发展有利于扩大市场需求的专业服务、增值服务等新业态，积极探索有利于产业发展的行业标准和重要产品技术标准体系，以此支撑知识链知识优势的基础性开发与更新。三是加大知识链联盟对政府宏观规划的引导力度，促使政府从宏观布局、政策措施和组织协调等方面角色入手，支撑知识链知识优势的发展，如制定科技成果产业化指导目录，大力支持重大关键技术研发、重大产业创新发展工程、重大创新成果产业化、重大应用示范工程、创新能力建设，加强对各地发展知识链系统的引导，优化区域布局，从当地实际出发，突出产业化发展重点，避免盲目发展和重复建设，加强组织协调，形成合力，统筹推进。需要指出的是，在培育和发展知识链知识优势时，政府可以对知识链联盟发挥引导的作用，但切不可越俎代庖，而应该充分发挥市场的力量，并通过培育风险投资等有力措施，鼓励和支持知识链及其知识优势的发展。四是建立全面知识产权战略联盟，支持知识链成员知识产权的创造和运用，强化知识产权的保护和管理，鼓励知识链成员建立专利联盟，完善高校和科研机构知识产权转移转化的利益保障和实现机制，建立高效的知识产权评估交易机制。

②以兼收并蓄为原则，发挥资源整合能力的内在支撑作用。发挥知识链成员间多种合作机制的作用，多层次、多渠道、多方式推进国内外科技合作与交流，通过知识链成员在知识链之外快速获取新的知识，并将不同种类和

形式的外部知识以及复合资源加以吸收、转移、共享、整合及应用，实现内外资源交融结合、兼收并蓄，同时依托综合和集成现有知识，再建构为新知识并加以创新使用，提高知识链上下游成员知识获取、交互学习和知识创造的效率，提升知识链自主发展关键核心技术的能力，在成员间构筑良好的社会关系网络，减少系统内知识传递的内耗成本，切实提高产业合作质量和水平，培育一批特色突出的知识链产业示范基地，同时充分发挥金融风险投资与社会投入在知识链资源整合中的作用。一是深度开展产业知识链内外科技合作与交流，把握经济全球化的新特点，积极探索合作新模式，通过多层次、多渠道、多方式深化合作，尽快整合关键核心技术，积极推动知识链系统中重点领域产品、技术和服务发展，为知识链知识优势的持续发展提供助力。二是充分发挥优势产业知识链集聚效应，依托具有优势的产业集聚区，培育一批创新能力强、创业环境好、特色突出、集聚发展的知识链产业示范基地，通过资源高效整合形成增长极，大力发展研发服务、信息服务、创业服务、技术交易、知识产权和科技成果转化等高技术服务业，着力培育新业态，辐射带动区域产业知识链知识优势发展。三是充分发挥风险投资和投资银行的倍增效应，加大金融机构信贷支持，积极推进知识产权质押融资、产业链融资等金融产品创新，积极发展新型金融服务，加快建立包括财政出资和社会资金投入在内的多层次担保体系，积极发挥多层次资本市场的融资功能，让符合条件的知识链优势企业上市融资，拓宽企业债务融资渠道，大力发展创业投资和股权投资基金，充分运用市场机制，带动社会资金投向知识链中的创新型企业。四是充分发挥政府引导和支持力度，设立产业发展专项资金，完善税收激励政策，加强财税政策引导，激励企业增加研发投入，加强知识链区域公共技术服务平台建设，促进企业创新发展，支撑知识链知识优势不断提升。

③以科技创新为动力，发挥资源重构能力的关键推动作用。通过合理配置知识链成员间知识资源、科学分配经济利益并确立良好的核心知识产权保护圈，加强关键核心技术和前沿技术研究，通过对知识的科学调配及合理使用，提升核心知识优势。依托知识流程的梳理、精简，优化和重构知识资源，提高知识链成员知识应用和创新，根据知识的互补性，通过增加、更换、选择合作伙伴等方式强化组织柔性，重构知识链系统的资源组合，快速应对内外部环境，不断拓展市场，打造良好市场环境。一是加强关键核心技术和前沿技术研究，围绕产业发展需求及知识链发展重点，在知识链内企业间确立良好的合作关系，集中力量重构资源，突破一批支撑产业发展的关键

共性技术，加强交叉领域的技术和产品研发，提高基础技术研究水平。二是实施重大知识创新发展工程，以加速产业规模化发展为目标，选择具有引领带动作用，并能够实现突破的重点方向，依托知识链内优势企业，统筹技术开发、工程化、标准制定、市场应用等环节，组织实施若干重大产业创新发展工程，推动资源重构和技术集成，努力实现重大突破。三是强化知识链核心企业的技术创新能力建设，加大研究开发的投入力度，对面向应用、具有明确市场前景的产业项目，建立由骨干企业牵头组织、科研机构和高校共同参与实施的有效机制；依托骨干企业，围绕关键核心技术的研发和系统集成，通过持续资源重构管理，结合技术创新工程的实施，支持建设若干具有世界先进水平的工程化平台，发展一批由企业主导，科研机构、高校积极参与的知识链创新联盟，有效推动知识优势蓬勃发展。四是注重资源重构过程中的利益分配管理，加快完善期权、技术入股、股权、分红权等多种形式的激励机制，鼓励科研机构和高校科技人员积极从事职务发明创造，制定鼓励企业参与人才培养的政策，建立企校联合培养人才的新机制。

（4）关系治理机制是发展知识优势的“润滑剂”。

知识链知识优势有序环境的打造，除了依靠动态能力的不断提升，还需要通过关系治理，依靠知识链成员之间承诺、信任和和谐规范的合作关系，为提升动态能力提供源源不断的“营养”，同时不断润滑“知识获取→交互学习→知识创造”一系列过程，为知识优势的可持续发展提供沃土。要使知识链的动态能力得到发展，必须塑造一种和谐共赢的关系治理环境。首先，知识链需具备一种永远开拓、不断超越自我、追求变革创新的价值理念，这是动态能力得以生存的基础，没有这种理念，动态能力难以形成，更不可能形成创新。而这种理念的形成离不开知识链成员的深入合作、统一认识、相互信任和共同愿景。其次，要打造适应动态能力发展的系统环境，必须通过关系治理质量的提升，保持知识链的开放性，建立有利于知识共享和创新的关系治理文化。只有这样，知识链的动态能力才能得到加强，基于动态能力的知识链知识优势才会长久。一方面，从外部环境来看，关系治理质量的提升，既能为知识链成员动态能力的螺旋式提升创造条件，又能在知识链成员中形成对知识链知识优势予以肯定的统一认识，鼓励协同创新、网络创新和基于知识的创新，从体制和机制上为知识链知识优势的可持续发展提供条件和保障。另一方面，从内部环境来看，知识获取、共享、学习是知识链知识优势形成的重要环节，而关系治理质量的提升，能够增强知识链成员之间的合作关系，增加知识链对知识共享平台的投入，增强知识获取、共享、交互学习的效果和知识创新的效率。

总之，动态能力是维持知识优势的基础，动态能力是形成知识链知识优势的动力保障，也是知识优势维持机制的核心环节。要提升知识链知识优势，需要从过程和能力两个方面寻找途径，而这些途径都离不开知识链联盟的关系治理质量的“润滑”作用。因此，知识链知识优势的维持机理，归根到底就是基于良好关系治理质量的知识链，通过动态能力的持续提升，促使知识链知识优势不断更新迭代，从而实现知识优势的稳固发展。

9.2.2 知识链知识优势向竞争优势转化的管理启示

知识链形成知识优势意味着创造出高水平和高价值的知识产品，但是如果想在市场上赢得竞争优势还必须选择适当的商业模式，以使产品价值在消费者身上得以体现。对中国产业构建知识链系统发展知识优势并占据市场竞争优势提出以下管理启示：

（1）参与市场竞争，为知识优势转化为竞争优势提供外部动力。

通过知识链参与竞争并通过知识优势的转化来获取持续的整体竞争优势，成为企业在新经济形势下的绩优选择。随着技术创新速度的加快，技术资本的附加值越来越高，传统的规模报酬递减的经济活动发展到以高技术为特征的报酬递增经济行为，资产的市场独立性增强，企业与企业之间的联系越来越紧密，企业间知识的流动成为常态，为了获取知识优势，企业通过组建知识链参与市场竞争，规模经济的增长方式也随之由产品增量向联合的网络增量变化，进而在市场竞争中占据主动，逐渐获得竞争优势。

从管理实践来看，我国高科技企业尤其需要通过构建知识链参与市场竞争。目前我国高科技企业以中小企业为主，企业还普遍存在研究开发强度低、技术含量少的问题，因此都面临着一个共同的关键问题，即如何在复杂而又竞争激烈的国际大环境下提高产品和服务的知识含量，形成企业自身持续的知识创造能力，形成和发展知识优势，实现快速、可持续的发展，并在国内外企业竞争中获得持续的竞争优势。要解决上述问题，构建知识链参与市场竞争就成为中小企业的重要选择。按照《国家中长期科学和技术发展规划纲要（2021—2025年）》，现阶段要重点建设以企业为主体、以市场为导向、产学研相结合的技术创新体系，并将其作为全面推进国家创新体系建设的突破口。“国家创新体系”是指在政府和中介机构的支持下，由企业、高等院校和科研机构共同组成的一种知识链系统；“产”是指具有技术创新需求、作为市场参与主体的企业；“学研”分别指具有人才、技术与科研优势的高等院校与科研院所。知识经济和知识链赋予了产学研合作新的内涵和形式，促使产学研各行为主体在知识经济时代通过知识链参与市场竞争，持续产出基于知识链的产学研合作创新，带来可持续的知识优势，并在参与市场竞争过程中，形成有价值的商业模式，推动知识优势转化为竞争优势，实现知识链企业创新绩效增长。

（2）实施知识优势战略，为知识链形成竞争优势奠定良好基础。

知识链是一种由多组织参与竞争和合作的复杂链式关系，知识优势是知识经济条件企业获取竞争优势的基础。随着网络经济的逐步显现，企业的战略模式也发生重大改变，即从基于经验连续性的线性战略转向以基于想象力、创造力间断性的非线性战略。目前，有很多企业还停留在单个企业单打独斗的阶段，不注重通过建立知识链获取竞争优势，缺乏知识优势战略眼光。有些企业虽然被称为高科技企业，但它们仍然习惯用传统工业的眼光看待现代科技的发展，并没有将企业的持续发展建立在对知识的开发上。如调查问卷结果所显示，有的企业不重视研发的投入和知识在企业、供应商和客户之间的流动，重视低价格竞争，而不注重为企业产品增加知识含量。知识优势源于知识，但并非有了知识就会形成知识优势，同时，在知识经济条件下，竞争优势基于知识优势，但并非企业拥有知识优势就一定会形成竞争优势。从实证结论看，知识形成知识优势有一定的过程，基于知识获取、交互学习和知识创造，而知识优势要转化为竞争优势，离不开商业模式的作用，因此，知识链知识优势的管理活动是一个集知识获取、交互学习、知识创造、商业模式选择、价值增值、占据竞争先机于一体的连续过程，在这个过程中，知识优势战略持续不断地发挥作用。

知识优势战略强调通过知识链的构建，获取基于知识创新和知识价值增值的竞争优势。知识链竞争优势的实现路径为：知识链各节点分散的知识资源在效率型或新颖型商业模式的共同作用下，通过知识获取、交互学习、知识创造等过程，通过知识链内各组织之间的显性知识与隐性知识的交互作用，组建发展成一整套结构化的知识体系。在这个知识体系发展过程中，知识链知识资源不仅数量上增加，表现为知识存量和知识流量的增加，同时，对知识管理的综合能力也随着知识数量的增加发生了变化，表现为商业模式效用的增强。因此，像企业的成长一样，知识链内的知识优势也在不断成长，随着知识资源的积累和知识优势的发展，在市场竞争环境中，在商业模式的交互作用下，最终形成知识链的竞争优势。

知识优势的形成过程是知识链进行知识创新的过程。知识创新的过程实质上是一种知识流动的过程。在促进知识优势转化为竞争优势的众多因素中，知识资产、商业模式和“场”是重要因素。其中，“场”是知识创造和知识共享的场所，既可以是物理的、虚拟的，还可以是精神的场所。知识资产是知识优势产生的基础，商业模式是知识优势转化为竞争优势的推动力，场是知识优势转化的平台。竞争优势的形成过程是知识链将内部核心知识与外部获取的知识进行整合提升形成知识优势，并在商业模式的作用下，将知识优势转化为知识链整体核心竞争力的过程。知识优势的获取是竞争优势实现的必要前提，在知识优势维持和发展的不同阶段，随着知识创新能力的不同，其知识状态和知识优势是不断变化的，知识链由一个从静态的、分散的知识资源状态逐渐发展成为一种网络化、动态的、开放的、相互联系的能够对外部环境有很强适应能力的知识动能体系，这样的知识体系有利于知识获取、交互学习和知识创造，在科学商业模式的作用下，保证知识链整体对环境的变化的反应速度和反应质量，从而实现知识链的竞争优势。

（3）选择合适的商业模式，为知识优势向竞争优势转化提供“催化剂”。

根据战略管理学者巴尼和波特的观点，组织的竞争优势主要来自两个方面：一是组织自身所拥有的核心资源和能力，如拥有知识产权、独特的商业模式等，二是组织在市场上所处的竞争位势。知识链经过知识获取、交互学习和知识创造，所生产出来的知识产品具备了其他企业难以得到的有价值、稀缺、不易模仿、难以移动的特征，知识链获得超额利润保持竞争优势就建立在对这些战略性知识资产的拥有上。但是，形成知识优势只是知识链赢得竞争优势的必要条件。知识链要想最大化其最终利润，还要确保自身创造的价值不被其他组织侵占和挪用，即需要在自身创造价值的同时还能够从价值链或价值网络的其他价值创造环节中挤占和分享其他组织所创造的价值。能否做到这一点就取决于知识链在产品市场或服务市场上商业模式的运用和推广是否成功。

知识链运用商业模式赢得竞争应该聚焦在价值实现和价值创造上，分别对应效率型商业模式和新颖型商业模式。从商业模式的本质出发，可以总结出商业模式价值创造逻辑的基本维度：知识链在整个产业或行业中的定位，通过知识链在价值链中的位置和形态来表示；知识链的竞争优势通过其是否具备互补性的战略知识资产还是创新性的竞争位势来表示；知识链在价值链中能够获得的潜在利润，通过直接影响到的所有价值创造环节来表示。结合中国企业实际，根据知识链商业模式创新在整个知识链系统中覆盖面的大小，将知识链商业模式进一步划分成四种类型：效率型商业模式进一步划分为单链式效率型商业模式和多链式效率型商业模式，新颖型商业模式进一步划分为聚焦式新颖型商业模式和多点式新颖型商业模式。

①单链式效率型商业模式，指知识链从事的知识活动覆盖了单个产业价值链的各个环节，通过链条式知识共享与整合，降低沟通交易成本，加深知识链伙伴之间的合作与信任，最终提供比竞争对手更有效率的产品服务，以此占有更高的市场份额，实现更好的经营业绩。采用单链式效率型商业模式的知识链会面对比较激烈的竞争，因为其所从事的产业价值链中每一个价值创造环节中的组织都是它的竞争对手，能够支撑该知识链获得竞争优势是整个产业实现掌控质量更好、数量更多、互补性更强的战略性知识资产和由此形成的知识优势。采用单链式效率型商业模式的知识链所获得的利润取决于整个产业知识活动价值增值的全部份额，因此短期内利润空间可能不大，但这种商业模式潜在利润较大。

②多链式效率型商业模式，同样意指知识链将自身的知识活动覆盖多个价值创造环节，但该商业模式所覆盖的价值创造环节不仅是属于一条产业价值链，而是属于由数条产业链交叉构成的价值网络，通过多个链条之间的知识获取、交互学习和共享，有利于得到更多更好的知识创造成果，打通知识优势向竞争优势转化的“经络”，不断实现价值增值，在市场竞争中逐渐占据优势地位。比如，我国TD－SCDMA产业联盟就是协调大唐、华为、中兴、展讯等公司所组建。知识链采用多链式效率型商业模式不仅会影响每一条产业知识链的知识价值创造和知识流动过程，也会对多个知识链的知识价值创造和知识流动过程产生影响。采用多链式效率型商业模式的知识链与整个价值链网络之外的竞争对手相比，在知识产品生产上没有优势，但由于其知识活动得到内部互补性资源和能力的充分开发和支持，该模式的每个知识创造价值环节都会与其上游价值环节发生关系，因此有可能分享其上游环节创造的价值，从而比竞争对手占据更有利的地位。这种商业模式短期利润比较大，潜在利润更大。

③聚焦式新颖型商业模式，指知识链将自身的知识创新活动定位于整个产业链中的某一个或几个价值创造环节上，专注于一点或几点创新，将所有的优势资源都聚焦于这一个或几个价值创造点位，期冀通过集中式资源投放，实现一个或几个点位上的尖端技术突破，形成高价值的知识优势，从而在市场竞争中立于不败之地。比如，台积电专注于芯片代工，将芯片技术开发到极致，做到世界第一；再比如富士康只负责高端微电子产品的组装，并将其发挥到极致。采用聚焦式新颖型商业模式的知识链主要是通过贡献新的

价值而进入原有的产业链，在其加入之前整个产业链本身就处于有效运转状态，因此知识链的加入只是增加了整个产业总价值的数量，并没有改变原有的价值流动方向和实现方式。知识链采用聚焦式新颖型商业模式并不能将自身的竞争优势建立在对全部核心知识资源的拥有上，而只能通过知识创造的先动优势在产业链中占据先行竞争位势。知识链的聚焦式新颖型商业模式对原有的价值创造环节的影响力比较小，不容易挤占和分享其他非核心价值创造环节的组织从事价值创造所产生的利润，因此采用这种商业模式类型的知识链能够获得的最终利润主要来源于自身所创造的尖端技术价值，其资源投入也比较多，因此获得的潜在利润相对较少。

④多点式新颖型商业模式，指知识链通过价值创新在价值链中增加了新的价值创造环节，这些价值环节对每条产业知识链和整个知识链系统都有价值增值作用，形成多点位全方位的创新超越，在多个点位获得知识优势，并将这些优势组合起来，增强技术渗透壁垒，从而在市场竞争中获得领先地位。比如，丰田公司就是通过构筑基于“供应商→专家顾问→经销商→顾客”价值网络获得对同行业的竞争优势。采用多点式新颖型商业模式的知识链竞争优势既可以建立在所处的整个知识价值链系统中的核心地位上，又可以建立在知识链内部所拥有的支撑其知识创造活动的互补性战略知识资产上。该知识链既具有先动优势，借此可以建立较高的进入壁垒，又可以利用其在产业系统中的关键地位，调用其他相关知识链系统中多个组织的价值。因此，知识链采用多点式新颖型商业模式将不仅获得当前最大利润，其潜在利润在四个模式中也是最大的。

从实证结论可以看出，对我国企业来说，在参与市场竞争过程中，构建知识链并选择适合自身发展的商业模式，对知识优势能否转化为竞争优势具有关键重要作用。知识链企业必须清醒认识到自身优势劣势，扬长避短，深入分析自身知识优势形成的内在逻辑，在此基础上完成商业模式的选择、设计与创新，进而将知识优势逐步转化为强有力的市场竞争力。

9.2.3 相关政策建议

构建知识链系统并持续发展其知识优势，不断推动知识优势向竞争优势转化，对我国产业企业参与市场竞争，实现创新驱动发展具有重要现实意义。从微观角度看，知识链企业应顺应产业经济和知识经济大发展，通过科技创新带来持续的知识优势，并不断在合适的商业模式带动下，通过科技成果转化，实现知识优势向竞争优势转化。从中观角度说，推动科技成果转化，对推进产业结构性改革尤其是供给侧结构性改革，让产业经济在国际市场竞争中占据一席之地，具有重要战略意义。从宏观角度来看，促进科技成果转移转化，既是实施创新驱动发展战略的重要任务，也是加强科技与经济紧密结合的关键环节。因此，应进一步强化政府宏观规划引导，激发产业知识链创新活力，更好发挥科技进步对国家、产业、企业发展的支撑作用，为知识链系统占据市场竞争高位提供政策保障。具体而言：

（1）政策扶植打破知识链供需之间的“藩篱”。将科技成果的供需双方通过产学研用的方式紧密结合起来，形成高等院校、科研院所与企业主体之间的创新合力，建立有效的知识优势向竞争优势转化的路径体系，解决经济发展中的实际问题。产学研用的结合要以“用”为出发点和落脚点，让知识链企业成为科技创新的第一主体，这样不仅可以减少技术创新的盲目性，缩短产品研发到商品化、市场化的周期，还可以有效降低技术创新的风险和成本。

（2）体制机制创新激发知识链知识创新活力。以政府为主导，建立科技创新的合作体系和长效机制，发挥知识链各个创新主体的优势，调动各方创新的积极性，实现科技与经济的“无缝连接”。制定科技成果转移转化扶持政策，在充分考虑各方需求与利益的基础上，保证各方利益风险共担、知识产权共享。强化政府财政投入的引导和保障机制，积极探索科技与金融结合的新路子，建立健全以政府投入为引导、企业投入为主体、社会投入为补充的多元化科技创新投入体系，从而不断加大科技投入的力度。进一步完善科研成果评价与考核体系，积极落实国家有关科技成果转化的政策，激励高校和科研机构科技人员进行科技成果转化的积极性。积极推行科技成果市场定价、收益分配、转化评价机制，促进知识链企业知识优势更为顺利地转化为竞争优势。

（3）培养服务机构强化科技成果转移转化。要积极扶持、培养生产力促进中心、评估咨询机构、科技信息中心、知识产权法律中介机构等一批服务机构，并依托中介服务机构，建立产学研信息交流服务平台，通过不同类型的中介服务机构，建立一批技术转移机构。可以“互联网+技术交易”为重点，建设一批线上线下相结合的技术交易市场，探索建立统一的技术信息标准和技术转移服务规范，提升信息发布、市场化评估、咨询辅导等专业化服务水平，打造技术交易市场网络。制定科技资源共享法规，明晰科技资源归属权，利用大数据的优势，建立科技专用信息数据库，整合政府部门、高校、科研院所及企业等跨地区、跨行业的信息资源，将政府部门、科研机构、中介机构的信息网络连接起来，最大限度地使科技界、企业、高校和公众都能共享政府信息资源，为促进知识优势向竞争优势转移转化活动创造良好的环境和条件。

（4）“双创”融合增强科技成果流动。要与创新创业互动融合，加快建设一批以成果转移转化为主要内容、专业服务水平高、创新资源配置优、产业辐射带动作用强的众创空间。要完善科技企业孵化育成体系，围绕构建“众创空间—孵化器—加速器—科技园区”全链条孵化体系，提升科技企业孵化器综合服务能力，落实孵化器扶持政策，注重对中小企业创新的支持，为创新提供良好的环境，让企业依托创新从萌芽成长为参天大树。要鼓励大型企业参与建设低成本、便利化、全要素、开放式的众创空间，重点培育以创客空间、创业咖啡、网上创新工厂等为代表的创业孵化新业态，满足科技成果转移转化需要。要加快推进基层农业科技创业基地建设，对升级为国家级平台的相关孵化载体，建议按照有关规定给予支持。可考虑探索社会资本以融资租赁方式建设具备技术放大、人才培训、市场运营、测试论证、政策咨询等综合服务功能的中试基地，引导科技成果对应特色产业需求转移转化。

（5）构建创新链加快产业技术联盟。围绕相关国家重点产业发展战略以及区域发展战略部署，发挥行业骨干企业、转制科研院所主导作用，联合上下游企业和高校、科研院所等构建一批产业技术创新联盟，围绕产业链构建创新链，推动跨领域跨行业协同创新，加强行业共性关键技术研发和推广应用，为联盟成员企业提供订单式研发服务。支持联盟承担重大科技成果转化项目，探索联合攻关、利益共享、知识产权运营的有效机制与合适的商业模式，为知识优势转化为竞争优势奠定基础。

需要指出的是，在培育和发展知识链知识优势转化为竞争优势过程中，政府可以发挥引导的作用，但不能越俎代庖，应充分发挥市场的力量，并通过培育风险投资等有力措施，鼓励和支持产业知识链的发展，形成“政府—产业—企业”推动合力，实现“1+1+1>3”的效果。

9.3 研究局限与展望

知识优势既是知识理论研究的一个重要领域，也是知识链研究的重要理论分支，相关理论文献相对匮乏的现象客观存在，这对构建一个新的完善的理论框架提出了挑战。尽管本研究在查阅大量相关文献的基础上提出了研究框架，得出了一些较为有意义的结论。但由于所研究问题的复杂性、内外部环境条件及研究团队知识和能力局限，在研究中仍存在诸多问题与不足。主要表现为：

(1) 从理论上探讨了知识链知识优势的概念、形成过程及形成机理，建立了一套基本的理论研究框架，有效地将知识链知识优势与其他组织形态下的知识优势进行区分，厘清了知识链知识优势的内在运行机理。但是，本研究的分析主要基于知识链的形成过程划分，这只是研究分析思路之一，运用该分析逻辑解析知识链知识优势这一新兴构念是否足够全面，还有待未来的研究进一步确认。

(2) 通过知识流动过程分析，提取了知识链形成知识优势的3大关键环节：知识获取、交互学习和知识创造。随着时代的发展，有可能还存在其他的知识优势形成过程，或者上述形成过程还有可能出现包含关系和重复交叉，则仅用线性关系概括知识链知识优势的形成过程可能存在不够严密的情况，在未来的研究中还应进一步展开实证或案例论证，以期进一步完善和优化知识优势的形成过程。

(3) 提出了知识链形成知识优势的5大关键影响因素，并将其作为知识优势评价指标体系的一部分，通过实证证实了这5大因素确实具有显著重要影响。但在现实中，还可能存在其他诸如文化、空间距离、网络中心度等因素对知识优势形成具有重要影响，因此，下一步还可继续对知识优势形成的影响因素作更为全面的探讨，以期更为深入地了解知识优势形成过程中的内外作用要素，为知识链知识优势的促成与发展营造更为优良的内外部环境。

(4) 采用多主体建模与仿真方法，分析了知识链知识优势“组建—瓦解—组建”的发展过程与由递增到递减直至衰减的演化规律。与已有研究相比，充实和丰富了知识链知识优势演化的研究思路和研究成果，是一次有益的尝试。但是，本研究仅采用了多主体建模与仿真的方法对演化模型进行效验，而没有进一步运用更为精确的实验数据验证该模型，该模型是否具备普适性还需进一步研究。因此，后续研究还需要结合实证对知识优势的演化作进一步分析。

(5) 先后提出了“动态能力、关系治理、知识优势”维持机理模型和“知识优势、商业模式、竞争优势”转化模型，实证证实了知识优势维持、发展与转化的内在路径。但是，知识优势的发展与转化是较为复杂的课题，其作用路径很可能不只一条，在现实中，还可能存在其他诸如战略柔性、网络嵌入、外部技术获取等内外部因素促进知识优势的维持与转化，因此，后续研究还可进一步探索分析其他作用路径。

（6）实证分析的样本400余份，主要集中在成都市高新区和天府新区高新片区，尽管研究的样本数量基本满足了实证研究要求，具有较好的信度与效度，但相对于国外相关研究中的大样本数据仍然具有一定的局限性。虽然在第7、8章实证分析后，笔者也尝试将样本对象扩展到重庆、西安、上海、深圳等地区的部分高新技术企业，一定程度上证实了研究结论的稳定性，但从总体上看，样本具有一定的地域局限性，因此本研究的结论不具有完全的普适性。同时，由于被访对象多为中层以上管理者，平时工作较忙，在回答问卷及提出相关建议的过程中，难免出现不够认真深入等问题。此外，在第5章的实证中，主要选取科技产业的百余份问卷进行针对性的分析，虽然也将模型实证运用到其他产业，一定程度上证实了K－CFM模型的普适性，但样本数据整体较少，体现出较为明显的局限性。未来研究应进一步考虑在更多的地区收集问卷，尽可能地覆盖更多的区域和产业，让样本量更加充足，同时，对比分析不同地区相关研究成果的差异性也将是未来的研究重点之一。

（7）研究实证主要局限于调查问卷数据的分析，来自企业的真实数据和管理案例较少，未来的研究还需进一步加强对实地研究、田野调查等研究方法的运用，让所得结论能够更好地适应管理实践的需要，从而更好地为知识链的知识管理实践提供理论指导和决策依据。

参考文献

一、中文参考文献

曹霞，于娟，张路蓬，2016. 不同联盟规模下产学研联盟稳定性影响因素及演化研究［J］. 管理评论，28（2）：3－14.

曾德明，禹献云，陈艳丽，2012. 基于多 Agent 的创新网络隐性知识转移过程建模与仿真［J］. 管理学报，9（12）：1832－1837.

曾珠，2008. 从比较优势、竞争优势到知识优势——日本知识产权战略对中国的启示［J］. 云南财经大学学报，23（6）：50－55.

常玉，王莉，李雪玲，2011. 市场知识与技术知识协同的影响因素研究［J］. 科技进步与对策，28（6）：138－141.

陈光华，王建冬，杨国梁，2014. 产学研合作创新效率分析及其影响因素研究［J］. 科学管理研究，32（2）：9－12.

陈建勋，朱蓉，吴隆增，2008. 内部社会资本对技术创新的影响——知识创造的中介作用［J］. 科学学与科学技术管理，29（5）：90－93.

迟考勋，邵月婷，2020. 商业模式创新、资源整合与新创企业绩效［J］. 外国经济与管理，42（3）：3－16.

储节旺，吴川徽，2017. 知识流动视角下社会化网络的知识协同作用研究［J］. 情报理论与实践，40（2）：31－36.

党兴华，王方，2012. 核心企业知识权力运用对技术创新网络关系治理行为的影响——基于关系能力角度的实证研究［J］. 科学学与科学技术管理，33（12）：77－86.

刁丽琳，朱桂龙，2014. 区域产学研合作活跃度的空间特征与影响因素［J］. 科学学研究，32（11）：1679－1688，1731.

董大壮，彭灿，2013. 江苏省产学研合作创新效率的影响因素研究［J］. 科技与经济，26（1）：1－5.

董小英，2004. 知识优势的理论基础与战略选择［J］. 北京大学学报（哲学社会科学版），41（4）：37－45.
樊霞，赵丹萍，何悦，2012. 企业产学研合作的创新效率及其影响因素研究［J］. 科研管理，33（2）：33－38.
冯军政，魏江，2011. 国外动态能力维度划分及测量研究综述与展望［J］. 外国经济与管理，33（7）：26－34.
高展军，王龙伟，陈锋，2012. 市场导向与联盟控制对知识获取的影响研究［J］. 科学学与科学技术管理，33（1）：69－76.
顾新，2008. 知识链管理——基于生命周期的组织之间知识链管理框架模型研究［M］. 成都：四川大学出版社.
何亚琼，葛中锋，苏竣，2006. 区域创新网络中组织间学习机制研究［J］. 学术交流（2）：63－68.
贺小刚，李新春，方海鹰，2006. 动态能力的测量与功效：基于中国经验的实证研究［J］. 管理世界（3）：94－103，113.
侯俊东，杜兰英，吕军，2011. 企业实施市场导向的影响因素：中国经验［J］. 软科学，25（7）：102－106.
花磊，王文平，2013. 产业生命周期不同阶段的最优集体创新网络结构［J］. 中国管理科学，21（5）：129－140.
姜大鹏，赵江明，顾新，2010. 知识链成员之间的知识整合［J］. 中国科技论坛（8）：121－125.
姜翰，杨鑫，金占明，2008. 战略模式选择对企业关系治理行为影响的实证研究：从关系强度出发［J］. 管理世界，24（3）：115－125，164.
蒋天颖，张一青，王俊江，2010. 企业社会资本与竞争优势的关系研究——基于知识的视角［J］. 科学学研究，28（8）：1212－1221.
焦豪，魏江，崔瑜，2008. 企业动态能力构建路径分析：基于创业导向和组织学习的视角［J］. 管理世界（4）：91－106.
解学梅，2010. 中小企业协同创新网络与创新绩效的实证研究［J］. 管理科学学报，13（8）：51－64.
蓝英，董颖，石磊，2013. 产学研合作影响因素、模式及其绩效研究［J］. 商业研究（5）：26－30.
李柏洲，罗小芳，张赟，2014. 产学研合作型企业原始创新中知识生产机制——基于高新技术行业企业的实证研究［J］. 管理评论，26（7）：82－91.
李久平，顾新，王维成，2008. 知识链管理与知识优势的形成［J］. 情报杂志（3）：50－53.

李其玮，顾新，赵长轶，2018. 产业创新生态系统知识优势评价体系——以成都市高新区 89 家科技企业为样本的实证分析［J］. 中国科技论坛（1）：37－46.

李志强，赵卫军，2012. 企业技术创新与商业模式创新的协同研究［J］. 中国软科学（10）：117－124.

刘丹，2013. 协同创新网络结构与机理研究［J］. 管理世界（12）：1－4.

刘谷金，盛小平，2011. 从价值链管理到知识价值链管理——企业获取竞争优势的必然选择［J］. 湘潭大学学报（哲学社会科学版）（5）：76－81.

刘炜，樊霞，吴进，2013. 企业产学研合作倾向的影响因素研究［J］. 管理学报，10（5）：740－745.

鲁若愚，傅家骥，王念星，2004. 企业大学合作创新混合属性及其影响［J］. 科学管理研究（3）：13－16.

罗家德，曾丰又，2019. 基于复杂系统视角的组织研究［J］. 外国经济与管理，41（12）：112－134.

罗珉，任丽丽，2010. 组织间关系：界面规则的演进与内在机理研究［J］. 中国工业经济（1）：84－93.

吕一博，程露，苏敬勤，2014. 知识搜索行为与区域创新网络演化［J］. 系统工程学报，29（6）：725－733，753.

彭伟，符正平，2012. 联盟网络对企业竞争优势的影响：知识资源获取的中介效应与环境不确定性的调节效应［J］. 软科学，26（4）：17－22.

齐晓飞，2013. 知识吸收、社会资本与模块化组织中企业竞争优势［J］. 经济与管理研究（1）：100－107.

綦良群，胡乃祥，2012. 汽车产业链演化机理及影响因素研究［J］. 管理评论，24（11）：51－59.

钱绍青，武忠，2013. 交互式学习、知识创造与企业创新绩效关系实证研究［J］. 科技进步与对策，30（4）：68－72.

宋华，王岚，2008. 关系紧密度与关系能力对供应柔性的影响［J］. 清华大学学报（哲学社会科学版），23（S2）：61－69，143.

孙永波，2011. 商业模式创新与竞争优势［J］. 管理世界（7）：182－183.

唐承林，顾新，夏阳，2013. 基于动态能力的知识网络知识优势向竞争优势转化研究［J］. 科技管理研究，33（13）：185－189，199.

唐承林，顾新，2010. 知识网络知识优势的种群生态学模型研究［J］. 科技进步与对策，27（20）：133－136.

万君，顾新，2012. 知识网络的生命周期及其阶段判定模型研究 [J]. 管理学报，9 (6)：880—883，899.

汪丁丁，1997. 知识沿着时间和空间的互补性以及相关的经济学 [J]. 经济研究 (6)：70—77.

汪延明，李维安，2014. 产业链董事会协同能力的影响因素研究 [J]. 管理评论，26 (6)：151—162.

王建刚，吴洁，2016. 网络结构与企业竞争优势——基于知识转移能力的调节效应 [J]. 科学学与科学技术管理，37 (5)：55—66.

王雎，曾涛，2011. 开放式创新：基于价值创新的认知性框架 [J]. 南开管理评论，14 (2)：114—125.

王欣，刘蔚，李款款，2016. 基于动态能力理论的产学研协同创新知识转移影响因素研究 [J]. 情报科学，34 (7)：36—40.

魏龙，党兴华，2017. 惯例复制行为对技术创新网络演化的影响研究 [J]. 科学学研究，35 (1)：146—160.

魏泽龙，张琳倩，魏泽盛，等，2019. 商业模式设计与企业绩效：战略柔性的调节作用 [J]. 管理评论，31 (11)：171—182.

吴绍波，顾新，彭双，2011. 知识链组织之间的知识分工决策模型研究 [J]. 科研管理，32 (3)：9—14.

吴绍波，唐承林，刘敦虎，2014. 知识链组织之间的合作伙伴关系研究 [M]. 北京：经济科学出版社.

吴悦，顾新，2012. 产学研协同创新的知识协同过程研究 [J]. 中国科技论坛 (10)：17—23.

肖丁丁，朱桂龙，2013. 产学研合作创新效率及其影响因素的实证研究 [J]. 科研管理，34 (1)：11—18.

谢薇，罗利，1997. 产学研合作的动力机制 [J]. 研究与发展管理，9 (3)：14—18.

谢宗杰，2015. 知识异质性特征、研发投资策略与创新联盟稳定性 [J]. 外国经济与管理，37 (8)：65—77.

徐勇，2004. 企业知识优势的丧失过程与维持机理分析 [J]. 学术研究 (5)：26—31.

颜克益，芮明杰，巫景飞，2010. 产业集聚视角下高技术产业创新绩效影响因素研究 [J]. 经济与管理研究 (12)：57—67.

阳志梅，胡振华，2010. 知识网络与集群企业竞争优势研究——基于组织学习视角［J］．科技进步与对策，27（3）：101－104．

易加斌，谢冬梅，高金微，2015．高新技术企业商业模式创新影响因素实证研究：基于知识视角［J］．科研管理，36（2）：50－59．

易余胤，2013．具广告效应的闭环供应链协调性能研究［J］．中国管理科学，21（2）：76－83．

游达明，杨晓辉，朱桂菊，2015．多主体参与下企业技术创新模式动态选择研究［J］．中国管理科学，23（3）：151－158．

余世英，2006．我国企业建立知识优势的战略思考［J］．情报杂志（3）：92－93．

余维新，顾新，万君，2016．开放式创新模式下知识分工协同机制研究：知识流动视角［J］．中国科技论坛（6）：24－30．

张兵，王文平，2011．非正式知识网络关系强度分布与知识流动小世界［J］．中国管理科学，19（4）：159－166．

张江甫，顾新，2016．基于双阶段扩散的知识网络知识流动模型及仿真［J］．情报理论与实践，39（5）：74－78．

张理，魏奇锋，顾新，2018．基于无标度网络模型的协同创新网络知识扩散研究［J］．情报理论与实践，41（10）：79－86．

张省，2018．知识链知识优势形成路径与维持机理研究［M］．北京：经济科学出版社．

张玉利，白峰，2017．基于耗散理论的众创空间演进与优化研究［J］．科学学与科学技术管理，38（1）：22－29．

郑本荣，杨超，杨珺，2018．回收渠道竞争下制造商的战略联盟策略选择［J］．系统工程理论与实践，38（6）：479－1491．

朱秀梅，陈琛，纪玉山，2010．基于创业导向、网络化能力和知识资源视角的新创企业竞争优势问题探讨［J］．外国经济与管理，32（5）：9－16．

庄贵军，李珂，崔晓明，2008．关系营销导向与跨组织人际关系对企业关系型渠道治理的影响［J］．管理世界（7）：77－90．

二、英文参考文献

Aken J E，Weggeman M P，2000．Managing learning in informal innovation networks：Overcoming the daphne－dilemma［J］．R&D Management，30（2）：204－237．

Amit R，Zott C，2001．Value creation in E－business［J］．Strategic Management Journal，22（6）：493－520．

Battistella C, Toni A F D, Pillon R, 2016. Inter - organisational technology/knowledge transfer: A framework from critical literature review [J]. Journal of Technology Transfer, 41 (5): 1195-1234.

Chesborough H, 2010. Business model innovation: Opportunities and barriers [J]. Long Range Planning, 43 (2): 354-363.

Crama P, Reyck B D, Taneri N, 2017. Licensing contracts: Control rights, options, and timing [J]. Management Science, 63 (4): 1131-1149.

Erden Z, Von Krogh G, Nonaka I, 2008. The quality of group tacit knowledge [J]. The Journal of Strategic Information Systems, 17 (1): 4-18.

Esterhuizen D, Schutte C S L, Du Toit A S A, 2012. Knowledge creation processes as critical enablers for innovation [J]. International Journal of Information Management, 32 (4): 354-364.

Fink R C, James W L, Hatten K J, 2009. An exploratory study of factors associated with relational exchange choices of small-, medium-and large-sized customers [J]. Journal of Targeting, Measurement and Analysis for Marketing, 17 (1): 39-53.

Ge Z, Hu Q, Xia Y, 2014. Firms' R&D cooperation behavior in a supply chain [J]. Production and Operations Management, 23 (4): 599-609.

George G, Bock A J, 2011. The business model in practice and its implications for entrepreneurship research [J]. Entrepreneurship Theory and Practice, 35 (1): 83-111.

Homburg C, Kuehnl C, 2014. Is the more always better? A comparative study of internal and external integration practices in new product and new service development [J]. Journal of Business Research, 67 (7): 1360-1367.

Nonaka I, Toyama R, Konno N, 2000. SECI, Ba and leadership: a unified model of dynamic knowledge creation [J]. Long range planning, 33 (1): 5-34.

Lai J, Lui S S, Tsang E W K, 2016. Intrafirm knowledge transfer and employee innovative behavior: The role of total and balanced knowledge flows [J]. Journal of Product Innovation Management, 33 (1): 90-103.

Landry R, Amara N, Cloutier J S, 2013. Technology transfer organizations: Services and business models [J]. Technovation, 33 (12): 431-449.

Lee I H, Hong E, Sun L, 2013. Regional knowledge production and entrepreneurial firm creation: Spatial dynamic analyses [J]. Journal of Business Research, 66 (10): 2106－2115.

Ngugi I K, 2010. Relational capabilities for value co－creation and innovation in SMEs [J]. Journal of Small Business and Enterprise Development, 17 (2): 260－278

Phene A, Almeida P, 2008. Innovation in multinational subsidiaries: The role of knowledge assimilation and subsidiary capabilities [J]. Journal of International Business Studies, 39 (5): 901－919.

Phelps C, Heidl R, Wadhwa A, 2012. Knowledge, networks, and knowledge networks: A review and research agenda [J]. Journal of Management, 38 (4): 1115－1166.

Poppo L, Zhou K Z, Zenger T R, 2008. Examining the conditional limits of relational governance: Specialized assets, performance ambiguity, and long－standing ties [J]. Journal of Management Studies, 45 (7): 1195－1216.

Savaskan R C, Bhattacharya S, Wassenhove L N V, 2004. Closed－loop supply chain models with product remanufacturing [J]. Management Science, 50 (2): 239－252.

Tayyab M, Derek W, Andrew F, 2007. Extending the "knowledge advantage": Creating learning chains [J]. The Learning Organization, 14 (2): 123－141

Teece D J, Pisano G, Shuen A, 1997. Dynamic capabilities and strategic management [J]. Strategic Management Journal, 18 (7): 509－533.

Troy L C, Hirunyawipada T, Paswan A, 2008. Cross－functional integration and new product success: An empirical investigation of the findings [J]. Journal of Marketing, 72 (6): 132－146.

Tsou H T, 2012. Collaboration competency and partner match for e－service product innovation through knowledge integration mechanisms [J]. Journal of Service Management, 23 (5): 640－663.

Tyagi S, Cai X, Yang K, 2015. Lean tools and methods to support efficient knowledge creation [J]. International Journal of Information Management, 35 (2): 204－214.

Un C A, Asakawa K, 2015. Types of R&D collaborations and process innovation: The benefit of collaborating upstream in the knowledge chain [J]. Journal of Product Innovation Management, 32 (1): 138-153.

Ratcheva V, 2008. The knowledge advantage of virtual teams-processes supporting knowledge synergy [J]. Journal of General Management, 33 (3): 53-67.

Wiklund J, Shepherd D, 2003. Knowledge-based resources, entrepreneurial orientation, and the performance of small and medium-sized businesses [J]. Strategic Management Journal, 24 (13): 1307-1314.

Zahra R, Ereland D, Hitt M A, 2000. International expansion by new venture firms: International diversity, mode of market entry, technological learning and performance [J]. Academy of Management Journal, 43 (5): 925-950.

Zahra S, Nielsen A, 2002. Sources of capabilities, integration and technology commercialization [J]. Strategic Management Journal, 23 (5): 377-398.

Zott C, Amit R, 2007. Business model design and the performance of entrepreneurial firms [J]. Organization science, 18 (2): 181-199.

附录　本研究调查问卷

问卷说明

尊敬的女士/先生：

您好！

本调查研究旨在了解知识链知识优势的形成过程，这一过程中有哪些关键影响因素，及其与动态能力、关系治理、商业模式、竞争优势之间的关系，以验证我们的理论研究提出的概念模型。非常感谢您在百忙之中协助我们完成调查任务，同时希望这次研究的成果能为贵单位的发展提供有益的参考。

本调查问卷共分为八个部分（详见后页）：第一部分为单位基本情况，第二部分为知识链知识优势量表，第三部分为知识链形成知识优势的影响因素量表，第四部分为动态能力量表，第五部分为关系治理量表，第六部分为商业模式量表，第七部分为竞争优势量表，第八部分为本问卷中关键术语的解释说明。

本调查采用匿名填答方式，所获得的信息和数据仅供学术研究之用，我们将恪守学术研究之道德规范，不以任何形式向任何人或任何组织泄露有关贵单位的相关信息。您的配合将直接决定我们的研究质量和研究结果。因此，请您如实回答问卷内容和单位信息，而不要有任何顾虑。

感谢您的全力支持！

“知识链知识优势的形成、维持及其
向竞争优势的转化研究”课题组
2021 年 1 月

附：调查问卷正文

一、单位基本情况

（请根据贵单位实际情况填写，请在括号内填入所选答案的字母编号，每题只能选一个答案）

Ⅰ. 您所在的单位所处行业为（　　）

A. 软件、科技、电子、通信企业

B. 机械、化工、制造企业

C. 生物、医疗、新型农业企业

D. 材料、能源企业

E. 建筑、工程、房地产企业

F. 投资、服务、文化企业

G. 其他

Ⅱ. 您所在的单位性质为（　　）

A. 国有　　B. 民营　　C. 合资

Ⅲ. 本单位规模大小为（　　）

A. 特大型　　B. 大型　　C. 中型

D. 小型　　E. 小微

Ⅳ. 本单位成立年限（　　）

A. 0～5 年　　B. 6～10 年　　C. 11～15 年

D. 16～20 年　　E. 21～25 年　　F. 26～30 年

G. 30 年以上

二、知识链的知识优势（*K*）

（请根据您所了解的实际情况对下列描述进行评判，并在相应的评判等级中打√，评价等级中数字 1～7 分别代表你对测量题项的判断依次为“1－非常低；2－低；3－较低；4－一般；5－较高；6－高；7－非常高”）

变量	题项	1	2	3	4	5	6	7
K_1 知识获取	知识链成员知识获取的品质							
	知识链成员知识获取的数量							
	知识链成员知识获取的速度							

续表

变量	题项	1	2	3	4	5	6	7
K_2 交互学习	知识链成员的知识扩散共享到其他知识链成员，丰富知识广度和深度，从而提高知识创新效率的能力							
	知识链成员通过交互式学习手段，将外部获取的知识进行内化，变成组织知识的能力							
	知识链成员将内化后的知识在企业知识库中创新融合，运用于挖掘新的技术、工艺和方法，实现知识和技术创新的能力							
K_3 知识创造	知识链系统新知识的生成能力							
	知识链系统新技术产品的市场试验效果							

三、知识链形成知识优势的影响因素（*E*）

（请根据您所了解的实际情况对下列描述进行评判，并在相应的评判等级中打√，评价等级中数字1~7分别代表你对测量题项的判断依次为"1—非常低；2—低；3—较低；4——般；5—较高；6—高；7—非常高"）

变量	题项	1	2	3	4	5	6	7
E_1 知识势差	知识链成员中知识发出者与知识接受者之间在知识储量、知识结构和嵌入性方面的差距							
E_2 知识外化	知识链成员中隐性知识的编码化程度							
E_3 知识互补	知识链成员间知识的互补程度和黏合度							
E_4 R&D吸收	知识链成员R&D投入和吸收能力							
E_5 知识转移	知识链成员间知识传递的畅通性与知识接收的能力							
E_6 知识整合	知识链成员综合、集成、改进和优化知识的能力							
E_7 知识创新	知识链成员间实现知识创新的水平和能力							
E_8 网络关系	知识链成员间合作网络的紧密程度及关系强度							
E_9 相互信任	知识链成员间相互信任的程度							
E_{10} 共同愿景	知识链成员间形成明晰统一的意愿与规则的程度							

续表

变量	题项	1	2	3	4	5	6	7
E_{11}网络结构	知识链成员开拓建立新联系和重构网络结构的能力							
E_{12}交易费用节约	知识链成员减少监督成本、节约资源闲置费用的能力							
E_{13}规模经济性	知识链成员通过知识分工、专业化及知识共享所带来的规模经济性							
E_{14}范围经济性	知识链成员通过知识分工及生产效率的提高所带来的范围经济性							
E_{15}联结经济性	知识链成员通过共有要素的多重使用所创造的联结经济性							
E_{16}政府政策环境	政府对知识链的政策支持与投入程度（包括资金资助、公共服务、政策支撑）							
E_{17}产业环境	知识链的产业合作规模或集聚度							
E_{18}市场环境	知识链的市场集中度或竞争压力							

四、动态能力（*F*）

（请根据您所了解的实际情况对下列描述进行评判，并在相应的评判等级中打√，评价等级中数字1～7分别代表你对测量题项的判断依次为“1—非常低；2—低；3—较低；4——般；5—较高；6—高；7—非常高”）

变量	题项	1	2	3	4	5	6	7
F_1 联盟管理能力	知识链成员对外部合作关系的战略识别和知识发展规划的能力							
	知识链成员管理、运用和开发与每个合作伙伴的关系，理顺知识外溢的外部效应的能力							
	知识链成员间根据角色定位，承担并完成相应任务，以确保自身在联盟中的有效地位，达到利益最大化目标的能力							
F_2 资源整合能力	知识链成员在知识链之外快速获取新的知识，并将不同种类和形式的外部知识以及复合资源加以交融结合的能力							
	知识链成员在知识链中综合和集成现有知识，再建构为新知识并加以创新使用的能力							

续表

变量	题项	1	2	3	4	5	6	7
F_3 资源重构能力	知识链成员通过对知识流程的梳理、精简，优化和重构知识资源，提高知识链成员知识应用和创新的能力							
	知识链成员根据知识的互补性，通过增加、更换、选择合作伙伴等方式强化组织柔性，重构知识链系统的资源组合，快速应对内外部环境的能力							

五、关系治理（*R*）

（请根据您所了解的实际情况对下列描述进行评判，并在相应的评判等级中打√，评价等级中数字1～7分别代表你对测量题项的判断依次为“1—非常低；2—低；3—较低；4—一般；5—较高；6—高；7—非常高”）

变量	题项	1	2	3	4	5	6	7
R 关系治理	知识链各成员间相互信任的程度							
	知识链成员间达成明晰统一的承诺的程度							
	知识链成员间合作关系的紧密程度和规范程度							

六、商业模式（*B*）

（请根据您所了解的实际情况对下列描述进行评判，并在相应的评判等级中打√，评价等级中数字1～7分别代表你对测量题项的判断依次为“1—非常低；2—低；3—较低；4—一般；5—较高；6—高；7—非常高”）

变量	题项	1	2	3	4	5	6	7
B_1 效率型商业模式	知识链的商业模式简化了交易流程，降低了交易成本、交易差错及营销、交易费用及沟通成本							
	知识链的商业模式有利于所有合作伙伴之间共享信息，有利于聚集分散的需求，降低了交易过程中的信息不对称，使交易信息更透明							
	知识链的商业模式加快了交易速度，提高了交易效率							

续表

变量	题项	1	2	3	4	5	6	7
B_2 新颖型商业模式	知识链的商业模式代表了产品、服务和信息的新组合，引入了新的思想、方法、商品或新的运作流程、惯例和规范							
	知识链的商业模式采用新的方式激励合作伙伴，引入大量的、全新的、多样化合作伙伴，用新方式将各种参与者紧密联系起来							
	知识链的商业模式采用了新的交易方式，创造了新的盈利方式或新的盈利点位							

七、竞争优势（*C*）

（请根据您所了解的实际情况对下列描述进行评判，并在相应的评判等级中打√，评价等级中数字 1～7 分别代表你对测量题项的判断依次为“1－非常低；2－低；3－较低；4－一般；5－较高；6－高；7－非常高”）

变量	题项	1	2	3	4	5	6	7
C 竞争优势	与竞争对手相比，知识链成员以较低的成本为客户提供产品或服务							
	与竞争对手相比，知识链成员重视客户的需求，为客户提供更多功能、更高性能的产品或服务							
	与竞争对手相比，知识链成员以更加快速、有效的方式执行操作流程							
	与竞争对手相比，知识链成员能灵活地适应快速变化的市场，并更快地做出反应							
	与竞争对手相比，知识链成员市场份额增长更快							

八、主要术语解释

1. 知识链：由多个创新主体间的知识流动而形成的链式组织结构。

2. 知识链的知识优势：知识链在“获取—学习—创造”过程中形成的知识价值增值，是知识链合作的集中决策成果和综合能力表现。

（1）知识获取：知识链对外部知识源进行辨识、收集和改造，使之成为自己所用的知识。

（2）交互学习：指知识链对其获取的知识资源进行学习整理，与知识链内部的知识有机地融合起来，使之具较强的柔性、条理性、系统性，必要时需对原有的知识体系进行重构，并以此形成知识链新的核心知识体系并储存起来。

（3）知识创造：在交互学习的基础上开发、产生新知识，并将新知识应用于经营管理的实践，为知识链创造高于产业平均的知识价值。

3. 动态能力：知识链整合、建立与重新配置内外部能力以应对快速变化的环境的能力，分为联盟管理能力、资源整合能力和资源重构能力。

4. 关系治理：建立在共同目标上的，渠道合作方通过信任、承诺、合作以及联合解决问题等关系规范和联合行动的机制来保护专有资产，维持合作关系的治理方式。

5. 商业模式：知识链内企业围绕利益相关者所构造的跨界交易系统，包括交易内容、交易结构与交易治理等组成要素，商业模式创新指企业与利益相关者采用新方式开展交易，包括效率型和新颖型 2 种模式。

6. 竞争优势：相对于竞争对手拥有的可持续性优势，目的是利用多种多样的商业经营工具去获得更低的成本、更高的利润。竞争优势包括优势资源、先进的运作模式、更适合市场需求的产品和服务，通过上述某个领域或者是多个领域相互作用形成优于对手的核心竞争力。

问卷到此结束，谢谢您的参与！

后　记

我于2002年9月进入西南交通大学管理科学与工程博士后流动站，师从郭耀煌教授。博士后出站报告《知识链管理——基于生命周期的组织之间知识链管理框架模型研究》已于2004年6月通过答辩，以此为基础形成的专著《知识链管理——基于生命周期的组织之间知识链管理框架模型研究》于2008年由四川大学出版社出版。迄今为止，我从事的知识链管理相关研究先后得到4项国家自然科学基金面上项目、1项教育部新世纪人才项目以及省、校等共10余项科研项目的资助：国家自然科学基金面上项目“知识链知识优势的形成、维持及其向竞争优势的转化研究”（71971146），国家自然科学基金面上项目“基于跨组织关系演化的知识链关系治理研究”（71571126），国家自然科学基金面上项目“基于知识链的知识网络的形成与演化研究”（70771069），国家自然科学基金面上项目“基于组织之间知识流动的知识链管理框架模型研究”（70471069）；教育部“新世纪优秀人才支持计划”项目“知识链组织之间的冲突与冲突管理研究”（NCET－06－0783）；四川省教育厅创新团队项目“知识链管理”（13TD0040）；四川大学创新火花项目“知识链知识优势的演化与价值实现机制研究”（2019hhs－18），四川大学中央高校基本科研业务费研究专项（哲学社会科学）项目——高水平学术团队建设项目“知识链的协同效应形成机理研究”（skgt201502），四川大学中央高校基本科研业务费研究专项（哲学社会科学）项目之学科前沿与交叉创新研究重大项目“知识链知识优势的形成与维护研究”（SKX201004），四川大学中流基金项目“知识链管理研究”，四川大学工商管理学院青年科学基金项目“组织之间知识链的构建与运行研究”（2003年）。相关研究成果《基于知识链的知识网络的形成与演化研究》获四川省科技进步三等奖（2012年），《知识链组织之间的冲突与冲突管理研究》获四川省科技进步三等奖（2010年），《基于组织之间知识流动的知识链管理框架模型研究》获四川省科技进步三等奖（2008年），《知识链管理》（系列论文）获四川省第十二次哲学社会科学优秀成果三等奖（2007年）。

本书是国家自然科学基金面上项目“知识链知识优势的形成、维持及其向竞争优势的转化研究”（71971146）的最终成果。项目组成员分工如下：顾新负责本书的总体设计以及研究工作的组织和管理，李其玮负责撰写本书第 1、2、3（3.1、3.2）、4、5、7、8、9 章的内容，主要涉及知识链知识优势概念内涵、形成的影响因素及其评价指标体系、基于动态能力的知识链知识优势维持机制研究以及知识链知识优势向竞争优势转化等相关研究；张华负责撰写本书第 3（3.3）、6 章内容，主要涉及知识链知识优势形成机理及基于链间竞争的知识链知识优势的演化过程研究。项目组成员还有郑州轻工业大学经济与管理学院的张省教授、成都信息工程大学管理学院唐承林讲师等，项目组成员为本书的顺利完成付出了大量心血。

我先后有三位博士生从事知识优势的相关研究。唐承林的博士论文为《知识网络的知识优势来源、形成与演化研究》（2010 年），其成果《知识链组织之间的合作伙伴关系研究》于 2014 年由经济科学出版社出版；张省的博士论文为《基于动态能力的知识链知识优势形成路径与维持机理研究》（2013 年），其成果《知识链知识优势形成路径与维持机理研究》于 2018 年由经济科学出版社出版；李其玮的博士论文为《产业创新生态系统知识优势的形成及其对创新绩效作用研究》（2018 年）。

我们在知识链项目研究过程中得到了国家自然科学基金委员会、教育部、四川省科技厅、四川省社科联、四川省教育厅、四川大学社科处、四川大学科研院、四川大学商学院领导和同志的大力支持，在此表示衷心感谢。

感谢所有参考文献的作者，他们的研究给了我们很多启发。书中引用的标注若有遗漏，还望海涵。感谢四川大学出版社陈克坚老师为本书的出版所付出的艰辛劳动。

由于自身的局限性，本书还存在诸多不足之处，对具体问题的分析尚不够全面和深入，有待于进一步完善，请大家批评指正。

顾 新

2022 年 1 月 31 日于与文里